한국과 일본의 유행어 분석

1980년대에서 2000년대까지

박재권 저

제이앤씨
Publishing Company

20여 년 전부터 일본과 관련된 책을 내고 싶다는 생각에서 자료를 모으고 있던 테마가 둘이 있었는데, 하나는 통계 수치로 본 한국과 일본의 비교이고, 다른 하나가 양국 유행어의 비교였다. 후자의 경우, 언어가 그 나라의 역사, 문화를 대표한다는 생각에서였으며, 특히 유행어는 그 시대의 사회, 문화상을 가장 잘 나타내는 지표라고 보았기 때문이다.

그런데 그동안은 전공 테마인 양국 격조사의 대조에 관한 논문을 주로 써왔고, 군에 소속된 자로서 군에 봉사하겠다는 생각에서 일본어투 군대 용어나, 한국 군가와 일본의 구군가 및 자위대가와의 비교 등을 비롯한 군 관련 논문을 쓰다 보니, 시간이 흐르고 흘러 결국 정년이 나 된 시점에서야 오래 전부터의 관심 테마 중 하나였던 유행어 비교를 마무리하게 된 것이다.

본 서는 유행어에 관한 필자의 최근 3개 논문을 기본으로 하면서, 그 분석 자료가 되는 한국과 일본의 30년간의 유행어 자료를 연도별로 정리하였다는 데에 먼저 의의를 두고 싶다.

또한 양국의 유행어를 비교 분석한 최초의 출판물이라는 데에 의미를 두고자 한다. 따라서 부족한 점이 너무 많겠지만 이 분야에 있어 앞으로의 활발한 연구를 위한 초석이 되기를 바라는 마음이 간절하다.

정리가 된 한국어 유행어 자료가 드문 가운데, 해방 후부터 1990년대 중반까지 50년간의 자료를 정리한 도서 출간을 통하여 유행어 분야의 선구자가 되신 김응래 선생님께서 자료 사용을 흔쾌히 허락해주신 데 대하여 특별히 감사의 말씀을 드리고 싶다. 그 외에 협조해주신 분들에게도 또한 감사드린다.

오랜 기간 동안 본인의 연구에 쫓겨 휴일이나 밤에도 연구실로 출근하느라 가정에 소홀했던 것이 가족에게는 미안하기 짝이 없는 일이었다. 그 세월을 참아준 아내 이성희 권사와 딸 주현, 아들 광윤에게도 감사의 마음을 전한다.

어려운 여건하에서도 흔쾌히 출판을 허락하여 주신 제이앤씨의 윤석현 대표께도 감사의 말씀을 드린다.

원래는 해방 이후의 기간을 망라하려고 했는데, 시간 부족으로 인해 최근 30년간의 기간으로 한정된 점이 못내 아쉽다. 나머지 부분에 대해서는 다음 기회로 미루기로 한다.

2013년 7월 31일 정년퇴직일에
화랑대에서 저자

01

연구의 필요성

한국과 일본의 유행어 분석

언어라는 것이 한 나라의 정치, 경제, 사회, 역사, 문화의 총체적 산물이라고 할 수 있는 만큼, 각국의 언어 현상에 대하여 연구하는 것은 그 자체로 큰 의미가 있다고 할 수 있다. 그중에서도 시대의 변화상을 가장 잘 나타내는 유행어에 대한 분석은 그 나라의 사정을 이해하는 데 있어 더할 나위 없는 좋은 방법이 될 것이다. 특히나 지정학적으로 가장 근접해 있는 동시에, 역사적으로도 수많은 인연을 맺어왔던 한국과 일본의 사회 현상을 유행어를 통하여 분석해 보는 것은 사고방식과 문화를 통한 양국의 근본적인 이해를 위해서도 꼭 시도해 보아야 할 방법이라고 생각한다. 구체적으로 다음과 같은 예를 들어 그 필요성을 논하고자 한다.

먼저, 그 시대의 정치, 사회나 문화 등의 흐름을 이해하는 데에 크게 유용하다는 점이다.

요사이도 매스컴을 통하여 가끔 등장하는, 2011년에 시도 때도 없이 들을 수 있었던 '종결자'라는 말을 보기로 하자. 필자는 이 말을 들으면서도 왜 그렇게 이 말이 많이 사용되는지를 잘 이해할 수 없었고, 한 번도 사용해 본 적이 없다. 그러나 다른 사람, 특히 젊은 세대 사람들과의 대화를 위해서는 이 말을 이해할 필요가 있는 것이다. 왜냐하면 유행어에 가장 깊은 관심을 보이는 것은 다름 아닌 젊은 세대이기 때문이다.

따라서 '종결자'라는 말이 '절대적인 우위를 점할 만큼 월등한 능력을 가진 사람'을 뜻하는 말로, 중국에서 영화 '터미네이터(terminator)'를 '종결자'라고 번역한 데서 왔다는 설과 디시인사이드의 와우갤러리(와갤)에서 유래되었다는 설이 있다는 것, 이 말이 2010년 말부터 최고의 유행어로 떠올라 '3단 고음 종결자(가수 아이유)', '대두 종결자(슈퍼스타 K2의 존 박)', '각선미 종결자(배우 김사랑)', 'V라인 종결자(배우 현빈)', '베이글(베이비 페이스+글래머)녀 종결자(배우 한지우)', '몸매 종결자(가수 손담비)'와 같이 거의 모든 말에 붙여 사용할 수 있다는 점을 알아두면 다른 사람, 특히 젊은 층과의 대화에 있어서 소통이 물 흐르듯이 자연스러워질 것으로 생각된다. 일본에는 '종결자'와 같은 유행어가 없다.

또 하나의 예로, 2012년의 키워드나 유행어라고 할 수 있는 문화·연예 면에서의 '강남 스타일'과 정치 면에서의 '후보 단일화'를 들 수 있다. '강남 스타일'은 가수 싸이(본명 박재상)를 단숨에 세계적인 유명 인사로 만든 노래로, 2012년 7월 15일에 유튜브에 뮤직비디오가 공개되어 공개 50여 일 만에 조회수 1억을 돌파하였고, 12월 22일에는 유튜브 사상 최초로 10억 조회수를 기록하였으며, 발표 1주년인 2013년 7월 15일까지 17억 건 이상 조회되는 대기록을 수립하고 있다. 이는 동영상 한 건이 올린 조회수로는 유튜브 역사상 최고

기록이다. 전 세계 220여 개국에서 조회되어, 광고 수입도 2012년에만 85억 원 이상에 이른 것으로 발표되었다. 또한 뮤직비디오에 나오는 '말 춤' 역시 세계적으로 히트했다.

이와 같은 인기로, 세계 각국에서 수많은 'ㅇㅇ 스타일'이라는 패러디물이 양산되었으며, 미국의 '오바마 스타일'도 그중의 하나이다. '강남 스타일'은 빌보드 차트에서 K-pop 역사상 최고 순위인 2위에 올랐고[1], 싸이는 미국에도 진출하여 방송 활동을 하기도 하였다. 2012년 12월 31일 뉴욕 타임스 스퀘어에서 진행된 ABC 새해맞이 공연에서 '강남 스타일'을 피로하여 이것이 전 세계에 방영되기도 하였다. 여태까지의 한류가 주로 아시아 지역에 국한되어 있었다면, 싸이의 '강남 스타일'을 계기로 전 세계로 확산되었다고 생각한다.

'후보 난일화'라는 표현은 1987년 내선에서 시작되었다고 볼 수 있다. 이는 여당 후보 1명과 야당 후보 3명의 '1노3김' 구도에서 야당의 강력한 후보이자 '양김(兩金)'으로 불린 통일민주당의 김영삼 후보와 평화민주당의 김대중 후보에게 야권 지지자들이 요구한 것

---

[1] 종전에는 빌보드 차트에 유튜브 조회수가 포함되지 않았는데, 2013년 3월 2일자 차트부터는 반영하게 되었다. 이것도 싸이의 '강남 스타일'이 크게 영향을 미친 것으로 생각된다.

이다. 당시의 여건상 양 후보가 단일화되면 대선에서 틀림없이 승리할 것으로 보였는데, 두 사람의 단일화는 끝내 이루어지지 않았고 결과적으로 36.6%를 득표한 노태우 후보가 당선되고, 각각 28%(김영삼)와 27%(김대중)를 득표한 두 후보는 낙선의 고배를 들 수밖에 없었다. 실제로는 어땠을지 모르지만 산술적으로만 보면, 단일화되었을 때 55%의 득표가 가능하다는 계산이 되어 단일화 후보가 승리한다는 결과가 나오는 것이다.

'후보 단일화'는 1997년에 다시 한 번 화제가 된다. 막강한 여당 후보인 이회창 후보를 이기기 위해서는 야당의 김대중(새정치국민회의 총재) 후보와 김종필(자유민주연합 총재) 후보의 단일화가 절대적으로 필요한 상황이었다. 이에 내각제 개헌 실천을 고리로 DJP연합이 이루어졌고, 결국 대선에서 승리하여 김대중 후보가 대통령이 되었다. 1987년에는 말만 무성했지 실제 액션으로는 취해지지 않았기 때문에 1997년이 단일화의 본격적인 시초라고 할 수 있다.

'후보 단일화'는 2002년의 대선에서도 어김없이 나타나게 된다. 지난 대선에 이어 여전히 강력한 대통령 후보인 한나라당의 이회창 후보에 맞서기 위해서 새천년민주당의 노무현 후보와 국민통합21의 정몽준 후보가 단일화를 하지 않을 수 없는 상황에 처했고, 결국

노 후보로 단일화되어 역시 대선에서 승리를 거두고 대통령이 되었다.

2012년 대선에서는 새누리당의 박근혜 후보에 대항하기 위하여 야권의 두 후보, 즉 민주통합당의 문재인 후보와 무소속의 안철수 후보가 단일화에 성공, 문재인 후보가 박 후보와 1:1로 대결하는 형태가 되었는데, 결과는 실패로 끝나 박 후보가 대통령이 되었다. 1997년, 2002년에는 단일화에 성공한 측이 대선에서도 성공하였는데, 2012년의 경우에는 단일화에 성공하고도 대선에서는 실패한 상황이 된 것이다.

위에서 본 바와 같이 '후보 단일화'는 앞으로도 한국의 대선에서 단골 메뉴로 등장할 것이라 예상된다.

양국의 유행어 분석이 필요한 이유 중 하나로, 한 나라에서 먼저 생긴 유행어가 다른 나라에 유입되어 사용되는 경우를 보면서 그 사회의 시대상의 연차를 알 수 있다는 점을 들 수 있다. 에를 들면, 박근혜, 문재인, 안철수 등의 대선 주자를 비롯한 유명 인사들을 초청하여 2012년에 큰 화제가 되었던 SBS TV의 월요일 저녁 예능 프로그램인 〈힐링캠프, 기쁘지 아니한가 (2011.7.18.~)〉에서의 '힐링'은 영어 'healing'으로, 우리말로 하면 '치유'라는 뜻이다. 최근에는 "서울시 '아토피 힐링 캠프' 연다"와 같이 폭넓게 사용되고 있으며2, 일본에서도 1999년에 유행어인 '癒し(치유)'가 국민적인 테

마가 되기도 하였다. 일본은 버블 붕괴 후인 1991년부터 경제 불황기에 들어가 '잃어버린 10년'이 2001년까지 계속되는데, 이 기간의 거의 끝자락에 나타난 말이다. 그만큼 일본인들에게 몸과 마음의 치유가 필요했던 것이다. 한국의 경우 1997년의 외환위기인 IMF 사태를 잘 극복하였지만, 리먼 사태로부터 촉발된 2008년 글로벌 금융위기로 인한 세계적인 경제 불황의 여파로 국민들이 극도의 피로감을 느끼고 있는 현실이다. 이 용어만을 놓고 보면 약 12년의 차이가 있음을 알 수 있다.

또 한 예를 들면, '황혼이혼'이라는 말은 오랜 결혼 생활 끝의 노년기에 행하는 이혼을 의미하는데, 일본에서 먼저 생겨 한국으로 그대로 유입된 것으로 판단된다. 즉 일본어에 'たそがれ離婚'이라는 말 자체는 이전부터 있었지만 1994년에 "35년 이상 동거한 부부의 이혼율이 전년을 크게 웃돌았다."라는 후생성의 발표를 보도할 때, 신문의 표제로 사용되어 널리 퍼지게 되었다. 현재는 '熟年離婚'이라는 용어로 대체되어 사용되고 있다. 이 '熟年離婚'이라는 말은 본래 TV 아사히[朝日] 계열에서 2005년 10월 13일부터 12월 8일까지

---

2 "시대의 키워드 '힐링'"(조선, 2012.7.21－22, B7면 〈[Why]'힐링'에 빠진 대한민국…집단 무기력 현상 우려돼〉 김충령 기자) 등과 같은 표현도 나타나고 있다.

방송된 홈드라마의 제목이다. 제2차세계대전 후인 1947
~1949년의 제1차 베이비붐 시대에 태어나 연령별 인
구구성상 두드러지게 팽창한 세대인 '단카이세대[団塊
世代]'의 대량 정년 문제를 근거로 하여 부부의 이상적
인 모습을 다룬 드라마로, 고시청률을 기록하였고 드
라마 제목은 유행어가 되었다. '熟年'이라는 용어는 이
미 1979년에 생겨난 신조어[新造語]이다. 그 이전까지 단
순히 노년 예비군처럼 여겨지던 중장년이 숫자상으로
인구의 과반을 차지하게 됨으로써 마케팅에서 중요한
비중을 가지게 되었다. 이에 더하여 정신적으로 성숙
한 50대를 중심으로 한 세대[60대 포함]를 부르는 용어가
바로 '熟年'이다. 그 후 1985년에 후생성에 의해 '実年'
으로 명칭이 변경되었으나, 대중에게는 그다지 어필
하지 못하여 위에서 보는 바와 같이 드라마 제목도 '実
年離婚'이 아니라 '熟年離婚'이 된 것으로 생각된다.

한국에서 황혼이혼 문제가 사회적으로 처음 부각
된 것은 1998년 70대 할머니가 90대 남편을 상대로 낸
재산분할 위자료 청구 이혼소송을 법원이 기각한 사
건에서였다. 이와 같은 점을 볼 때에 이 용어의 사용은
한국이 일본보다 최소한 5년 이상 늦으며, 그만큼 이
러한 사회문제가 늦게 나타나고 있다는, 바꾸어 말하
면 그만큼 일반 여성의 인권 신장 의식이 늦다는 점과
노령화로 인한 사회현상이 5년 이상 늦게 나타나고 있

다는 점을 유추할 수 있는 것이다.

또한 한국인과 일본인의 언어 표현의 차이, 즉 한국인이 직접적·능동적·적극적인 표현을 즐기는 데 반하여, 일본인은 간접적·수동적·소극적인 표현을 많이 쓰는 면도 엿볼 수 있을 것이라고 생각한다.

일본에는 '一族(족)이라는 유행어가 많은데, 그중의 하나가 '窓際族(창가족, 1978)으로, 일본의 기업이나 직장에서 라인의 관리직에서 제외되어 한직으로 밀려난 주로 중장년(中壯年: 청년기와 노년기의 중간)의 직원을 가리키는 말이다. 이 말은 1970년대 후반 저성장기에 접어든 일본의 기업들이 사업 규모 축소나 경영합리화를 위한 체질 개선을 위하여 해고를 통한 인원 감축을 해야 되는데, 당시 일본에서 전통처럼 굳어진 종신고용제를 내세웠던 기업들은 직접적으로 이를 실행하기가 어렵게 되자 간접적인 퇴사 유도 수단으로 감축 대상인 사원에게 중요한 업무를 부여하지 않고 창가에 자리를 마련함으로써 그 자리에 앉아 할 일 없이 신문을 읽거나 창밖을 바라보면서 시간을 보내는 사람을 '窓際おじさん'(창가의 아저씨, 1977)이라는 말로 표현한 데서 나온 말이다. 똑같은 경우가 한국에서 일어났다면, '窓際族'이라는 유행어가 생기기 전에, 해당 사원과 직접 협상하거나 강제적으로 퇴사를 시켰을 것이다. 즉 한국이라면 이러한 유형의 유행어는 생겨나지 않을 것

이라는 생각이 드는데, 실제로 1997년의 IMF 사태나 최근의 불황 속에서도 이와 같은 현상은 나타나지 않았다. 대신에 직접적 협상 결과인 '명퇴(=명예퇴직)' 또는 명퇴와 관련된 말이 유행하게 되었다.

또 양국의 유행어를 분석함으로써 유행어의 흐름을 통한 문화의 교류, 간섭 현상을 이해할 수 있다. 일본과 한국의 경우, 위의 '치유', '황혼이혼'에서 본 바와 같이 일반적으로는 일본의 유행어가 한국에 들어오는 경우가 많지만, '冬ソナ'와 같이 한국 문화가 일본에 유입되어 일본어의 유행어가 된 경우도 있다. '冬ソナ'는 우리나라 KBS TV에서 2002년 1월부터 3월까지 방영된 인기 드라마 '겨울연가'의 일본어 번역 '冬のソナタ'의 줄임말이다. '冬のソナタ'는 일본의 NHK BS2에서 2003년 4월부터 9월까지 방영되어 큰 반향을 불러일으켰고, 2003년 12월에 재방송되있으며, 지상파 방송을 원하는 시청자의 요구에 2004년 4월부터 8월까지 NHK 종합방송에서 방영되기에 이르렀다. 그리고 결국 2004년의 유행어 선정에서 상위에 오르게 되었다. 이와 같이 유행어를 통해서 문화 흐름의 방향 변화를 알 수 있게 되는 것이다.

지금까지의 연구는 어느 한 나라, 즉 한국이나 일
본 중 한 국가의 유행어만을 취급한 것이 전부라고 해
도 과언이 아니다. 참고문헌의 일본어 자료는 전부가
일본의 유행어에 관한 것이다. 한국어 자료의 경우도
단행본은 모두 한국의 유행어에 관한 것뿐이며, 논문
의 경우에도 그러한 사실을 확인할 수 있다. 즉, 박현
옥(2005), 오은하(1999), 장보은(2003), 주창윤(2009)은 한국의
유행어에 관한 내용이고, 김정희(2003), 김현채(2011), 노황
희(2001), 백동선(2006, 2011)은 일본의 유행어에 국한된 내
용이다. 물론 그 자체만으로도 충분한 연구 가치가 있
기는 하지만, 양국의 사회상, 문화를 보다 잘 이해하기
위해서는 비교 분석이 꼭 필요하다고 본다.

시기는 1980년대로부터 2000년대에 이르는 30년
간의 유행어로 한정하며, 1980년대, 1990년대, 2000년
대로 각각 10년씩 구분하여 살펴보기로 한다. 분석의
편의상, 일본 유행어를 먼저 언급하고, 다음에 한국 유
행어를 기술하는 식으로 전개한다. 정치, 경제, 사회·

생활, 문화·연예, IT·과학, 스포츠의 6개 분야로 나
누어 시대적 구분에 따른 주요 사건 등을 소개하고,
이에 상응하는 시기의 일본 유행어 분석과 한국 유행
어 분석을 통하여 그 차이점을 알아보도록 한다. 또한
10년 단위로 유행어 발생의 변화에 대해서도 알아보
기로 한다.

　유행어에 관해 기 간행된 양국 언어의 서적을 중심
으로, 논문, 신문기사 등의 자료를 활용하여 정치, 경
제, 사회, 문화 등의 현상과 유행어의 관계를 분석하기
로 한다.

　일본의 경우, 1980~1983년은 참고문헌을 중심으
로 하였고, 1984년 이후는 자유국민사[自由国民社]의 「現
代用語の基礎知識」選〈ユーキャン新語·流行語大
賞〉(http://singo.jiyu.co.jp/)에서 선정된 용어를 중심으로 하고
극히 일부만 다른 자료에서 추가하는 형태를 취하였다

　한국의 경우, 1980~1995년은 김웅래·오진근(1996)
을 주로 참고하였고, 1996년 이후는 신문 기사를 중심
으로 유행어를 수집하였다.

　유행어 외에 신어와 키워드도 일부 포함하였다.

---

3 신문의 편집 방향과 비슷하게 나누었고, 특별한 경우가 아니면 그
　유행어가 어느 분야에서 발생했는지를 중심으로 분류하였다.

02

1980년대

한국과 일본의 유행어 분석

먼저 이 시기에 대한 이해를 돕기 위하여 기간 중
에 일어난 주요 사건을 세계, 일본, 한국으로 분류하여
간단히 살펴보기로 한다.

〈표1 : 1980~1989년의 주요 사건〉

구분\연도	세 계	일 본	한 국
1980	· 모스크바 올림픽 · 레이크플래시드 동계 올림픽 · 이란 · 이라크전쟁 개전	· 오히라 수상 급사 · 시즈오카 역전 지하 가스폭발사고	· 5.18 광주민주화운동 · KBS 컬러TV 첫 방송
1981	· 이집트 사다트 대통령 암살	· 일본인 최초 노벨 화학상 수상	· 전두환 대통령 취임 · 11대 국회의원 선거
1982	· 스페인 월드컵 · 포클랜드 전쟁	· 뉴 재팬 호텔 화재 · 일본항공 추락사고	· 야간통행금지 해제 · 프로야구 출범
1983	· KAL기 피격사건 · 인터넷 탄생 · 필리핀 아키노 상원 의원 사살	· 미야케지마 대분화 · 도쿄디즈니랜드 개원	· KBS 이산가족찾기 생 방송 시작 · 아웅산묘역 폭탄테러 사건 · 프로축구 출범
1984	· LA 올림픽 · 사라예보 동계올림픽 · 인도 간디 수상 암살	· 글리코 모리나가 사건	· 88올림픽고속도로 개통
1985	· 로마 · 빈 공항 동시 다발 테러	· 일본항공 추락사고 · 쓰쿠바 만국박람회	· 남북 이산가족 고향 방문단 상호교류 · 12대 국회의원 선거
1986	· 멕시코 월드컵 · 소련 체르노빌 원자 력 발전소 사고	· 사회당의 도이 다카코 여성 당수(주요정당 의 첫 케이스)	· 서울 아시안 게임
1987	· KAL기 폭파사건 · 세계주식시장 대폭락	· JR그룹 발족 · 일본인 최초 노벨 생 리학 · 의학상 수상	· 민주항쟁과 6.29선언 · 대통령 선거
1988	· 서울 올림픽 · 캘거리 동계올림픽 · 이란 · 이라크전쟁 정전	· 리쿠르트 사건	· 노태우 대통령 취임 · 13대 국회의원 선거
1989	· 동구혁명, 베를린장벽 붕괴 · 중국 천안문 사건	· 소화 천황 서거 · 소비세 도입	· 공산권국가(헝가리) 와 최초로 수교

일본과 관련 있는 사건이 세계적인 사건이 된 경우는 이 기간 중에는 없었다.

한국의 사건이 세계적인 것이 된 경우는 1983년의 대한항공기 피격사건과 1987년의 대한항공기 폭파사건, 그리고 1988년의 서울 올림픽이었다.

일본의 경우, 이 시기의 수상은 모두 6명으로, 오히라 마사요시[大平正芳](1978.12.7.~1980.7.17.),[4] 스즈키 젠코[鈴木善幸](1980.7.17.~1982.11.27.), 나카소네 야스히로[中曾根康弘](1982.11.27.~1987.11.6.),[5] 다케시타 노보루[竹下登](1987.11.6.~1989.6.3.), 우노 소스케[宇野宗佑](1989.6.3.~1989.8.10.),[6] 가이후 도시키[海部俊樹](1989.8.10.~1991.11.5.)이다.

한국은 대통령제인 만큼, 일본에 비하여 이 시기에 취임한 국가 정상의 숫자가 훨씬 적다. 최규하(1979.12.8 ~1980.8.16.), 전두환(1980.9.1.~1988.2.24.), 노태우(1988.2.25~1993.2.24.)의 3명뿐이다.[7]

---

4 오히라 수상의 갑작스런 죽음으로 인하여, 6.1.2~7.17.은 내각관방장관인 이토 마사요시[伊東正義]가 임시대리.
5 재임기간 1,806일로, 전후 역대 4위의 장기 정권.
6 재임기간 69일로, 전후 역대 4번째의 단명 내각.
7 1979.8.16.~9.1. 기간에는 박충훈 국무총리 서리가 대통령권한대행.

1. 1980년

それなりに
그 나름대로

1980년도 유행어의 톱을 차지한 말이다. 3월부터 방영된 후지칼라프린트의 CM에서, 카메라 가게 손님이 "맞선 사진이니까, 더 예쁘게 뽑아주세요."라고 주문하자, 점원이 "후지칼라라면 예쁜 사람은 더욱 예쁘게, 그렇지 않은 분도 그 나름대로 (잘 나옵니다)"라고 대답한 데서 나온 유행어이다.

**赤信号,
みんなで
渡れば
こわくない**
빨간 신호도
모두가 같이
건너면
무섭지 않다

만담가인 투 비토(비토 다케시,[1] 비토 기요시)가 말함으로써 1979년부터 유행하기 시작하였다. 연대(連帶)풍의 대사로, "대달세, 모누가 같이 하면 무섭지 않다.", "(결혼) 적령기, 모두가 같이 지나면 무섭지 않다."와 같은 응용형이 유행하였다.

五無主義
5무주의

만담 붐에 열중한 젊은이는 15세~19세이며, 그보다 밑의 초등학생에 대해서는 지금까지의 '무기력·무책

---

1 본명은 기타노 다케시[比野 武]. 예능 출연자, 사회자, 영화감독, 배우, 작가, 예술가, 교수 등으로 활약. 해외에서는 영화감독으로 지명도가 높다.

임·무관심·무감동'의 4무에 더하여 '무예의[不作法]'의 어린이가 늘었다는 보고에 의하여 '5무주의'라는 말이 생겼다. 매스컴에서는 현 세대의 어린이들의 기질이 이렇다며 한탄하였다.

ヒトケタ病
한 자릿수 병

당시 한창 일할 소화(昭和) 한 자릿수(1926~34년) 태생의 남자들이 덜컥 죽는 일이 많아졌다고 매스컴이 보도하였다. 다른 세대에 비하여 사망률이 높다고 일본대학 명예교수인 오쿠보 다다시[大久保正]가 발표한 것이 발단이었는데, 사인은 당뇨병, 간경변, 뇌출혈, 허혈성 심질환 등이었다. 이들은 이른바 전중파(戰中派)[2]로, 한창 자라고 한창 먹을 시절이 식량난 시대였기에 영양실조 후유증 때문이 아닐까라고도 하였다. 다만 웬일인지 남성만 해당되고, 여성은 아니었다.

直角內閣
좃카쿠내각

1974년에 수상의 자리에서 물러난 후에도 다나카 가쿠에이[田中角栄]의 영향력은 강력하여, 오히라[大平] 내각은 '가쿠에이[角影][3] 내각'이라고 불렸다. 7월 17일에 발족된 스즈키 젠코[鈴木善幸] 내각은 '회색 고관'인 니카이도 스스무[二階堂進]를 자민당 총무회장으로 앉혀 완

---

2 제2차세계대전 중에 10대 후반에서 20대를 보낸 세대.
3 (다나카) 가쿠에이와 발음이 같으며, 뜻은 가쿠에이의 영향력이 크다는 것.

전히 다나카의 영향하에 있음을 나타냄으로써 '直角內閣'으로 불렸다.

ナウい
now い,
현대적이다

영어 'now'에 일본어 형용사 어미 '—い'가 결합된 표현이다. 1972년경에 유행한 'ナウ', 'ナウな……'는 순식간에 사어(死語)가 되었는데, 이 해에 사어가 반격에 나섰다. 'ナウ의 역습'이라고 해도 좋은데, '現代風な'(현대풍의)라는 말은, 좀처럼 신어가 되기 어려워서 'ナウい', '今い'라는 형용사가 만들어졌으며, 'ナウい'가 남았다.

買春(観光)
매춘(관광)

이전에는 성을 파는 '賣春'이 전통적인 용어이자 사회문제였는데, 성을 사는 남성 쪽에 문제가 있다고 여성계로부터 지적받은 말이 '買春'이다. 아사히[朝日]신문의 마쓰이 야요리[松井やより] 기자가 1974년부터 여성운동의 선전용 팸플릿에서 사용하여 여성운동가 사이에서는 상식어였다. 엔고(円高)로 해외여행이 쉬워져, 필리핀이나 태국으로 나가는 '매춘 관광'이 문제가 되었다.

ビニ本
비닐 포장 책

수년 전부터 비닐 봉투에 들어간 포르노 잡지가 성행하여, 그 용도의 자판기까지 등장하였다. 봉투에 봉입된 것은 선 채로 보거나 읽는 것을 방지하기 위해서인데, 이것이 바로 '비닐 포장 책'이다. 그러나 무수정에 가까운 누드 사진으로까지 확대된 이 해 11월에, 외설 도서 판매 혐의로 8개사가 가택수색을 받게 됨으로써 '비닐 포장 책'의 판매는 멈추게 된다. 그것은 때마침 가정용 비디오기기가 일반화되어, 여성의 누드를 비디오로 보는 방향으로 바뀌었기 때문이다. 포르노 비디오는 더빙이 가능하여 '섹스산업'은 그 방향으로 흘러갔다.

竹の子族
다케노코족

도쿄 하라주쿠[原宿]의 부티크 '다케노코'에서 팔고 있는 중근동풍·일본 고대풍의 기묘하고 별난 의상을 입고 하라주쿠에서 가까운 요요기[代々木]공원이나 보행자천국에서 원형으로 춤을 추는 젊은이들을 가리킨다. 1980년경에 이러한 젊은이들의 풍속이 정착되었는데, 그들의 주류는 도사지가족[トサヂカ族]이라고 한다. 도쿄보다도 도치기[栃木], 사이타마[埼玉], 지바[千葉], 가나가와[神奈川]의 여자아이들이 많았기 때문이다.

ヘッドホン族
헤드폰족

소니의 워크맨 등과 같은 미니 스테레오 카세트를 헤드폰으로 항상 듣고 있는 젊은이들을 말한다.

一富士·
二地下·
三バスビ
일 후지(산)·
이 지하·삼 버스

이시즈 겐스케[石津 謙介]의 조어로, 8월에 발생한 후지산의 낙석사고, 시즈오카[静岡] 역전 지하 가스 폭발사고, 도쿄 신주쿠[新宿] 역 서쪽 출입구 버스 가솔린 방화

사건을 총괄하여 이르는 표현이다. 예로부터 새해의 길몽을 나타내는 말로 전해져 내려오는 '一富士二鷹 三茄子'[4]를 모방한 유행어라고 생각한다.

한국

서울의 봄　박정희 대통령 시해사건인 1979년의 10.26 사태 이후부터 1980년 5.17 비상계엄 전국확대조치로 신군부가 집권하기 전까지 민주화 열기가 한창이던 시기를 일컫는 말이다.

3김 시대　2.29 복권 조치 후 정가(政街)가 활성화되었는데, 당시에 차기 대통령 후보로 거론될 만큼 정치적 영향력을 갖고 있던 김영삼, 김대중, 김종필 세 사람과 관련된 말이다.

안개 정국　1979년의 12.12 사태 후 새해가 된 1980년 시점에서도 정국이 불안하고, 누가 정권을 잡고 있는지 알 수 없는 상황을 가리키는 말이다. 5.17 조치로 안개 정국은 사

---

4 첫째가 후지산, 둘째가 매, 셋째가 가지라는 뜻인데, 도쿠가와 이에야스(德川家康)의 고향인 스루가노쿠니(駿河国). 현재의 시즈오카현 중앙부의 명물을 순서대로 말한 것이라는 설이 유력하다. 발음을 보면 원래 표현이 '후지·다카·나스비'인데 비하여, 새로운 조어는 '후지·지카·바스비'로, 마지막 음을 맞추었음을 알 수 있다.

라지고 신군부 세력이 공식적으로 대두하게 된다.

신군부

1979년의 10.26 사건 이후, 합동수사본부장 직의 전두환 보안사령관을 중심으로 한 신군부 세력이 12.12 사태 이후 실질적인 군대 지휘권을 가지게 되었으며, 5.17 조치로 확실히 정권을 좌지우지하게 되었다. 결국 제5공화국 전두환 정부가 탄생하게 된다.

아니꼽습니? 당신 실수한 거야!

1980년대 초, 병아리 개그맨 서세원이 MBC TV〈영11〉과 TBC 라디오〈노래하는 곳에〉등의 프로그램에 출연하면서 자주 사용했던 말인데, 젊은이들로부터 좋은 반응을 얻어 차츰 전국으로 번지면서 크게 유행하였다.[5]

떡고물

10.26 이후인 1979년 12월 10일에 출국했던 이후락 전 중앙정보부장이 3월 14일 귀국하자마자 "……여러분도 알다시피 18년간 나도 공화당을 위해 일한 사람이오. 과연 당을 위해 떳떳하게 말할 사람이 몇이나 되는지 모르겠소. 떡장수가 고물 안 묻히고 어떻게 떡을 팔 수 있겠습니까? 이런 말 저런 말을 들었지만 떡고물 안 흘리고 떡을 만들 수는 없는 일입니다."라고, 자신

5 김웅래·오진근(1996)『한국을 웃긴 250가지 이야기 － 유행어 반세기·1945～1995』삶과함께, p.93.

을 겨냥한 당시 공화당의 정풍운동을 우회적으로 비난하며 부정 축재와 관련된 자신의 결백을 떡고물에 비유해 주장한 데서 나온 말이다. 이는 당 내의 반발은 물론이고 대다수 국민들로부터 엄청난 비난을 받았다. 그 후 이 말은 관청이나 기업체 등에서 더욱 유명해졌으며, '떡고물 좀 먹자!/떡고물 좀 없냐?/떡고물 남는 일이냐?'와 같이 부정과 비리를 뜻하는 말로 널리 애용되었다.[6]

해바라기

1960~70년대의 '사꾸라[7]'라는 유행어와 비슷한 맥락의 유행어로, 정치권력에 빌붙기 위하여 약삭빠르게 태도를 바꾸는 권력지향적인 정치인을 비꼬는 표현이다. '해바라기족', '해바라기성 정치인' 등으로도 불렸다.

**싹쓸이
/전쓸이**

5.18 광주민주화운동 이후 나타난 고스톱 방법으로, 당시 보안사령관 겸 중앙정보부장의 이름을 딴 전두

---

6 위의 책, pp.94~95.
7 일본어 'さくら(사쿠라)'에서 온 말로, 한국인의 발음 습관상 된소리가 되었다. 사전적으로는 '바람잡이, 야바위꾼, 동원된 박수꾼' 등의 의미인데, 정치적으로는 '권력의 앞잡이'라는 뜻이다.
  '낮에는 야당 밤에는 여당'의 2중적 행태로 인해 '지조'가 의심스러운 정치인, 즉 정권 쪽과 밀월을 즐기는 야당 정치인에게 주로 사용되었다. 정치인의 지조와 선비의 지조가 똑같은 말로 강조되던 전통적 가치관이 권위주의 정권의 '공작정치'와 충돌해 빚어낸 시대적 조어라고 할 수 있다(조선, 1999.7.20, 5면 〈만물상〉).

환 고스톱을 가리키는 말이다.[8] 이 고스톱에서는 싹쓸이를 한 사람이 피만 받아오는 것이 아니라, 자신이 원하는 패는 뭐든지 다 가져올 수 있으며, 아무도 못 말리는 끗발을 잠시 맛볼 수 있었다.

오야 맘대로   '주인 맘대로'라는 뜻으로, 5.17 비상계엄 전국 확대로 3김과 함께 부정 축재자들이 정치 일선에서 물러서면서 위의 '싹쓸이' 등과 더불어 유행된 말이다.[9] '오야(親)'는 일본어로, '부모, (트럼프나 화투 놀이의) 선'을 뜻한다.

땡 전 뉴스/ 뚜뚜 전 뉴스   이 해에 시작된 칼라 TV 방송이 마력을 발휘하자, 당시 KBS의 이원홍 사장과 MBC의 이진희 사장 간의 충성심 경쟁이 가열되어 양 방송사가 뉴스 시간에 대통령 근황 먼저 보도하기 경쟁을 치열하게 벌였다. 그 결과, 밤 9시를 알리는 시보가 울리자마자 양쪽 뉴스 진행자들은 똑같이 '전두환 대통령은……'으로 시작되는 뉴스를 내보내게 되었는데 바로 이를 일컫는 말이다.[10]

---

8 '싹쓸이'라는 말은 5.18 광주민주화운동에 투입된 공수부대의 '화려한 휴가' 진압 작전 발포 명령자로 추정되는 사람의 '싹 쓸어버려'라는 발언에서 나왔다고 한다(함영훈, 〈시대의 거울, 유행어〉 ⑤1980년대, 2012.2.7. 입력, 2012.4.27. 다음 검색).
9 동아, 1985.8.14, 12면 〈유행어에 비친 세태 40년〉 송영언 기자.
10 김웅래 · 오진근(1996), 앞의 책, p.96.

선진 조국 정의사회 구현	신군부가 권력을 독점하면서 이전의 '조국 근대화' 대신에 새롭게 내건 구호이다.
삼청교육대	전국비상계엄하에서 5월 31일 국가보위비상대책위원회(국보위)가 설치됨으로써 새롭게 권력을 장악한 개혁 주도 세력들이 새 시대를 향한 정지작업인 사회정화책의 일환으로 범법자들의 인간성을 완전히 개조하기 위하여 전국 각지의 군부대 내에 설치한 교육기관(1980.8.1.~1981.1.25.)이다.
대자보	대자보는 1930년대 초기 소련에서 정치선전의 목적으로 활용되었던 벽보의 영향을 받아 중국의 문화대혁명기에 확산된 벽신문 유형의 대중 언론 매체인데, 이 해부터 대학가 여기저기에 정치·사회 현실을 비판하는 대자보가 나붙기 시작하였다.
몰래바이트/ 전화 과외/ 과외 망국론	이 해 7월 30일, 과외를 전면 금지시키는 이른바 7.30조치가 내려졌는데, 찬성하는 쪽이 훨씬 많은 것으로 나타났다. 그러나 남의 자식은 못 하게 할지라도 내 자식만큼은 어떤 수를 써서라도 과외 공부를 시켜야 한다는 일부 부유층 부모들의 극성으로 생겨난 것이 몰래바이트로, 이는 서민들의 박탈감을 키웠다. 또한 서로 떨어져 있는 과외 선생과 학생이 전화로 수업하

는 전화 과외까지 등장하였다. 이와 같은 세태에서 과
외 망국론이라는 말도 등장하였다.[11]

이 해 9월 1일에 11대 대통령으로 전두환 대통령이 취
임하였는데, 박정희 대통령에 이은 육사 출신 대통령
의 배출과 군 출신의 득세, 영부인인 이순자 여사의
위세를 야유하는 표현으로 나타난 말이다.

**학사 위에
석사,
석사 위에
박사,
박사 위에
육사,
육사 위에
보안사,
보안사 위에
여사**

11 위의 책, p.98.

2. 1981년

クリスタル族
크리스털족

1980년도 문예상(文藝賞)[1]을 획득하고, 아쿠타가와상(芥川賞) 후보에도 오른 히토쓰바시대(一橋大) 학생 다나카 야스오(田中康夫)의 『어쩐지 크리스털(なんとなく, クリスタル)』이 베스트셀러가 되어 각종 화제를 불러일으켰다. 442개의 주(注)를 단 특이한 작품으로, 유명한 부티크, 레스토랑, 뮤지션, 브랜드 상품명이 가득 담겨 있어서 카탈로그 소설이라고도 불렸다. 소설 자체도 '난 크리(なんとなく, クリスタル)'라는 약칭으로 불렸으며, 버블 경기 이전의 도쿄를 떠도는 브랜드 지향주의 젊은이들을 내스컨은 조소(嘲笑)와 풍자를 담아 '크리스털족', '크리스털파'라고 불렸다.

**アクション
・カメラ**
몰래카메라

상대방이 눈치채지 못하도록 몰래 촬영하는 것을 가리킨다. 지금 말로 하면 '도촬(盗撮)'이다. 바바 겐지(馬場憲治)가 그 방법을 기술한 저서 『몰래카메라 기술(アクショ

---

1 河出書房新社가 1962년에 설립한 문학상.

ン・カメラ術』에서 나온 말로, 이 책은 속편과 합하여 150만 부가 팔렸다고 한다. 아마추어 카메라맨들이 일제히 이후 흉내 내어, 가을에는 세일즈맨이 여성의 스커트 속을 '몰래 촬영'하여 체포되는 일도 있었다.

青い鳥症候群
파랑새증후군

나고야[名古屋] 시립대 의학부의 시미즈 마사유키[清水将之] 조교수의 조어이다. 모리스 마테를링크[Maurice Maeterlinck]의 동화『파랑새[青い鳥]』와 같이, 장래를 꿈꾸고 파랑새를 쫓는 것만을 생각하여, 현재의 일에 막연한 불만을 품고 전직에 대한 생각을 끊지 못하는 상태를 가리킨다. 주로 엘리트 신입사원들에게서 흔히 보이며, 결국에는 노이로제 상태로 이어진다.

えぐい
대단하다,
예리하다

사전적으로는 '아릿하다[맵싸하다]', '성질이 강하다', '동정심이 없다', '냉혹하다'는 의미인데, 1981년경부터 젊은이들 사이에서는 '잘한다', '대단하다', '예리하다'와 같이 플러스 이미지로 사용되었다. 이 해에 감기약 '콘택[コンタクト] 600'의 CM에서 '아릿하지 않아?[えぐいんじゃないの?]'라는 대사가 나왔는데, 여기서는 본래의 의미로 사용되고 있기는 하나, 유행어는 이 CM에서 나온 것으로 보여진다.

人寄せパンダ
사람 끄는 판다

도쿄 우에노[上野]동물원의 최고 인기 동물은 판다로, 판다를 보기 위하여 자녀들을 동반하고 온 부모들로 늘 북적였다. 6월의 도쿄도의회 의원선거에서 자파[自派] 입후보자의 응원에 적극적이었던, 다나카 가쿠에이[田中角栄] 전 수상은 "나는 사람을 끌어모으는 판다. 요청이 있으면 어디라도 가겠다."라고 공언하였다. 자신의 인기를 판다와 같다고 생각했겠지만, 시대는 변하여 다나카는 록히드 사건의 중심에 있었다. 스기나미 구[杉並区], 분쿄 구[文京区] 등에서 다나카파 후보가 낙선함으로써 다나카 인기의 종말을 고하였다.

電子郵便
전자우편

'Electronic mail'을 말하며, 우체국 창구에서 접수한 문서나 도면을 팩시밀리로 전송하여, 수신국이 봉투에 넣어 속달로 배달하는 방식이다. 7월부터 시작되었는데, 팩시밀리의 보급과 더불어 점차로 사라지게 되었다.

なめ猫
깔보지 마
고양이

그리 특별하지는 않지만, 여자아이와 어린이들 사이에서 한때 열광했던 현상이다. 본래, '비행소년·소녀[ツッパリ] 붐이 먼저 있었는데, 그것을 귀엽게 따라한 것이다. 즉 사람이 아닌 고양이에게 여학생 교복이나 남학생 교복을 입혀 비행소년·소녀처럼 만든 것이다. 포스터, 사진집에 '깔보지 마라[なめんなよ, Don't Pelorian]'라는 어깨띠를 두른 고양이가 넘쳐났다. '*なめ*んな*よ*라는 고양이[猫]이므로, 줄여서 'なめ猫'가 된다. 이것이 면허증이 되고, 방석이 되는 등, 150종의 '깔보지 마 고양이 상품'이 불티나게 팔렸다.

ぶりっ子
착한[귀여운]
척하는 아이

'……인 척하는 아이[ぶる子]'를 말하는데, 구체적으로는 '착한 아이인 척하는 아이', '귀여운 아이인 척하는 아이'를 가리킨다. 이 시점에서는 아이돌 가수인 마쓰다 세이코[松田聖子]가 그 대표 주자였다. 그녀는 사소한 일에도 '엄마' 하고 울었다. 그러나 항상 그렇게 눈물이 나오는 것은 아니다. 그러면, '와ー, 눈물이 안 나온다!' 하고 우는 시늉을 했으며, 때로는 정말로 우는 일도 있었다.

이 말은 이미 1970년대의 만화에 등장했다는 설도 있으며, 자연발생적인 유행어라고 볼 수 있다.

三語族
세 마디족

젊은 여성이 모든 의사소통에서 '거짓말![ウッソー!]', '정말?[ホントー?]', '귀여워![カワイイ!]'(또는 '싫어![ヤダー!]')의 세 마디 말밖에 사용하지 않는다고 하여 매스컴이 만든 유행어이다. 이외에 '믿을 수 없어[シンジラレナーイ]', '대단해[スゴーイ]', '바보 같아[バッカミタイ]'도 많이 사용되었다고 한다.

ハチの一刺し
벌의 일침

10월, 록히드 사건 공판에서 검찰 측 증인으로 출정한 에노모토 미에코[榎本三惠子]는 사건 발각 후의 모습을 구체적으로 증언하였다. 그녀는 다나카 가쿠에이의 비서관·에노모토 도시오[榎本敏夫] 피고의 전처였기에 매우 신빙성이 있었다. 폐정 후의 기자회견에서 "벌은 한 번 사람을 쏘면 죽는다고 합니다. 지금의 나는 벌과 같은 심경입니다."라고 말하여, '벌의 일침'은 그날 중으로 유행어가 되었다.

ノーパン喫茶²
노팬티 다방

1978년경에 교토[京都]에서 생겼다고 하는데, 1980년부터는 도쿄나 오사카에서도 유행하였다. 미니스커트 차림의 웨이트리스가 팬티를 입지 않고 서비스하는 다방을 말하며³, 바닥의 일부가 거울로 되어 있는 가게도 있었다.

---

2 'ノーパン'은 'ノー・パンツ', 'ノー・パンティー'의 약어.
3 1990년대에는 'ノー・パン しゃぶしゃぶ'(노팬티 샤부샤부 요리점) 등의 형태로 변하기도 하였다.

**체육관
대통령**

1981년 3월 3일, 11대(1980.9.1.)에 이어서 12대 대통령에
취임한 전두환 예비역 대장은 두 번 다 서울 잠실체육
관에서 취임식을 가져 야당으로부터 체육관 대통령이
라는 말 공세를 감수해야 했다.[4]

**물증은 없고
심증만 있다/
심증은 있는데
물증이 없다**

이 해에 서울 원효로에서는 70대 윤경화 씨가, 그리고
강남에서는 여대생 박상은 양이 피살되는 사건이 발
생해 세인의 관심을 집중시켰다.

그러나 두 사건의 용의자들이 모두 증거 불충분으로
풀려나, 결과적으로 '물증 없이 심증만으로는 유죄로
판단할 수 없다.'라는 교훈만 재확인시켜 주었다. 이
사건 이후로 유행한 말이다.[5]

X양

모 신문이 탤런트 C양 추행사건을 'X양 사건'으로 보도
함으로써 생긴 말로, 바람기가 있는 여자를 지칭하는
유행어이다.[6]

4 김웅래·오진근(1996)『한국을 웃긴 250가지 이야기 ─유행어 반
   세기·1945~1995』삶과함께, p.100.
5 위의 책, p.101.
6 동아, 1985.8.14, 12면 〈유행어에 비친 세태 40년〉 송영언 기자.

**믿을 놈
없다**

윤경화 노파 살해사건의 담당 경찰이 예금통장을 빼 낸 것과, 11월 13일의 이윤상 유괴 살해사건의 범인이 담당 체육 교사인 것을 두고 유행한 말이다.7

**뭔가 보여
드리겠습니다**

1979년 TBC TV의 〈토요일이다 전원 출발〉로 본격적인 방송 데뷔를 하고 같은 해 MBC TV의 〈웃으면 복이 와요〉로 옮기고 나서 인기를 얻게 된 이주일이, 1980년 2월 TBC TV 〈토요일이다 전원 출발〉 녹화 도중에 사회자 곽규석에게 다가가 불쑥 내뱉은 말8이다. 이후 황금기를 구가하던 중인 10월에 저질 연예인으로 찍혀 강제로 방송 출연 금지를 당하였다가9 1981년에 이 유행어와 함께 브라운관에 복귀하였다.

---

7 동아, 1985.8.14, 12면 〈유행어에 비친 세태 40년〉 송영언 기자.
8 1980년 6월 6일에 이주일 주연의 동명의 영화 개봉.
9 미국의 한 시사평론지에 "한국에는 지금 가장 잘나가는 두 '빛나리 [전두환, 이주일]'가 있다."는 기사가 나가고 얼마 안 되어 일어난 일이다(동아, 1994.2.7, 11면 〈연(緣) 사람과 사람 (14) 전두환－ 박종환－이주일 씨 축구로 맺어진 인연과 인연〉 李在權).

3. 1982년

일본

貧乏えびす
가난뱅이
에비스

横井する
요코이한다

2월 8일, 도쿄 아카사카[赤坂]의 '뉴 재팬 호텔[ホテル・ニュージャパン]'에서 화재가 발생하여 투숙객 32명이 사망하는 대참사가 일어났다. 방화 시설 결함이었던 호텔에 비난이 집중되었고, 나비넥타이를 매고 '성심성의'란 말로 형식적인 사과만을 되풀이하는 요코이 히데키[横井英樹] 사장은 '가난뱅이 에비스1'라고 불렸다. 또한 그가 말만을 내세우며 보상금 지불을 꺼리는 점에서 말만 하고 실행하지 않는 것, 안전에 눈을 감고 호텔 경영 비용에 몹시 인색해 하는 것 등을 가리켜 '요코이한다'라고 하였다.

逆噴射
역분사

機長, 何をするんですか
기장님,
뭐 하는 겁니까?

機長, やめてください
기장님,
그만두세요

2월 9일, 일본항공 여객기가 도쿄 하네다[羽田]공항 앞바다에 추락하여 24명이 사망하였다. 원인은 기장이 엔진에 '역분사'를 걸었기 때문인데, 이때 부기장이 "기장님, 뭐 하는 겁니까?", "기장님, 그만두세요."라고 외

---

1 '에비스'는 칠복신(七福神)의 하나로, 상가(商家)의 수호신. 오른손에 낚싯대, 왼손에 도미를 들고 있으며, 싱글벙글 웃는 얼굴을 하고 있다.

心身症
심신증

쳤다고 한다. 이후 '역분사'는 '시류(時流)에 역행하다', '정당하지 못하다', '이상하다'는 뜻의 유행어가 되었고, 나머지 두 표현도 상사의 행동을 말리는 농담 등에 응용되었다. 기장이 '심신증' 환자임이 밝혀지면서, 심리적 원인으로 신체가 비정상이 된다는 의미의 이 말도 유행어가 되었다.

ネクラ(根暗)
본질적으로
성격이 어둡다

'根が暗い'를 줄인 말이다. 겉은 쾌활하고, 구김살 없이 밝지만, 내면은, 즉 본질은 성격이 어둡다는 뜻으로, 다모리[タモリ]가 TV에서 연발하여 유행시킨 말이다. '말이 없다', '멋없다', '촌스럽다' 등의 뜻으로도 사용된다.

なぜだ!
왜!

이 해에 도쿄 니혼바시[日本橋]의 미쓰코시[三越]백화점에서 고대 페르시아 보물 전시회가 열렸는데, 실은 가짜 보물전이었다. 그중에는 일본 국내 장인이 만든 것이 몇 점이나 있었고, 원가이 300배나 되는 사격이 붙여졌다. 경시청은 사기 용의, 도쿄세관은 탈세 용의로 이를 수사하였다. 미쓰코시는 사업이 부진하던 참에 이 사건이 발생하여, 9월 22일의 이사회에서 오카다 시게루[岡田茂] 사장을 16:0, 즉 만장일치로 해임하였는데, 그때 오카다 사장이 외친 말이다. 이후 기회 있을 때마다 정색하면서, (농담도 포함하여) "왜!"라고 소리 지르는 것이 유행하였다.

**ほとんど
ビョーキ**
거의 병적이다

TV 아사히[朝日]의 심야 프로그램 〈투나잇(tonight)〉의 성 풍속 리포터인 야마모토 신야[山本晋也] 감독이 꺼낸 말이다. 성 풍속 취재를 하고 있으면 상식을 초월한 사람들과 이상한 행동들을 접하게 되는데, 이전이라면 이것을 '미쳤다'라거나 '변태적'이라고 표현했겠지만, TV에서는 아무래도 좋지 않아서, 좀 더 부드럽고 유머러스한 표현은 없을까 하고 궁리한 끝에 나온 말이라고 한다. 이 말은 극히 'TV적'이고, 아주 기가 막히다는 느낌이 잘 나타나 있다. 만약 이것이 조금 더 과격한 표현이었다면 시청자의 반감을 샀을 것이다.

気くばり
배려

NHK의 인기 아나운서 스즈키 겐지[鈴木健二]가 저술한 『배려의 권유[気くばりのすすめ]』로 유명해진 말이다. 오늘날의 일본인에게는 다정함이 부족하며 인간관계를 원만히 하기 위해서는 배려가 필요하다고 주장하여 베스트셀러가 되었지만, '紅白歌合戦(홍백노래겨루기)'에서 일말의 배려도 찾아볼 수 없는 스즈키의 사회적 태도는 악평을 받았다.

ロリコン族
롤리콘족

'ロリコン(Lolicon)'은 'ロリータ・コンプレックス(롤리타콤플렉스, Lolita Complex)'의 약어이다. 러시아 태생의 작가 블라디미르 나보코프(Vladimir Nabokov)의 소설 『롤리타』는 1955년에 발표되었으며, 일본에서도 번역되어 화제가 되

었다. 또 스탠리 큐브릭(Stanley Kubrick) 감독에 의해 영화
(1962)로도 공개되었다. 중년의 주인공은 소녀 롤리타에
게만 매력을 느끼는 남자이다.

1982년경부터 소녀 사진집(누드를 포함), 앳된 소녀풍의
10대 여자아이 사진집을 사거나, 소녀애(少女愛)를 다룬
'롤리콘 만화' 등을 읽는 젊은이가 많아져서, 여성 주간
지의 화제가 되었으며, 그러한 젊은이를 '롤리콘족'이
라고 불렀다.

**ルンルン
気分**
룬룬 기분,
씽씽 기분,
으쓱으쓱 기분

'ルンルン'은 1980년 봄까지 방송된 아사히[朝日] TV 애
니메이션 〈花の子ルンルン〉(꽃같은 아이 룬룬)에서 나온
말로, 젊은 여자아이의 들뜬 기분을 나타낸다. 유행어
로는 초등학생 → 여고생 → 여대생 → OL → 어른의
순으로 나타났으며, 어른들 사이에서 유행된 것은 처
음보다 2년 늦은 1982년이었다.

行革三昧
행정개혁삼매

스즈키 젠코[鈴木善幸] 내각의 나카소네 야스히로[中曾根
康弘] 행정관리청 장관의 상용어로, 다음(차기 수상)을 노
리지 않고 행정개혁 한가지에만 몰두하겠다는 뜻이다.

**十倍楽しく
見る方法**
10배 재미있게
보는 법

에모토 다케노리[江本孟紀]의 베스트셀러 『프로야구를
10배 재미있게 보는 법』에서 나온 유행어이다. '10배'
가 '20배'로 확대되어 사용되기도 하였다.

症候群 (シンドローム) 증후군, 신드롬, syndrome	1982년부터 눈에 띄게 사용되기 시작한 말로, 어떤 병이 나타났을 때의 일련의 증상을 가리킨다.
森林浴 삼림욕	임야청에서 만든 말로, 삼림의 정기를 쐬는 것을 말한다. 방향(芳香)의학의 가미야마 게이조[神山恵三]에 의하면, 숲 속에는 살균력을 가진 독특한 방향이 감돌고 있어, 심하지 않은 감기 정도는 숲 속에서 조금 일을 하면 낫게 된다고 선전하였다.
大胆なご **意見** 대담한 의견	산토리[サントリー]의 CM에서 나온 말이다. 산토리 생맥주 통의 맥주가 맛있는 것은 '통에 손잡이가 있으니까'라는 나리타 미키오[成田三樹夫]의 대답에 스모의 후지시마[藤島]도장 사범이 한 말이다. 국철 분할 안에 대해 노조가 이 말을 하며 반발한 것이 전용(轉用) 예의 하나이다.
ブラ勤 빈둥빈둥 근무	국철 현장의 나쁜 관행 용어의 하나로, 1982년에 지적된 말이다. 전근 명령을 따르지 않고 여전히 이전의 직장으로 계속 출근하면서, 그곳에 일이 없기에 그저 빈둥빈둥 지내는 것을 일컫는다.

일본인과 개는 출입금지

1982년 일본 각급 교과서에서 한일 관계를 심하게 왜곡, 편찬한 사실이 밝혀지면서 반일 감정이 극도로 악화돼, 서울의 일부 빵집과 술집 출입문에는 '일본인과 개는 출입금지'라는 표지가 나붙기도 하였다.[2] 이 표현은 제2차세계대전 당시, 나치의 유대인 말살정책의 단면을 보여주는 '유대인과 개는 출입금지'라는 표현을 응용한 것으로 생각된다.

일단 한번 와 보시라니깐요

극장식 식당(물랭루즈〈종로2가〉, 초원의 집〈북창동〉)의 TV 광고를 통해 코미디언 이주일이 유행시킨 말로, 특유의 어눌한 억양과 맞물려 당시 전 국민의 입에 오르내린 최고의 유행어이다.

우리나라에서 연예인들이 TV방송을 통해 내뱉은 말이 본격적으로 유행하기 시작한 것은 TV가 컬러 방송을 시작한 1980년 이후라고 할 수 있는데, 그 대표적인 유행어 중 하나라고 할 수 있다.

웬일이니?

개그맨 김형곤이 TV 쇼에서 한 말로, 역시 크게 유행하였다.

2 김웅래 · 오진근(1996)『한국을 웃긴 250가지 이야기 - 유행어 반세기 · 1945~1995』삶과함께, p.101.

**민나
도로보데스**

5월에 MBC TV를 통해 전국에 방영된 〈거부실록 공주 갑부 김갑순 편〉에서 탤런트 박규채가 말한 일본어로, '모두가 다 도둑놈입니다'라는 뜻이며, 이 말도 크게 유행하였다. 아마 불신으로 가득찬 세태를 풍자하는 이 말이 그 당시 우리나라 국민들의 정서와 똑소리 나게 맞아떨어졌기 때문일 것이다.[3]

큰손

**경제는
유통이다**

1982년 5월, 이 나라 최대 규모의 권력형 부정으로 손꼽히는 '장영자 어음사기사건'이 터져 대통령(전두환)의 장인과 처삼촌이 모든 공직에서 물러났고, 금융계와 재계 거물, 그리고 집권 여당의 핵심 인물들도 한꺼번에 침몰시켰다.

이로 인해, 전 금융계가 침체 상태에 빠졌고 내각 개편과 집권 여당의 권력구조에도 막대한 영향을 미쳤다. 하지만 '큰손' 장영자 씨는 구속되는 순간 "내가 잡히지만 않았더라면 모두 다 해결할 수 있었을 것"이라고 큰소리치면서 우리 경제사에 길이 남을 한마디 명언을 터뜨렸는데, 그것이 바로 '경제는 유통(흐름)이다'라는 말로, 곧 바로 전 국민들 사이에서 유통되었다. 이후 '큰손'은 각계의 실세나 영향력이 큰 사람을 지칭하는 말로 사용되었다.[4]

3 위의 책, p.102.
4 위의 책, p.103.

깨몽

**지랄하고
자빠졌네**

**못생기면
다냐?**

이 해 중반, 즉 '이철희·장영자 어음사기사건'이 터지고 난 뒤부터, 상대방의 희망을 부정하고 꿈을 깨라는 뜻의 '깨몽'이란 말이 세간에 퍼졌고, 역시 상대방의 말이나 행동을 한마디로 깔아뭉개는 '지랄하고 자빠졌네'와 '못생기면 다냐?'[5]라는 말도 유행하였다.[6]

---

5 이주일의 유행어인 '못생겨서 죄송합니다'(10.26 직후인 1979년 말 이주일은 이 유행어를 만들며 20년 무명생활을 청산)의 반어적 용법.
6 김웅래·오진근(1996), 앞의 책, p.104.

4. 1983년

일본

不沈空母
불침항모

1월에 방미한 나카소네 야스히로[中曾根康弘] 수상이 〈워싱턴포스트〉지와의 인터뷰에서 "일본을 불침항모와 같이 하겠다."라고 발언하자, 소련 국영 타스통신이 즉시 "핵 시대에 '불침항모'는 존재할 수 없다."라고 반론하였고, 내외의 비판에 수상은 일본인 기자단에게 '불침항모' 운운을 전면 부정하였다. 그러나 더욱더 추궁을 받자 "틀림없이 자신이 말했다."라고 다시 인정했으며, 고토다 마사하루[後藤田正晴] 관방장관의 "형용사 문제에 불과하다."는 발언으로 위기에서 벗어났다.

ロンとヤス
론과 야스,
로널드와
야스히로

1월 방미 시, 미일정상회담 후의 조찬 모임에서 로널드 레이건[Ronald Wilson Reagan] 대통령이 "나를 론[Ron]이라고 부르라."라고 말하자, 나카소네 야스히로 수상은 "야스라고 불러 주십시오."라고 했다고 한다. 즉 대등한, '론과 야스' 사이라는 PR이다.

軽薄短小
경박단소

〈日經流通新聞〉이 내세운 〈1981년 히트상품 랭킹〉에 오른 퍼스널 컴퓨터, 경차, 워크맨, 포터블 VTR, 미니 입술연지 등의 특징을 요약하면, '경·박·단·소'가 된다고 한다. 즉 가볍고, 얇고, 짧고, 작은 것이 현대를 나타내는 키워드인데, 산업 면에 있어서 '중·후·장·대(重·厚·長·大)'산업으로부터의 전환을 지적한 것이기도 하다.

ジャパゆきさん
일본원정
접대부

전전(戰前)에 일본에서 동남아시아로 건너간 '외국 원정 접대부(から(唐)ゆきさん)'를 흉내낸 말로, 필리핀, 태국 등의 동남아시아에서 일본으로 건너와 유흥업소에서 일하게 된 여성을 지칭한다. 'ジャパ는 'ジャパン(Japan)'을 의미한다.

勝手連
요코미치
다카히로와
세넛대로
연대하는
청년연합

4월의 홋카이도[北海道]지사 선거에서 '요코미치 다카히로와 제멋대로 연대하는 청년연합'[横路孝弘と勝手に連帯する若者連合, 약칭 勝手連]이 '통풍이 좋은 홋카이도'를 슬로건으로 학생이나 젊은 시민이 게릴라적인 독특한 선거전을 전개하여 요코미치 당선의 원동력의 하나가 되었다. 정치 불신의 무당파 청년층에 대한 어필이 성공한 것이다.

**ニャンニャ
ンする**
야옹야옹하다,
섹스하다

야옹[ニャン]은 고양이 울음소리이며, 야옹야옹[ニャンニャ
ン]은 암수 고양이가 장난치고, 즐기며, 교미하는 것을
가리킨다. 1979년경부터 젊은이들 사이에서 유행하였
는데, 이야기를 하다가 흥이 식을 때든 기쁠 때든 '야
옹야옹' 하는 것이 특징이었다. 사진 주간지 〈Focus〉
6월 24일호에서 고교생 여자 탤런트인 다카베 도모코
[高部知子]의 사진 설명에 「ニャンニャンしちゃった後の一
服」(섹스 후의 담배 한 대)라고 나온 후에 갑자기 일반화되
었다.

**いかにも一
般大衆が喜
びそうな……**
정말이지 일반
대중이 기뻐할
것 같은……

맥주는 내용물보다도 용기로 경쟁하는 추세가 되었다.
CM에서 레오나르도 구마[レオナルド熊]라는 탤런트가 산
토리[サントリー] 맥주의 용기를 찬찬히 보며 "정말이지 일
반 대중이 기뻐할 것 같은 아이디어군요, 이것은."이라
고 말한다. 나무로 된 작은 생맥주 통에, 따를 때에 소
리가 나는 아와미크론[アワミクロン]이라는 것이 붙어 있었
는데, 탤런트는 이것을 일부러 비웃어 보인다. 사람들
이 맛보다 용기 장식에 끌려 이 맥주를 선택할 것이라
는 의미이다. 이 CM으로 '일반 대중'이라는 말이 되살
아났는데, 사람을 바보 취급하는 말로 들리는 점이 일
반 대중에게 호평을 받아 유행하였다.

イ十モ 輪!
되고말고, 왜!,
좋고말고, 왜!,
괜찮고말고, 왜!

1983년 최고의 유행어이다.[1] 후지TV의 〈웃어도 되고 말고[笑っていいとも]〉에서 다모리[タモリ]가 "웃어도 될까나? [笑っていいかな?]"라고 객석의 청중들에게 소리를 지르면, 일동이 "되고말고![いいとも]"라고 하며 양팔을 머리 위로 올려 원[輪]을 만들고, '왓[フッ]'하고 외친다. 이 '왓'은 '輪っ' 이다.

エントロピー
엔트로피,
entropy

물체의 열역학적 상태를 나타내는 변수로, 열역학 제2 법칙 설명에 사용되어, '질서 있는 것은 모두 무질서로 이행한다'는 것을 '엔트로피가 증대한다'고 한다. 이것 이 1983년부터 일반사회 현상을 가리키는 말로도 사 용되기 시작하였다.

給料日の怒りを国会へ
월급날의
문노를 국회로

6월 참의원 비례대표구에서의 '샐러리맨 신당'의 슬로 건이다. 샐러리맨의 세금 문제만을 호소하여 2명이 당 선되었다.

タコが泣くのよ
문어가 울어요

산토리 수빙[サントリー樹氷] CM에서의 다나카 유코[田中裕子]의 대사에서 온 말이다. 문어라는 것은 '뼈가 없는 쓸모없는 놈'을 뜻하는 예능계의 표현이다.

---

1 榊原昭二(1986)『昭和語 60年世相史』朝日新聞社, p.238.

八百屋の魚
야채 가게의
물고기

하타노 아키라[秦野章] 법무장관이 『文藝春秋』12월호 인터뷰 기사에서 한 말에서 비롯되었다. '정치가에게 정직이나 청결 등의 고전적 덕목을 구하는 것은 야채 가게에서 물고기를 달라는 것과 같다'는 뜻이다.

한국

**이것은 실제
상황입니다**

1983년 봄, 중국 민항기 한 대가 강원도 춘천 땅에 불시착했다. 그때까지만 해도 중국은 한국과 국교를 맺지 않은 미수교 국가였고, 만약 전쟁이 터질 경우 서로 총부리를 겨누어야 할 적성국이었다.

문제는 그런 나라의 비행기 한 대가 큼직한 붉은 별을 단 채 한국 땅 깊숙한 곳까지 날아들었는데도 공습경보가 울리지 않았다는 사실이다. 연습 때는 귀청이 찢어질 정도로 사이렌을 울려대던 당국이 막상 실제 상황이 벌어졌을 때는 꿀 먹은 벙어리가 되자, 공습경보에 대한 국민들의 불신 심리가 점점 커질 수밖에 없었다. 그러나 현명한 국민들은 이를 스스로 해결해 나갔다. 그 방법은 공습경보가 울릴 때마다 '이것은 실제 상황입니다'라는 말을 덧붙이는 것으로, 이 말은 불신 시대의 상징적인 유행어가 되었다.[2]

막힌 곳은 뚫고 굽은 것은 펴겠다	대학총장 출신인 김상협 국무총리가 취임사에서 한 말로, 역시 불신 시대를 상징하는 유행어가 되었다.[3]
맞다, 맞아!	1983년 6월 30일부터 136일 동안 계속된 KBS의 〈이산가족찾기 생방송〉은 방송 시간도 가히 기록적이었지만, 무려 10,189명의 이산가족들에게 재회의 기쁨을 안겨주는 엄청난 일을 했다. 오랜 세월 동안 소식을 모른 채 헤어져 살던 혈육이 서로를 확인하고는 눈물로 부둥켜안으면서 소리친 것이 이 말로, 곧 전국적인 유행어가 되어 온 국민을 울렸다.[4]
물방울 다이아	1983년 세인들의 입에 자주 오르내린 말 중에서 빼놓을 수 없는 것으로, 대도 조세형이 현직 고관 집에서 훔친 것으로 알려져서 더욱 유명해진 말이다.[5]
나 돈 없시요 …… 당신 미인이야요	MBC TV 드라마 〈야망의 25시〉에서 사채업자인 수수께끼의 사나이 김유장 역의 탤런트 박규채가 한 말로, 당시 많은 사람들로부터 사랑 받았던 유행어이다.[6]

2 김웅래·오진근(1996) 『한국을 웃긴 250가지 이야기 − 유행어 반세기·1945~1995』 삶과함께, pp.104−105.
3 위의 책, p.105.
4 위의 책, p.105.
5 위의 책, pp.105−106.
6 위의 책, p.106.

착각은 자유/ 착각에는 커트라인이 없다	인생은 다 제멋에 살고 제 잘난 맛에 산다는 의미의 유행어이다.[7]
잘돼야 될 텐데	KBS 2TV 프로그램 〈유머 1번지〉의 정치·시사 풍자 코너인 〈회장님 회장님 우리 회장님〉에서 코미디언 김형곤이 한 말이다.

---

7 위의 책, p.106.

5. 1984년

オシンドローム
오싱 신드롬

초인기 프로그램이었던 NHK의 연속 TV소설 『오싱』과 관련된 신어이다. 계속되는 처참한 고생을 필사적으로 참고, 그러면서도 명랑함을 잃지 않고 누구에게나 상냥한 주인공 〈오싱〉의 모습은, 전후의 어려운 세월을 끝까지 버티어 냄으로써 풍요로움을 손에 넣은 일본인의 마음에 '양질의 일본인' 상(像)으로서 폭풍 같은 공감을 불러일으켰다. 이러한 상황을 두고, 「타임」지는 전 국민의 감정이 똑같이 신드롬화되어 있다고 하여, 이와 같이 표현했다. 'オシン'과 'シンドローム'을 한 단어로 한 것이다.

鈴虫発言
방울벌레 발언

1983년에 록히드 사건의 다나카 가쿠에이[田中角栄] 전 수상에게 실형 판결이 내려지고, 같은 해 연말의 총선에서는 정치윤리 문제가 최대의 쟁점이 되었다. 이 상황에 대해 야유한 것이 나카소네 야스히로[中曽根康弘] 수상으로, 마치 방울벌레가 "린리[倫理], 린리[リンリ]"[1] 하고 울고 있는 것 같다고 반박하였다.

1 윤리의 일본어 발음인 '린리'를 방울벌레 우는 소리인 '린리'에 빗대어 표현한 말.

スキゾ・パラノ[2]
분열증 · 편집증

뉴 아카데미즘의 기수로 일컬어진 교토대학 조수(助手)
아사다 아키라[浅田彰]의 저서 『도주론(逃走論)』에서 나온
유행어이다. 그는 인간의 특질을 분열증 인간과 편집
증 인간으로 분류하였는데, 분열증 인간이라는 것은
여러 가지 일에 흥미를 가지며 한 가지 일에 구애받지
않는 사람을 말하고, 편집증 인간은 한 가지 일에 열중
하여 다른 일을 전혀 생각하지 않는 사람을 가리킨다.

特殊浴場
특수 목욕탕,
소프란도

요즈음 말하는 '소프란도[ソープランド, soapland]'에는 오랫
동안 '터키탕[トルコ風呂]'이라는 속칭이 있었는데, 터키에
서 온 유학생이 이에 이의를 제기하고, 터키 정부 또한
항의하여, 터키라는 이름을 빼는 데에 노력하였다.
이러한 노력의 일환으로 '특수 목욕탕' 등의 이름이
제안되었다.

**まるきん
まるび**
마루킨 마루비

와타나베 가즈히로[渡辺和博]는 저서 『金魂巻(きんこんかん)』
에서, 현대의 대표적 직업 31종에 속하는 사람들의 라
이프스타일, 복장, 행동 등을 부자[金持ち]와 가난뱅이[貧
乏人]의 양극단으로 나누어 해설하였다. 그것을 각각의
첫 글자를 따서 ○金(마루킨), ○貧(마루비)라고 이름 붙인
점이 돋보인다. 저서는 베스트셀러가 되고, 이 말 역시

---

2 スキゾ는 スキゾフレニア(schizophrenia), パラノ는 パラノイア
(paranoia)의 약어.

매스미디어뿐만 아니라 일상의 대화 중에도 빈번히 출현하는 대유행어가 되었다.

くれない族
'주지 않는다'족

1984년에 방송된 TBS TV의 금요 드라마 〈'주지 않는다'족의 반란〔くれない族の反乱〕〉에서 탄생한 말이다. 본래 '누군가가 무언가를 해 주지 않는다'고 응석 부리는 어린이는 많이 있지만, 드라마는 이 '주지 않는다' 현상이 주부층에게까지 퍼져, '남편이 사랑해 주지 않는다, 신경을 써 주지 않는다'고 불평하는 실태를 묘사하였다. 그 사람들을 '주지 않는다 족'이라고 불렀으며, 이는 사회현상까지 함축한 풍속어로 평가되었다.

疑惑
의혹

'LA를 무대로 M씨가 보험금을 노리고 아내를 살인한다'는 대담한 가설을 전개한 『주간문춘〔週刊文春〕』의 캠페인 기획 〈의혹의 총탄〔疑惑の銃弾〕〉에서 나온 말이다. 이후 미디어의 사건 보도가 홍수처럼 쏟아졌고, '의혹'이라는 단어가 범람하여 일대 유행어가 되었다.

千円パック
천 엔 팩

이 해에 '괴인 21면상〔怪人21面相〕'[3]이 과자에 청산소다를 주입하여 글리코〔グリコ, Glico〕·모리나가〔森永〕 등의 과자 메이커를 협박하는 사건이 일어났는데, 이 협박에 대항하기 위하여 모리나가제과가 고안해낸, 안전을 위

3 이 해의 마지막 동명의 유행어 참조.

한 과자 팩을 말한다. 1,200엔 정도의 내용물이 든 과자를 완전히 포장하여 1,000엔에 판매하였다.

「す・ご・い・で・す・ネッ」
대단하군요,
굉장하군요

인기 프로그램인 후지TV 〈웃어도 되고말고[笑っていいとも]〉에서 도코로 조지[所ジョージ]가 유행시킨 개그이다. 별일도 아닌데 과장되게 사람을 칭찬할 때에 사용하는데, 젊은이들이 '분위기'를 고조시키기 위하여 즐겨 사용하게 됨으로써 유행하였다.

「教官！」
"교관!"

TBS TV 〈스튜어디스 이야기[スチュワーデス物語]〉에서 주인공 마쓰모토 지아키[松本千秋]가 연발하는 대사이다. 얼빠지고 아둔한 스튜어디스 훈련생이 교관과의 사제애에 의해 분투하는 근성을 그린 드라마인데, 패러디 풍으로 그려낸 것이 인기를 얻은 이유라고 한다. 젊은이들 사이에서 다른 사람을 부를 때에 "교관！"이라고 하면 크게 호평을 받았다.

かい人
21面相
괴인 21면상,
21개의 얼굴을
가진 괴도

이 해에 세상을 가장 떠들썩하게 한 사건이 '글리코·모리나가[グリコ·森永] 사건'이다. 주범은 여러 명으로 이루어진 그룹으로 보이는데, 그들은 글리코, 모리나가와 슈퍼마켓, 보도기관 앞으로 협박장이나 도전장을 계속 보냈고, 7월 24일부터는 '괴인 21면상'이라고 자칭했다. 이는 에도가와 란포[江戸川乱歩]의 〈괴인 20면상

[怪人二十面相])[4]을 흉내낸 것이다. 글리코 사장 유괴, 방화 외에도, 3회 실패한 현금 탈취, 독이 든 과자를 놓아두는 등의 범행을 반복하였다.

한국

별들의 전쟁

1983년 6월 13일, 민정당 등 4개 기관과 주요 언론사에 당시 집권당 대표위원이었던 정래혁 의원의 축재에 관한 익명의 투서가 날아들었는데, 거기에는 정래혁 소유의 부동산 내역과 사진, 그리고 재산목록이 아주 상세히 기록되어 있었고, 조사 결과 축재 내용과 재산 규모도 사실로 밝혀졌다. 투서 장본인이 육군 대장 출신의 문형태라는 것도 밝혀졌는데, 국방장관을 지낸 정래혁도 장군 출신이어서 언론에서는 이를 '별들의 전쟁'으로 대서특필하였다.

그 후 또다시 '별들의 전쟁'이 세간에 화제가 된 적이 있었다. 국회 국방위 소속의원들과 육·해·공군의 수뇌부들이 회식 중에 한바탕 다툰 이른바 '회식사건'이 바로 그것이다. 이때도 별자리(장성) 인사들이 많이 참

---

4 에도가와 란포의 소년용 탐정소설 『소년탐정단(少年探偵團)』 시리즈(1936.1. – 1962.12.)에 등장하는 가공의 대괴도이다.

석한 데다가 미확인 보도이긴 하지만 약속 시간보다 한참이나 늦게 나타난 야당의 고(故) 김동영 의원이 "어이구, 우리나라 똥별들은 다 모였구만!" 하면서 인사를 대신했다고 한다. 이에 모 별자리가 여당 이세기 의원에게 주먹을 날려 별이 왔다갔다하게 만들었고, 또 다른 모 별자리는 이를 말리고 그러는 과정에서 별 볼 일 있는 한판 난투극을 벌였다 해서 세간에서 지칭한 말이다. 이 사건은 우리 사회에 폭탄주[5]가 유행하는 계기가 되었다.[6]

세상에 믿을 놈 아무도 없다

1981년의 유행어인 '믿을 놈 없다'가 다시 부활한 경우이다. 위의 첫 번째 '별들의 전쟁' 당시, 같은 고향 사람인 데다가 군대 선후배 간인 두 사람이 벌이는 추태를 보면서 세간에서 유행한 말이다.

정이사회

1982년 5월에 터졌던 '이철희·장영자 어음사기사건'으로 인해 벌어졌던 입을 채 다물기도 전에, 이른바 '별들의 전쟁'에 의해서 정래혁 민정당대표 겸 국회부의장의 엄청난 재산 내역과 부정 비리가 함께 터짐으로써 국민들의 입에서 다시 "악!" 소리가 터져 나왔다.

---

5 맥주를 가득 부은 잔 속에 양주를 찰찰 넘치게 채운 스트레이트 잔을 빠뜨린 다음 단숨에 죽 들이키는 음주법을 말한다.
6 김웅래·오진근(1996)『한국을 웃긴 250가지 이야기 ─유행어 반세기·1945~1995』삶과함께, pp.107-108.

그 때부터 사람들은 1980년에 신군부가 내세운 구호인 '정의사회'를 '정이사회'로 비꼬기 시작했다. '정이'는 '정래혁 사건'과 '이철희·장영자 사건'의 머리글자를 딴 표현이다.[7]

잘 모르겠는데요

코미디언 심형래가 데뷔 초기인 1984년에 KBS 2TV〈유머 1번지〉프로그램에서 이 말을 내뱉으며 멍청한 표정의 바보 연기를 천연덕스럽게 하여 어린들의 우상이 되었다. 이 말은 당대 최고의 유행어가 되었다.

[7] 위의 책, p.109.

6. 1985년

일본

分衆
분중,
분할된 대중

광고대행업체인 박보당(博報堂)에서 만든 말로, 경제적 절정기를 목전에 둔 일본 사회의 자신감을 나타낸 신어이다. 일본인의 가치관이 다양화·개성화·분산화되면서, 종래의 균질적인 '대중'이 아니라 '분중(=분할된 대중)'이 탄생하게 되었다고 언급했다.

パフォーマンス
퍼포먼스,
performance

젊은이들 사이에서는 무도(舞蹈), 연극, 음악 등, 전반적인 예술 표현활동을 가리키는 '퍼포먼스'라는 표현을 모르는 사람이 없다. 그러나 이 해에 '고지식한' 일본사회당이 신(新)선언 초안 중에 '사랑과 지력의 퍼포먼스'라는 표현을 사용함으로써 일거에 국민들 사이에 이 말이 확산되었다.

N T T
NTT

1984년 12월 20일에 전전(電電)개혁3법이 성립됨으로써 일본전신전화공사는 민영화되어 NTT(일본전신전화주식회사)로 재출발하였다. 이 NTT라는 이름은 새로운 회사명을 발표한 지 불과 수개월 만에 경이적인 속도로 사람들에게 인지되었다.

キャバクラ
카바레클럽

'카바레[キャバレー]'와 '클럽[クラブ]'의 합성어이다. 유흥산업의 생존 전략으로 고안해낸 새로운 업종으로, '젊음'과 '아마추어'를 내세운 여성이 맨투맨으로 상대하고 '품위 있고 정직한 계산'을 한다는 것이 캐치프레이즈이다.

言語戦略
언어 전략

게이오[慶応]대학 교수인 스즈키 다카오[鈴木孝夫]의 저서 『무기로서의 말―거실의 국제정보학[武器としてのことば―茶の間の国際情報学]』에서 제창되었다. 국제분쟁을 해결하는 수단으로서, 군비를 대신하여 '말'을 무기로 해야 한다는 발상으로, 이를 위한 전략이 절대적으로 필요하다고 하였다.

ネバカ
철지한 바보

'올 나이터즈[オールナイターズ]1', '오냥코클럽[おーヤンナクラブ]2' 등, 여대생·여고생 붐이 한창인 세상을 통렬하게 비판한 신어로, 어른들에게 치켜세워져 기고만장해진 여고생들을 '철저한 바보[根っからのバカ]'라고 지적하였다.

---

1 후지TV의 토요일 심야 방송 프로그램 〈올 나이트 후지[All Night Fuji]〉에 출연한 여대생.
2 1985년 후지TV의 버라이어티 프로그램 〈저녁놀 야옹야옹[夕やけ ニャンニャン]〉에서 탄생한 여성 아이돌 그룹.

「イッキ！イッキ！」
잇키！잇키！,
원 샷！원 샷！

요즈음에도 흔히 들을 수 있는, 젊은이들이 술을 마실 때 주위 사람이 부추기는 맞춤 소리이다. 이전부터 학생 동아리의 회식 등에서 행해지고 있었는데, 그 당시의 젊은이들이 실제 사회에 나와서 정장 차림으로 '원 샷단숨에 마시기'을 하는 모습은 '젊은이의 유아화'의 상징이라는 견해도 있다. 'イッキ'는 '一気に단숨에, 한번에'의 준말이다.

トラキチ[3]
한신 타이거즈
광팬

21년 만의 우승을 달성한 프로야구의 한신阪神을 서포트한 열광적인 응원단을 가리킨다. 전통 윗도리, 메가폰, 모자의 3종 신기三種の神器[4]로 몸을 감싸고 "한신이 노치阪神命"[5]라고 크게 열광하는 남녀노소는 사회현상이 되기도 하였으며, '벼락치기 한신 응원단'도 다수 출현하였다.

---

3 '트라((タイガース)のきちがい(미치광이, 마니아))'라는 의미의 약어로, 특히 열광적인 한신 팬을 가리키는 호칭. 영어 'タイガース'는 일본어로는 'トラ'가 됨.

4 본래는 황위 계승의 표시로 천황에게 계승된 3종의 보물, 거울·칼·굽은 옥돌을 말하는데, 전후에는 현대인의 보물이라는 의미로 사용되어, 보다 나은 생활을 위해 가지고 싶은 내구소비재 3가지를 가리키는 말을 뜻한다. 1955년에는 흑백 TV·전기세탁기·전기냉장고를 '3종의 신기'라고 불러 유행어가 되었다. 고도성장기에는 칼라 TV·에어컨·자동차가, 2000년 이후에는 디지털카메라·DVD 레코더·박막 TV가 일컬어지기도 하였다. 나아가 보물이라는 의미에서 필수품이라는 의미로도 사용 되었는데, 야구에서 사용되는 본문의 3종 신기의 경우가 이에 해당한다.

5 일본에서 응원할 때 매우 좋아하는 사람이나 팀 등의 이름 뒤에 '이노치[命]'를 붙여, 머리띠나 현수막 등에 사용, 표현하는 경우가 있다.

角抜き
가쿠에이 빼기

이 해에 '메지로[도쿄 지명]의 배후 지배자[目白の闇将軍]'로 불리며, 킹메이커로서 오랫동안 정계를 지배한 다나카 가쿠에이[田中角栄]가 쓰러졌다. 수하인 다케시타 노보루[竹下登]의 반란, 그리고 뇌경색 발병이 원인이 되어 급속히 정치적 영향력을 잃었는데, 이 상황을 정확하게 전달하는 말로, 사회적으로도 널리 인지되었다.

「私はコレで会社をやめました」
"나는 이것으로
회사를
그만두었습니다"

'금연 파이포[パイポ]'6의 CM에서 생긴 유행어이다. 파이포를 들고서 "나는 이것으로 담배를 그만두었습니다[끊었습니다]."라고 말하는 모델이 몇 명 나온 후, 새끼손가락7을 세운 남자가 "나는 이것으로 회사를 그만두었습니다."라는 우스갯소리로 끝맺었다. 샐러리맨 층에 크게 어필한 유행어이다.

「投げたらアカン」
"던지면 안 돼"

공공 광고 기관이 내보낸 청소년 비행 방지 캠페인 TV CM에서 생긴 유행어로, 어린이들에게 인기를 얻었다. 300승 투수・스즈키 게이시[鈴木啓示]의 독특한 관서 말투 악센트가 기묘한 리얼리티를 띠고 있다.

---

6 '금연 파이포'는 마루망[マルマン]이라는 회사가 발매한 담배 모양의 금연 상품.
7 새끼손가락은 한국에서와 마찬가지로 애인을 가리키는 의미가 있다.

**100ドル
ショッピング**
100달러 쇼핑

엄청난 경제 발전, 수출 대폭 초과, 세계경제 단독 승자인 일본은 많은 국가와 심각한 경제마찰을 빚게 되었다. 미국이나 EC로부터의 수입 압력에 골치를 앓던 나카소네[中曽根] 수상은 국민에게 외국 상품을 100달러 사주기 바란다고 호소하였는데, 그 모습에 국민은, 반은 어이가 없어 빈정거리며 이 말을 유행어로 만들었다.

**「愛しているか
らチライのよ」**
"사랑하니까
괴로운 거예요"

다른 사람의 부인이자 한국인인 소프란도 걸(soapland girl)과의 사랑을 그린 이쿠시마 지로[生島治郎]의 『한쪽 날개만의 천사[片翼だけの天使]』8가 베스트셀러가 되었다. 만남부터 결혼까지의 과정을 마음의 주름까지 헤치고 들어가듯이 세밀하게 묘사한 데서 사랑의 순정과 슬픔이 뼈저리게 느껴진다. 이 말은 한국인 여성이 한 것으로, 그 진정성에 많은 사람이 울었다.

ダッチロール⁹
더치 롤,
Dutch roll

8월 12일, 하네다공항을 이륙하여 오사카로 향한 일본항공 점보기가 군마 현 오스타카 산[群馬県御巣鷹山] 산중에 추락하여 대파, 연소되었고, 승객, 승무원 524명중에 520명이 사망, 4명만이 기적적으로 생존하였다. 단

---

8 한국에서 〈한쪽 날개의 천사〉라는 영화로 제작, 개봉(1987.9.19).
9 8자를 그리며 비행하는 것을 가리킨다. 16세기에 네덜란드에서 스케이트가 유행하였는데, 귀족이 양손을 가슴에 대고, 한쪽 발을 뒤로 들어 젠체하며 원호를 그리는 것을 이렇게 부른 데에서 시작되었다고 한다(榊原昭二, 1986, 『昭和語 60年世相史』朝日新聞社, p.244).

독기로는 세계 최대의 사고였다. 우연히 승객으로 타고 있던 다른 스튜어디스가 구출 후에 "빵! 하는 소리와 함께 하얀 가스가 자욱하고, 기체는 방향감각 없이 비행하며 더치롤에 들어간 것 같았다."라고 말했는데, 이 사고 후에 '저 녀석은 머리가 더치롤', '회사 상태가 더치롤'이라는 표현이 널리 알려졌다.

新風営法
신유흥업법

2월 13일에 시행된 '유흥업 등의 규제 및 업무의 적정화 등에 관한 법률'을 말한다. 지금까지는 카바레, 마작 업소, 파친코 업소가 규제되고 있었는데, 신법은 특수 목욕탕(독실 구비 욕탕), 러브호텔, 독실 누드 등도 단속한다고 하였다. 러브호텔, 모텔 이외에는 자정까지만 영업하고, 영업 지역도 규제한다고 하였다. '風営'은 '風俗営業'의 줄임말이다.

うざったい
귀찮다,
초조하다,
끈질기다

'귀찮다, 초조하다, 끈질기다'라는 의미를 나타낸다. 1979년 일부 튀는 여성들에 의해 사용되기 시작하여, 1982년에는 노래에도 나타났고, 1985년에 사람들 사이에서 일반화되었다.

実年
실년

11월에 후생성(厚生省)이 공모하여 결정한 5, 60대를 가리키는 호칭이다. 평균 수명이 80대가 되는 세상에 이들을 '노인'이라고 하기는 어렵다는 것이 개정 이유로,

1979년부터 사용된 '숙년(熟年)'이라는 말을 대신한 표현이다.

에어로빅 /조깅

이 해 여름, 신문·방송 등의 언론에 건강 붐을 타고 처음 등장하면서 번지기 시작한 운동으로, 크게 유행하였다.[10]

가라오케

이 말은 일본어 'カラオケ[空+オーケストラ]'[11]로, 반주 음악만을 수록한 테이프나 레코드를 말한다. 유흥업소 등에서 이것을 반주 삼아 손님들이 노래하였다. 노래를 좋아하는 한국 국민성에 맞아 크게 유행하였다.

운동권/재야/ 자택연금/장외/ 의식화 교육/ 이념 교육/ 위장취업

시국이 시국이었던 만큼 반정부 투쟁과 관계되는 이같은 말이 빈번히 사용되었다.[12]

---

10 김웅래·오진근(1996) 『한국을 웃긴 250가지 이야기 －유행어 반세기·1945~1995』 삶과함께, p.116.
11 일본의 1977년도 유행어이다.
12 김웅래·오진근(1996) 앞의 책, p.116.

지구를 떠나거라/ 소금 뿌려라/ 나가 놀아라	MBC TV 〈일요일밤의 대행진〉 프로그램을 진행하던 개그맨 김병조(일명 배추머리)는 '꼴값 떠는 얌체들'의 이야기를 하고 난 뒤에 꼭 '(이런 사람들은 속히) 지구를 떠나거라' 또는 '소금 뿌려라, 나가 놀아라' 등등의 말로 핀잔을 주었다. 이 말이 많은 사람들에게 자신의 생각을 대변해 주는 카타르시스 역할을 톡톡히 해 줌으로써 전 국민으로부터 열렬한 사랑을 받으면서 크게 히트하였다. 이는 우리나라 개그맨들이 유행어를 만들어내기 위하여 시도 때도 없이 머리를 쥐어짜게 만드는 계기가 되기도 하였다.[13]
소값 파동/ 소값이 개 값	소값이 말도 못하게 곤두박질침으로써 나온 말이다.[14]
민중	1980년대 초에 신군부에 대한 저항 의식에서 출발한 '민중'이라는 말이, 이진희 문공부 장관의 '민중 문화 정치도구화 우려' 발언을 계기로 사용 빈도가 부쩍 늘어나게 되었다. '민중 문화'를 비롯하여 '민중 예술, 민중 미술, 민중 문학, 민중 연극, 민중 교육' 등의 표현도 많이 사용되었다.[15]

---

13 위의 책, p.117.
14 위의 책, p.117.
15 동아, 1985.8.14, 12면 〈유행어에 비친 세태 40년〉 송영언 기자.

| **폭탄주** | 1984년의 '별들의 전쟁'으로 알려지기 시작한 '폭탄주'가 30, 40대 주당들 사이에도 유행하기 시작하였다. |

약어유행어
삼민투,
Black box,
휴전협정,
조선사람

1985년 한 해 동안 대학가에서 은어의 형식을 빌려 가장 많이 유행한 말이 '삼민투(민족통일, 민주쟁취, 민중해방투쟁위원회)'와 같은 약어이다. 경찰 최루차(검정색 박스차)를 나타내는 'Black box', 시위가 중단되는 방학을 나타내는 '휴전협정', '조물주가 선택한 사람'이라는 '조선사람' 등이 이에 속한다.[16]

지적소유권

지적재산에 대한 소유권으로, 문학·예술·과학·연출·예술가의 공연·음반·방송·공업 의장·등록상표·상호 등에 대한 보호 권리와 공업·과학·예술 분야의 지적 활동에서 발생하는 모든 권리를 의미한다. 이러한 개념을 잘 알지 못하던 한국 사회에 대하여 미국 측에서 잔뜩 공포 분위기를 조성해 놓고 내뱉은 말로, 일반 국민에게 가장 익숙한 말 중의 하나가 되었다.

논술고사

1986년 입시부터 실시되는 '논술고사'란 말도 우리 국민의 높은 교육열로 인해 크게 유행하였다.[17]

---

16 김웅래·오진근(1996) 앞의 책, p.119.
17 위의 책, p.119.

덤핑 판정	1984년의 한국산 컬러 TV에 대한 미 상무부의 덤핑 판정 문제에서 시작되어, 경제계뿐만 아니라 온 국민의 생활을 강타한 말이었다.
지하철 시대	서울의 지하철 3, 4호선과 부산 1호선의 개통으로 생겨난 말이다.[18]
3당4락	'3시간 자면 원하는 대학에 합격하고 4시간 자면 불합격한다'는 뜻이다.[19] 1981년부터 시작된 대학입학학력고사(1993년까지 실시)에 매년 68만~73만 명이 응시하였는데, 대입 경쟁률이 3.5대 1로 최고조에 달한 1986년도 대입학력고사(1985.11.20.)를 앞두고 유행하였다.

---

18 위의 책, p.119.
19 일본의 1959년 유행어이다.

7. 1986년

究極
구극 · 궁극

식통(食通, gourmet, 미식가) 만화『오이신보[美味しんぼ]』에서 나온 말로, 신어도 아닌 '구극 · 궁극'이 뽑힌 이유는 본래의 의미와는 다른 뉘앙스로 사용된 데에 기인한다. 모든 요리에 궁극을 추구하는 이른바 '미식가 붐'의 발화역을 담당하게 된 말이다. 그 외에도 '궁극의 온천[究極の温泉]'과 같이 사용되었으며, 편집(偏執)적인 일본인을 표현하는 말로서는 딱 들어맞았다.

激辛
매운 맛

미식가 시대의 개막을 특징짓는 신어이다. 한국, 중남미, 동남아시아 등의 민족 요리는 물론이고, 카레업계, 라면업계까지 휩쓴 '매운 맛' 시대가 시작되었는데, '매운 맛 전병'이라는 의표를 찌른 상품을 발매한 사람은 일약 매운 맛의 스타가 되었다.

ファミコン
파미콘,
family computer

TV게임 업계에 탄생한 닌텐도[任天堂]의 혁명적인 신상품 '패밀리 컴퓨터', 통칭 '파미콘'은 공전의 대 붐을 일으켰다. 화면, 사운드, 게임 내용 등, 소프트 면에서도 획기적이어서 뉴미디어 업계의 여명을 암시하였다.

川の手
저지대

명치 이후, 지반침하가 진행된 '번화가'가 재건의 소망을 담아 '고지대[山の手]'에 대비하여 '저지대[川の手]'라고 명명되었다. 스미다 강[隅田川]에 접한 남북의 좁고 긴 지대를, 정부가 주도하는 도시 재개발의 흐름을 타고 워터프런트[waterfront]로 재생시키려고 하였다.

家庭内離婚
가정 내 이혼

애정은 식어버렸는데, 아이들, 늙은 부모, 경제적 자립 문제 등으로 이혼할 수 없는 부부의 형편을 정확하고도 날카롭게 표현하였다. 전통적인 결혼관이 붕괴하고 있는 현실을 명확하게 나타내는 합성어로, 세상에 충격을 주었다.

アークヒルズ
아크힐즈

민관이 총동원된 도쿄 개조계획의 샘플이 된 것이 아카사카 · 롯폰기[赤坂·六本木] 지구의 개발 사업이며, 그 중심이 된 것이 최첨단 인텔리전트 빌딩인 아크 힐즈[ARK Hills]이다. 토지의 고층 이용, 24시간 도시와 같이, 모든 면에서 모델케이스가 되어 도쿄의 새로운 명소가 되었다.

新人類
신인류

구세대와는 다른, 전혀 새로운 가치관으로 행동하는 젊은이들을 신인류라고 명명한 것은 『아사히 저널[朝日

ジャーナル』 편집장인 지쿠시 데쓰야[筑紫哲也]이다. 구인류 입장에서 보면, 신인류는 제멋대로이고, 무감각적, 냉소적 등과 같은 마이너스 이미지가 강하였다. 그러나 겁내지 않고, 끙끙대지 않으며, 밝은 부분만을 본다고 하는 신인류다운 퍼스낼리티로 대활약한 것이 프로야구 세이부 라이온즈[西武ライオンズ]의 기요하라 가즈히로[淸原和博]를 비롯한 3명의 선수였다. 이들에 의해 신인류의 이미지가 일신되었다. 이는 특히 1960년대 이후의 출생자를 일컫는 말이다.

知的水準
지적 수준

나카소네[中曾根] 수상이 자민당 내의 모임에서, 외국에 대하여 '지적 수준이 낮다'는 발언을 했는데, 국내의 야당, 매스컴 등은 예사로 넘겨버렸다. 그런데 로이터발로 이 발언이 발신되자 세계 각국으로부터 비난의 대합창이 일었다. 부자 일본의 교만과, 국내 정계, 미디어의 국제성 면에서의 '낮은 지적 수준'을 전 세계에 드러내어 큰 창피를 당하였다.

「亭主元気で 留守がいい」
"남편은 건강하면서 부재가 좋아"

대일본제충국[大日本除蟲菊] 주식회사의 방충제 '긴초곤[金鳥コン]'의 TV CM에서 나온 말이다. '남편의 체면'을 철저하게 웃음으로 날려버리고, 남편이 직장에 출근하여 집에 없는 관계로 더욱 원기발랄해진 아내가 이 말을 외친다. 남편은 돈을 벌어다주는 존재인 만큼 건

강하게 열심히 직장 생활을 해야 하지만, 집에 있으면 이것저것 부인의 손이 많이 가서 피곤하므로, 야근이나 출장 등으로 부재인 편이 좋다는 뜻이다.

おニャン子
오냥코

후지TV에서 방영된 〈오냥코클럽[おニャン子クラブ]〉은 일종의 버라이어티 프로그램으로, 출연자의 대부분이 풋내기 여고생이라는 점이 참신하였다. TV에 나오고 싶어 하고, 튀고 싶어 하는 여고생을 '오냥코'라고 불렀는데, 이 프로그램 개시 이래 '오냥코'는 믿을 수 없을 정도로 증대하였다.

「プッツン」
"풋쓴"

코미디언 가타오카 쓰루타로[片岡鶴太郎]가 날린 개그이다. 다른 사람에게 질책을 받거나 사정이 좋지 않으면, "풋쓴"이라고 말하며 그 자리를 얼버무린다. 이 개그는 젊은이들에게 크게 인기를 얻어 거리 여기서기에서 '풋쓴'의 내합창이 들릴 정도로 유행하였다.

「やるしかない」
"할 수밖에 없다"

이 해 7월에 행해진 중·참의원 동시선거에서 역사적인 패배를 맛본 사회당은 신임 위원장으로 도이 다카코[土井たか子]를 선출하였다. 비장의 카드라기보다는 어쩔 수 없이 선출한 것이 당시 실정으로, 당내의 분위기는 도이에게 매우 차가웠다. 그것을 알면서도 굳이 위

원장에 취임한 도이는 비장한 각오를 담아 "할 수 밖에 없다"는 제1성을 날렸는데, 이 명대사가 크게 어필하여 유행어가 되었다.

150円台
150엔대

정부의 엔고 용인정책에 의해, 미 달러에 대한 엔 환율이 일거에 200엔대를 깼다. 수많은 싱크탱크, 경제연구소 중에서 도카이[東海]은행 조사부가 급격한 엔고를 정확하게 예측하여 높은 평가를 받았는데, 가까운 장래에 150엔까지 될 것이라는 예측이 일본 사회에 충격을 주어 유행어가 되었다.

「バクハツだ!」
「なんだかわか
らない」
"폭발이다"
"뭔지 모르겠다"

천재 화가 오카모토 다로[岡本太郎]이기에 탄생시킬 수 있었던 유행어이다. 독특한 카리스마와 존재감을 가진 오카모토가 "예술은 폭발이다."라고 외치면, 기묘한 리얼리티가 있었다. 마찬가지로 "뭔지 모르겠다."라는 발언도 마치 깊은 진리라도 숨겨져 있는 것처럼 느껴졌다.

地揚げ
・底地買い
땅투기・임차권
토지 매수

광란의 토지 투기 붐이 본격화되어 일본 전국에서 악질적인 토지 매수, 주민 추방이 자주 나타나게 되었다. 그 때문에 보통의 서민 생활을 누리는 일조차 곤란해지는 예가 다수 발생하였는데, 그중의 한 명이었던 여배우 마부치 하루코[馬渕晴子]는 강제적인 추방을 꾀하는 부동산 업자를 고발하여 서민 측으로부터의 '땅 투기·임차권 토지 매수' 반격의 심벌이 되었다.

レトロ(現象)
복고조
취미 (현상),
retrospective

レトロスペクティブ(retrospective)의 일본식 약칭으로, '복고조 취미'를 뜻한다. 그러나 젊은이들 입장에서는 '복고'가 '완전히 새로운 것'으로, 단순히 '옛날의 재현' 현상이라는 좁은 의미와는 달랐다. 탱고라든가 당구, 다트, 추억의 명화 등 모든 분야에서 이 현상이 나타났다. 닛산日産 자동차가 10,000대 한정으로 예약판매한, 1950년대를 떠올리게 하는 복고조 디자인의 소형 자동차 'Be-1'도 그중의 하나로, 중고 시장에서 100만 엔이나 프리미엄이 붙었다.

한국

마음을 비웠다

김영삼 신민당 고문이 외신기자클럽 연설에서 "대권에 도전할 것인가?"라는 질문을 받고 답변한 말로, 곧바로 유행어가 되었다.[1]

---

1 김웅래·오진근(1996)『한국을 웃긴 250가지 이야기 – 유행어 반세기·1945~1995』삶과함께, p.120.

양 김씨는 낚시나 하라	역시 외신기자클럽 연설에서 같은 질문을 받은 김대 중 씨가 "(대통령) 직선제만 수락되면 출마하지 않겠 다."라고 조건부 불출마를 선언하자, 김동길 교수가 김 영삼, 김대중 씨에게 점잖게 충고한 말이다.2
3저 현상	국제금리가 낮아지면서 원유 값이 떨어지고 달러 환 율도 곤두박질침으로써 생겨난 말이다.3
공식지정교수	86아시안게임과 88올림픽을 앞두고 각종 '공식 상품' 이 나오자 '86공식지정교수', '88공식지정교수' 등 어용 성격의 인사들에게 '공식' 딱지를 붙여주는 우스갯소 리가 한동안 유행하였다.4
밥 무쓰요?/ 시도 때도 없이 밥 묵나?	1986년 한 해 동안 사람들의 입에 가장 많이 오르내린 유행어는 뭐니 뭐니 해도 개그맨 이하원 씨가 MBC TV 를 통해서 퍼뜨린 '밥 무쓰요?(먹었어요?), 시도 때도 없이 밥 묵나?'의 소위 '무쓰요' 시리즈이다.5
IBM /세숫대야 /야그	이 해에 캠퍼스를 중심으로 크게 유행한 말들이 있는 데, 'IBM(이왕 버린 몸), 세숫대야(얼굴), 야그(이야기)' 등이 이 에 속한다.6

2 위의 책, p.120.
3 위의 책, p.120.
4 위의 책, p.121.
5 위의 책, p.123.

8. 1987년

マルサ
마루사,
국세 사찰관

국세 사찰관은 사찰의 사(査)를 ○(일본어: 마루)로 둘러싼 '마루사'로 통칭된다. 영화 〈마루사의 여인[マルサの女]〉은 여성 사찰관을 주인공으로 하여 대히트를 쳤다. 토지 투기, 재테크와 같이 대기업에서 개인까지 머니게임에 참가하는 것이 당연한 듯한 사회 풍조 속에서, 그것이 불가능한 서민은 교활하게 돈을 버는 인물을 적발하는 마루사에게 박수갈채를 보냈다.

JR
JR

이 해 4월 1일, 국철(=일본국유철도)이 115년 역사의 막을 내리고, 일곱 개 JR로 분할, 민영철도회사로 재출발하였다. JR이라는 것은 국철 시대의 JNR(Japanese National Railways)에서 National의 N만 뺀 호칭이지만, 이 단순함이 어필하여 순식간에 세상에 인지되었다.

第二電電
제2전전

전전공사(電電公社. 日本電信電話公社의 약칭)가 민영인 NTT로 재생되고, 개방된 전기통신사업에는 속속 새로운

6 위의 책, p.124.

회사가 참가하였다. 그중에서 한층 이색적인 이름으로 눈을 끈 것이 '제2전전'인데, '전전'이라는 고리타분한 말과 '제2'라는 표현은 그야말로 상식의 의표를 찌른 새로운 회사명이었다. 식상한 가타카나 회사명이 횡행하는 가운데, 구식이어서 역설적으로 새로운 신기축이 높게 평가받았다.

サラダ記念日
샐러드 기념일

단가(短歌)계의 초대형 신인 다와라 마치[俵万智]의 데뷔 단가집 『샐러드 기념일』은 단가집으로서는 이례적으로 260만 부 판매라는 대베스트셀러가 되었다. 구어체를 자유자재로 구사한 가풍(歌風)은 단가 세계를 바꿨을 뿐만 아니라, 많은 단가 팬을 만들어냈다. 또 독특한 어감은 단가 이외에 언어 세계에도 커다란 영향을 주었는데, '○○ 기념일'이 각지에서 속속 생겨난 것도 그 인기를 말해주는 예이다.

朝シャン
(モーニング・
シャンプー)
아침 샴푸,
모닝 샴푸

'아사 샨[朝シャン]'이라는 것은 시세이도[資生堂]의 CM '아침 샴푸[朝のシャンプー]'라는 말이 고교생 사이에서 간략화된 것인데, "아침에 샴푸를 합시다"라는 광고 문구가 순식간에 여고생을 중심으로 널리 퍼졌다. 일본인의 생활 습관에는 없던 '아침 샴푸'는, 일시적인 붐이라는 견해도 있었지만, 이 해부터 남성들도 동참한 '청결 지향 현상으로 대두되었다.

ノリサメ
고조되었다가
식어버림

고조되었는가 하면 식어 있는 완전히 새로운 타입의 인물군을 '마음 내켜 하다가 금방 식어버리는 사람들[ノリサメ族]'이라고 한다. 전날 밤의 연회에서는 한껏 기분이 고조되어 있다가, 다음 날 아침에는 완전히 식어서 모르는 체 하는 얼굴은, 상사 입장에서 보면 본심이 보이지 않는 다루기 어려운 신입사원이라고 할 수 있다.

懲りない
○○
질리지 않는
○○

아베 조지[安部讓二]의 『담장 속의 질리지 않는 사람들[塀の中の懲りない面々]』은 교도소라는 특이한 모티브와, 독특한 등장 인물군에 의해 베스트셀러가 되었다. 이 제목에서 촉발된 것은 아니겠지만, 이 해에도 많은 "질리지 않는" 사건이 속발하였다. 부정, 사기에서 도난 사건까지 신문을 장식한 수많은 사건을 보면서, 사람들은 "질리지 않는 ○○"라고 말하게 되었다.

「なんぎやなぁ」[1]
어렵겠는데

이 해, 프로야구 한신 타이거스[阪神タイガ-ス]는 개막부터 연패하여 어처구니 없는 패배 모습을 보여주었다. 이에 본거지인 오사카의 TV 관계자 신보 지로[辛坊治郎]가 한신의 모습을 보고 한 말이다. 입정 사납게 욕을 퍼붓는 것도 아니고, 과장되게 비판하는 것도 아닌 애정과 분함과 견딜 수 없음을 내포한 이 말은 시청자의

---

1 「難儀だなあ」의 오사카[大阪] 사투리.

공감을 불러일으켜, 오사카뿐만 아니라 전국구의 유행어가 되었다.

ゴクミ
고쿠미

고토 구미코[後藤久美子]를 줄인 말이다. 원조 '국민적 미소녀'로 불린 고쿠미의 인기가 크게 치솟았다. 인기 드라마 〈다테 마사무네[伊達政宗]〉에 출연했다고는 해도, 연기가 조금 부족했던 고쿠미가 왜 인기가 폭발했는지는 수수께끼이다. 꽥꽥거리며 시끄럽게 떠들고 까부는 '오냥코 소녀[おニャン子娘]'2나 새침떼기 탤런트에 식상한 서민의 눈에, 고전적인 미소녀가 매치된 것일까? 그 후에도 계속된 미소녀 붐을 일으킴과 동시에, 이름을 줄이는 통칭(通稱)의 사용 면에서 확실히 한 시대의 선구가 되었다.

マンガ
日本経済
入門
만화
일본경제
입문

말이 아니라 표현 방법이 유행이 된 경우이다. 난해한 이론을 알기 쉬운 만화로 표현하였기 때문이다. 학습, 역사, 경제, 정보라는 여러 가지 장르에서 만화책이 출판되어, 문장에 중점을 두는 종래의 저널리즘에 반격을 가한 셈이었다. 이 책은 일본 경제의 대내외 상황을 생생하고 박력 있게 묘사하여 대베스트셀러가 되었다.

2 1986년 유행어 'おニャン子' 참조.

ワンフィンガー
ツーフィンガー
원 핑거 투 핑거

산토리 위스키의 TV CM에서 나온 말이다. 싱글, 더블이라고 하지 않고, '원 핑거, 투 핑거'라고 삐딱하게 표현한 것이 어필하였다. 부유해진 젊은이들의 밤 문화는 이즈음부터 크게 변하여 호화롭고 화려한 것을 선호하게 되었는데, 그러한 시대적 분위기에 삐딱한 이 표현이 딱 들어맞았다.

サンキュー
セット
39세트
· 감사 세트

맥도날드는 520엔의 햄버거 세트를 390엔에 판매하면서, 이를 '39(산큐) 세트'라고 명명하였다. 숫자의 39와 감사의 'thank you(산큐)'를 중첩시킨 상품명으로, 거리의 화제가 되었다. 또한 이는 본격적인 햄버거 전쟁의 시작을 알렸고, 맥도날드 상술이 압도적으로 승리하였다.

"国際"国家
'국제'국가

5년에 걸친 장기 정권을 마친 나카소네[中曽根] 수상이 기회 있을 때마다 발언, 표현한 말이다. 일본이 국제사회 속에서 살아간다는 이 말에는 누구도 반론을 제기하지 않았다. 듣기에 그럴듯한 이 말은 각종 미디어, 보고서, 회합의 머리 수식어로 사용되어 표면적으로는 대유행어가 되었지만, '국제'의 내용에 대해서는 천차만별이어서 그만큼 이 말이 정착되지는 못했다.

鉄人
철인

프로야구의 연속 출장 시합 신기록을 달성한 히로시마 도요카프[広島東洋カ—プ]의 기누가사 사치오[衣笠祥雄] 선수에게 붙여진 칭호이다. 18년간 2,191시합을 하루도 쉬지 않고 계속 출장한 위업의 뒤에는 처절한 노력이 있었는데, 이 사실을 미디어가 일제히 보도하여 '철인' 기누가사는 슈퍼스타가 되었다. 동시에 '철인'이라는 말도 "요리의 철인"과 같이 다양한 분야에서 사용되면서 유행어가 되었다.

フリ—タ—
비정규직 노동자

일본에서 만든 용어인 '프리(랜스) 아르바이터[フリ—(ランス)・アルバイタ—. Free(lance) Arbeiter]'의 약칭으로, 아르바이트 정보지가 명명한 것이다. 학교를 졸업하고도 정식 직장에 다니지 않고 빈둥빈둥 놀며, 자신의 흥미에 맞는 일을 하고 싶을 때에 하고, 생활을 즐긴다. 간혹 취직하는 것보다도 수입이 많은 경우도 있다. 그야말로 부족함이 없는 신분인데, 이 모두가 버블 경기 덕택으로, 버블이 꺼지자 상당한 특기 소유자가 아니면 일이 없어지게 되었다.

プ—ルバ—
풀 바,
pool bar

1월의 영화 〈허슬러[The Hustler] 2〉 덕택에, 젊은이들 사이에서 당구가 유행하였는데, 아마도 폴 뉴먼과 톰 크루즈의 미기(美技)를 흉내 내려고 한 것이라 생각된다. '풀3 바'라는 것은 일본에서 만든 조어로, 포켓 당구 테이블이 놓여 있는 카페 바 형식의 당구장을 말한다.

이 나이에 내가 하리?

80년대를 주름잡았던 인기 코미디 프로그램 KBS 2TV 〈쇼 비디오 자키〉의 〈도시의 천사들〉이란 코너에서 '밥풀때기' 김정식과 함께 등장한 임하룡이 쑥스럽게 머리를 빗어 넘기며 한 말이다.

'탁' 치니 '억' 하고 죽었다

1987년 1월 14일, 남영동 소재 치안본부 대공분실에서 조사를 받던 서울대생 박종철 군이 사망하였다. 그는 수배 중인 친구의 소재를 말하지 않았다는 이유로 물고문을 당하다 사망한 것이었는데, 경찰은 박 군의 사망 원인을 처음에는 "(수사관이) 책상을 '탁' 하고 치니 (박종칠 군이) '억' 하고 죽었습니다."라고 쇼크사로 위장 발표했다. 그러다가 당시 박 군을 응급처치한 의사의 용기 있는 진술과 언론의 끈질긴 추적으로 1월 19일 물고문에 의한 사망이었다고 뒤늦게 사건 진상을 발표하였다. 이후 '탁 ~하니 ~했다'라는 형태의 말이 유행하였다.

3 포켓 당구 테이블의 별명.

인간이 되시오 비자금	1987년 4월 19일, 범양그룹의 총수 박건석 회장이 투신자살하면서 한상연 사장에게 남긴 유서에 "한 사장, 인간이 되시오. 천벌 받습니다."라는 내용이 들어있었다는 사실이 보도되었다. 세간에서는 '인간이 되시오'란 말이 불신 사회의 대명사처럼 삽시간에 퍼졌고 '비자금'이란 말이 수면 위로 떠오르게 되었다.[4]
아직도 강북에 사십니까? /아직도 (면허증) 안 따셨습니까? /아직도 주식투자를 안 하십니까?	서울에서 투기 바람인 '강남풍'과 자가용 바람이 세차게 불자 나타난 인사말로, 크게 유행하였다.[5]
6.29선언	6월 29일, 노태우 민정당 대표가 대통령 직선제 개헌, 김대중 씨 사면 복권, 언론자유 등을 골자로 한 8개항의 6.29선언을 발표하였다.[6]
1노 3김	6.29 선언으로 인하여 여권의 노태우 민정당 대표와 야권의 김영삼, 김대중, 김종필 씨가 대통령 후보로 나서면서 탄생한 말이다.

---

4 김웅래·오진근(1996)『한국을 웃긴 250가지 이야기 -유행어 반세기·1945~1995』삶과함께, p.122.
5 위의 책, p.122.
6 위의 책, p.128.

후보단일화	1노 3김이라는, 여당에 절대적으로 유리한 상황을 안타까워하는 국민들에게 이 말만큼 절실하게 국민의 여망을 압축시킨 말도 없었다.
잘될 턱이 있나	KBS 2TV 정치·시사 풍자 코미디 〈회장님 회장님 우리 회장님〉 코너에서 회장 역의 개그맨 김형곤이 김영삼, 김대중 양 김 씨의 후보단일화를 둘러싼 이전투구를 빗대어 한 말로, 유행어가 되어 김형곤의 주가를 한층 올림과 동시에 폭발적인 인기를 끌게 되었다.[7]
가까이 하기엔 너무 먼 당신	역시 위의 양 김 씨 사이를 나타내는 표현이다.[8]
난 봉이야	KBS 2TV 〈유머 1번지〉 프로그램의 〈남과 여〉 코너에서 최양락이 파트너였던 팽현숙에게 "있을 때 잘해… 나는 봉이야."라고 한 데시 나온 유행어이다.
유세바이트	선거 때, 대학생 자원봉사자들이 각 정당으로부터 유형무형의 보상을 받게 되면서 생겨난 말로, '유세장 아르바이트'를 가리킨다.[9]

7 위의 책, p.129.
8 위의 책, p.127.
9 위의 책, p.127.

레퍼토리는 많아도 히트곡이 없다	'친구는 많아도 애인이 없다'는 뜻을 나타내는 표현으로,[10] 잡다한 재능을 가지고 있지만 결정적인 하나를 갖추지 못하는 경우에 사용된다.
보통사람 **나 이 사람 믿어 주세요**	노태우 대통령 후보가 내세운 캐치프레이즈이다.
군정종식 **학실히**	김영삼 대통령 후보의 주장인 '군정종식'과 '확실히'의 경상도 사투리인 '학실히'도 전국적으로 유행하였다.[11]
따뜻한 남쪽나라	북한의 김만철 씨 일가가 작은 목선을 타고 남한으로 귀순하였는데, 그때 김만철 씨가 발언한 표현의 하나이다.[12]

10 위의 책, p.127.
11 위의 책, p.131.
12 위의 책, p.132.

9. 1988년

ペレストロイカ
페레스트로이카

소련 공산당의 고르바초프 서기장이 내건 소련의 개혁정책(페레스트로이카)은 전 세계의 호감을 사 그 성패가 주목을 끌었다. 일본에서도 신문에 '페레스트로이카'라는 말이 없는 날이 하루도 없을 정도였다. 국내 개혁에도 '행정의 페레스트로이카'와 같이 사용되어, 외래어로서는 이례적으로 유행어로 정착하게 되었다.

ハナモク
꽃 같은 목요일

주휴 2일제가 정착되어, 금요일 저녁을 '꽃 같은 금요일[花金]'이라고 부르기 시작한 것이 수년 전의 일이었는데, 어느새 목요일이 놀기에는 최적의 날이라는 말이 나돌기 시작했다. 금요일 저녁부터는 해외여행이나 스키를 즐기는 등, 레저 대국의 실현으로 들뜨게 되었는데, 그 배경에는 일본 경제의 최전성기로 인해 초임의 급상승 등, 부유한 젊은이들이 증가한 것이 자리 잡고 있다. 마쓰야[松屋]백화점은 이러한 시대의 흐름을 간파하여, 목요일 휴무를 다른 날로 변경하였다.

トマト銀行 토마토은행	미국이나 EC로부터 비판을 받고서야 은행 업무 규제가 완화되었다. 법률 개정에 따라 상호은행 등이 '은행'으로 통일되어 일제히 사명 변경을 하게 되었는데, 새로운 사명으로 세상을 깜짝 놀라게 한 것이 바로 '토마토은행'이다. 딱딱한 이미지의 은행에 '토마토'를 결합한 발상의 유연함이 화제가 되었다.
遠赤(効果) 원적외선 (효과)	건강 붐을 탄 매스컴 보도를 계기로, 이 해에 갑자기 '원적외선'이 인기를 얻었다. 식품의 신선도 유지나 건강관리에 뚜렷한 효과가 있고, 상품화도 용이하여 각종 신제품이 개발, 연구되었다. 시장 규모 10조 엔이라는 숫자가 춤추고, 메이커로부터 미디어에 이르기까지 여러 분야에서 인기를 얻었다.
カイワレ族 수경재배족	수경재배는 식물을 플라스틱 케이스 안의 우레탄 모종판에 심어, 흙이 아니라 물로 키우는 것을 말한다. 완벽한 관리하에 키워지는 수경재배 식물은 중학생, 고교생의 모습 그 자체라는 지적이 사회에 커다란 반향을 일으켰다. 부모 입장에서의 이 발언에 미디어는 관리되는 사회에서밖에 삶이 허용되지 않는 중·고교생을 '수경재배족'이라고 불렀다.

「今宵はここ までに(いたしと うござりまする)」
오늘 밤은
여기까지
(하고 싶습니다)

이 해에 크게 어필한 유행어로, 회사의 회의, 학생 동아리 모임, 연회, 심지어는 교실에서도 시간의 종료를 완곡하게 알릴 때 즐겨 사용되었다. 출처는 NHK 대하 드라마 〈다케다 신겐[武田信玄]〉으로, 이 프로그램의 마지막에 여배우 와카오 아야코[若尾文子]가 독백하는 마무리 대사였다.

ドライ戦争
드라이 전쟁

이 해 여름에 TV·라디오·신문·잡지 등 모든 매체에 '드라이'라는 단어가 넘쳐났다. 맥주 제조회사에 의한 '드라이 맥주'의 선전이었는데, 매스컴은 이것을 '드라이 전쟁'이라고 크게 다루었다. 이 '전쟁'의 승자는 아사히 맥주로, 경이적인 매출 증가를 기록하였다. 맥주를 바꾸는 맥주가 될 것이라는 예상대로, 일본인의 기호를 바꾼 대전쟁이었다.

シーマ(現象)
시마 (현상)

닛산[日産]이 새로 발매한 고급 차 '시마[シーマ]'는 폭발적인 인기를 얻었다. 주문이후 반년 대기는 당연했고, 거리를 달리고 있으면 젊은이들이 돌아보기 일쑤였다. 일본 경제의 호황, 엔고로 외제차 붐이 지속되는 가운데, 일본인의 고급품 지향에 부응한 것이 시마였는데, 고급품 지향의 상품이 수없이 발매되었던 이 해에 일본인의 의식 변화를 이야기해주는 말로 '시마 (현상)'이라는 말이 자주 사용되었다.

アグネス論争
아그네스 논쟁

어린이를 데리고 일터에 가는 아그네스 찬[アグネス·チャン][1]을 향해 작가인 하야시 마리코[林眞理子]가 그 문제점을 비판한 바 있다. 이에 아그네스가 반론하여 쌍방의 응원단이 참가한 대논쟁으로 발전하였다. 정확히 말하면 '아그네스 아이 동반 논쟁'인데, 이는 국민적인 관심을 끌었다. 여성의 자립이라는 문제를 포함하면서도 이벤트적인 요소가 풍부한, '시대'를 절감하게 하는 논쟁이었다.

5 時から(男)
5시부터
활약하는 (남자)

영양제 '구론산[グロンサン]'의 광고에서 탄생하였다. 피로로 완전히 녹초가 된 남자가 5시 퇴근 시간이 되면 구론산을 마시고 원기가 넘쳐 피로도 잊고 가라오케, 마작, 술집 등으로 돌아다닌다는 스토리로, 샐러리맨에게 인기를 얻었다. 관리사회에 대한 저항이라는 해석도 있었지만, 주변에 반드시 있는 '일보다도 놀기 좋아하는 남자'가 생생히 그려져 그들을 '5시부터 활약하는 남자'[2]라고 야유하였다.

---

1 본명 : 陳美齡. 영어 : Agnes Miling Kaneko Chan. 광동어 : チャン·メイリン. 홍콩 가수, 수필가. '아그네스'는 세례명. 초대 일본 유니세프협회 대사. 1972年, 대표곡의 하나인 「ひなげしの花」로 일본에서 가수 데뷔. 높고 맑은 목소리와 귀여운 용모, 더듬거리지만 일본어로 열심히 노래 부르는 자세가 인기를 끌어 일약 아이돌 가수가 되었다. 또한 봉사 활동이나 자선 활동 등을 통한 사회봉사, 빈곤이나 평화에 관한 발언으로 유명해졌다.
2 이와는 반대로, 퇴근 후에 전수학교(專修學校)나 문화센터 등에 부지런히 다니면서 지식이나 기술을 습득하여, 보다 나은 경력을 쌓거나 해외 유학을 목표로 하는 20대 후반 중심의 여성들을 '5時

しょうゆ顔
・ソース顔
간장 얼굴
· 소스 얼굴

젊은 여성 사이에서 남성의 얼굴을 분류하는 놀이가 대유행하였다. '마요네즈 얼굴', '케첩 얼굴', '된장 얼굴' 등등인데, 그중에서 가장 일반적으로 공감을 얻은 것이 '간장 얼굴', '소스 얼굴'의 분류이다. 눈초리가 째진 듯한 외까풀의 일본풍 얼굴 모습이 '간장 얼굴', 서양인처럼 윤곽이 뚜렷한 모델 같은 얼굴이 '소스 얼굴'인데, 서구적인 외모 동경에서 나온 표현이라고 볼 수 있다.

一村一品／
ヒューマン
・ブランド
일촌 일품/
휴먼 브랜드

당시 오이타 현[大分県]이 독자적인 지역 활성화 사업 '일촌 일품' 운동을 시작한 지 10년이 되었다. 당초에는 '지나친 기획으로 실패할 것' '단순한 즉흥적인 발상' 등이라고 야유를 받았지만, 이 해에는 전국 자치단체의 70%가 같은 사업을 일으키기에 이르렀다. 게다가 생산자의 얼굴이 보이는 '휴먼 브랜드' 작전을 전개하는 등, 독특한 활동이 높은 평가를 받았다.

「ユンケルンパ
ガンバルンパ」
"융케룸바
간바룸바"[3]

영양제 '융케루 황제액[ユンケル黄帝液]'의 TV CM에서 모리타[다모리][森田(タモリ)]가 내뱉는 대사이다. 말 자체를 거론하면 그다지 재미있지 않지만, 다모리의 개성과 표현 능력이 더해지면서 독특한 맛이 난다. 말과 인간이

から女'라고 부르는 유행어가 1991년경에 등장하였다.
3 '융케루를 마시고 가볍게 룸바[ルンバ]를 추듯이 힘내자[ガンバル]'라는 뜻으로, 일본인의 언어유희인 음 맞추기에서 만들어진 말.

합쳐져서 하나의 세계를 구축한 것이다.

**「ふつうは
"汚職"と
申します」**
"보통은
'부정'이라고
합니다"

이 해에 전후 최대의 의혹 사건이라고 하는 리쿠르트 사건이 발생하였다. 미공개 주식으로 자금을 제공 받은 정·관계의 높으신 분들은 말을 맞춘 듯이 "자신은 모른다", "비서가", "처가", "자식이", "동생이"라고 책임을 전가하였다. 그러한 때에 가차없이 핵심을 파헤친 것이 산케이[産経]신문의 이 표제어이다. 구차한 변명이 날아갈 정도의 날카로움으로 서민들로부터 절찬을 받았다.

**ツー
・ショット**
Two-Shot, 투 샷

업계 용어인 '투 샷[ツー・ショット. 카메라가 두 사람을 잡은 그림]'을 일반인들에게 유행시킨 것은 후지TV의 미팅 프로그램인 〈네루톤 홍경단[ねるとん紅鯨団]〉이다. 옛날식의 맞선을 야외로 끌어낸 점이 인기였는데, 이후 사진 주간지 등에서 연애 중인 아이돌들을 도촬한 사진이 '투 샷'이라고 불리게 되었다.

한국

**지역당
여소야대**

1987년의 대통령 선거에서 야권의 3김이 패배함으로써 3김 시대가 종식되는 듯 보였지만, 1988년의 4.26총선에서 각각 출신 지역(대구, 경북/부산, 경남/광주, 전남북/대전, 충남북)을 바탕으로 네 개의 '지역당'이 출현하고, 야 3당이 다수를 차지함으로써 다시 '여소야대' 정국이 탄생되었다.[4]

서해안 시대

노태우 대통령이 선거 유세 중 공약했던 서해안 개발과 관련하여 '서해안 시대'가 목전에 다가온 듯한 기대감을 불러일으키면서 이 말 역시 유행하였다.[5]

**잘 모른다/
기억이
안 난다**

1988년 11월 2일부터 국회 5공비리특위에서 청문회를 열고 사안별로 본격적인 조사에 착수했는데, 증인으로 나온 왕년의 권력자들이 천하가 다 아는 뻔한 사실조차 "잘 모르겠는데요, 기억이 나지 않는데요, 제 소관이 아닌데요"라는 대답으로 일관하며 오리발을 내밀어 국민들로 분노와 배신감을 느끼게 하였다. 이 말은 전국 초등학생들 사이에서까지 유행하게 되었다.[6][7]

4 김웅래·오진근(1996)『한국을 웃긴 250가지 이야기 - 유행어 반세기·1945~1995』삶과함께, p.133.
5 위의 책, p.133.
6 위의 책, p.134.

내가 입을 열면 모두가 불행해진다/ 폭탄선언	위의 5공비리특위 청문회에서 대통령 경호실장과 안기부장을 지낸 장세동 씨는 '내가 입을 열면 모두가 불행해진다'라며 답변을 거부하여, 이 말과 더불어 '폭탄선언'이란 말까지 유행시킨 장본인이 되었다.[8]
음메 기죽어! 음메 기살아!	KBS 2TV의 코미디 프로그램 〈쓰리랑 부부〉에서 개그맨 김한국, 김미화가 야구방망이를 들고 설쳐대면서 하는 말로, 크게 히트하여 전국적인 유행어가 되었다.[9]
유전무죄 무전유죄	1988년 10월, 지강헌 등 무기수를 포함한 미결수 12명이 이감 중인 호송버스에서 교도관을 위협하고 집단 탈주하는 사건이 발생하였다. 이들은 무려 9일 동안이나 전국을 무대로 탈주극을 벌이다가 경찰과의 대치 현장에서 자살의 길을 택하고 말았다. 이 말은 이들이 돈만 있으면 안 되는 것이 없는, 죄인도 무죄가 되는 우리 사회를 향해 원망, 울분을 토하며 부르짖은 말로, 사람들의 입에 오르내리면서 크게 유행하였다.[10]

7 일본에서도 1976년에 '記憶にございません(기억에 없습니다, 기억이 안 납니다)'라는 말이 유행어가 되었는데, 록히드 사건으로 당시 국회 중의원 예산위원회에 증인으로 출두한 오사노 겐지[小佐野健治] 국제흥업사주(國際興業社主)가 자신이 불리하게 될 것 같으면 이 말을 하여 빠져나갔다(小林信彦, 1997, 『現代〈死語〉ノート』岩波新書 484, p.204 참조).
8 김웅래·오진근(1996) 앞의 책, p.134.
9 위의 책, p.135.
10 위의 책, p.135.

**물태우,
물대통령,
물정권**

위의 사건 이후에도 가정파괴범과 인신매매범 같은
흉악범들이 마음 놓고 동서남북 구별 없이, 밤낮 구별
없이 설쳐대는데도 정부가 민생 치안을 소홀히 해 치
안 부재 현상이 일어나자, 노태우 대통령과 정권을 비
아냥거리며 국민들이 한 말이다.11

백담사

**그럼, 제사는
누가 지내지?**

1988년 11월 2일, 전두환 대통령이 대국민 사과 후 백
담사로 가 은둔 생활을 시작하자 '백담사'는 전 국민의
입에 오르내리는 유행어가 되었다. 뒤이어 동생 전경
환 씨와 형 전기환 씨 등 전(前) 대통령의 일가친척들이
거의 대부분 구속되었을 때는 '그럼, 제사는 누가 지내
지?'라는 말이 유행하기도 하였다.12

11 위의 책, p.135.
12 위의 책, p.136.

10. 1989년

**セクシャル
・ハラスメント**
성 희롱,
섹슈얼 해러스먼트
(Sexual harassment)

흔히 줄여서 'セクハラ(세쿠하라)'라고 한다. 구미에서는 이미 사회문제화되어 있던 '성희롱'인데, 일본에서는 '서후나바시 역[西船橋駅] 추락사건'의 판결이 나온 이 해에 일거에 스포트라이트를 받았다. 이 사건은 술에 취한 남성이 끈질기게 여성에게 달라붙어, 피하려고 한 여성이 그만 취한(醉漢)을 추락사하게 한 것이다. 그 취한에게는, 그리고 많은 남성 가운데에는 없애기 어려운 '여성 경시' 발상이 있음이 판결에서 지적되었으며, 일본에서의 최초의 성희롱 재판이라고 불렸다.

Hanako
하나코

여성 잡지 『Hanako』의 콘셉트나 애독자를 말한다. 결혼도, 업무도, 물론 레저도 철저히 '즐기는' 새로운 타입의 여성 집단을 가리키는데, 배경에는 일본 경제의 압도적인 힘과 남녀 지위 균등의 물결이 자리 잡고 있다. 다만 '하고 있는 짓은 해외에 나가서 즐기는 브랜드 쇼핑이나 미식 여행뿐이지 않은가'라는 '삐딱하게 보는 남성'의 목소리도 'Hanako'족에게 향해졌다.

DODA／
デュ―ダ(する)
DODA／
듀다 · 전직(하다)

전직(轉職) 정보지 『DODA(듀다)』에서 나온 말이다. 절정기의 일본 경제는 취직 전선에 있어서도 극도의 취직자 선택 우선 시장이었다. 그에 따라 샐러리맨의 의식도 크게 변하여, '평생 한 회사'주의가 흔들림을 보이게 되었다. 특히 젊은 층은 그 경향이 강하여, 보다 나은 직장을 구하여 전직하는 데에 아무런 망설임이 없는 것이 일종의 붐이 되기도 하였다. 전직하는 것을 '듀다 한다'고 표현한 것도 '멋지다'는 반응을 보였다.

まじめ×ゆかい
성실 유쾌

이 해의 취직 전선은 공전의 '취직자 선택 우선 시장'으로, 어떠한 기업이라도, 누구라도 들어갈 수 있다고 할 정도였다. 동시에 이공계 학생이 대량 금융회사로 유입되어, 기술입국 일본의 위기를 외치는 지경에 이르렀다. 그러한 상황에 위기감을 느낀 것이 '경파(硬派)[1]산업'으로 정평이 나 있는 가와사키[川崎]제철로, 슬로건 '성실×유쾌 가와사키제철'을 손에 들고 대학생 모집에 동분서주하여 사회적으로도 커다란 반향을 불러일으켰다.

---

1 광고업계 용어로, 제철이나 시멘트, 중공업 등의 '선전, 광고를 거의 하지 않는 업종'을 가리킨다. 이들 업종은 광고에 의지할 필요가 적어서(수요와 공급의 관계가 안정되어 있어서) '강한 업종', 또 영업의 상대(광고주)로서 '만만치 않은 업종'으로 분류되고 있기에 이와 같이 불린다.

濡れ落葉
젖은 낙엽

업무, 또 업무로 완전히 녹초가 된 남편족과, 이와 반대로 체력, 기력, 활력이 넘쳐나는 아내족의 부부관계를 거침없이 파헤친 것이 이 말이다. 취미도 없이 정년을 맞이한 남편은 빗자루에 달라붙는 젖은 낙엽처럼 아내에게 달라붙어 문화센터의 '간단여행'2에까지 따라 나선다. 수년 전에는 정년 후의 남편족을 '조대(粗大)쓰레기'3라고 불렀는데, '젖은 낙엽'에는 이보다 더욱 '역전'된 부부관계가 내포되어 있다.

オバタリアン
(旋風)
오바타리안
(선풍)

공포 영화 『바타리안[バタリアン]』4과 '오바상[おばさん, 아줌마]'을 합성한 말로, 본래 홋타 가쓰히코[堀田かつひこ]의 만화 「오바타리안[オバタリアン]」에서 비롯된 말이다. '뻔뻔하고 수치심 없고 제멋대로'인 주인공 '오바타리안'을 통해 중년 아줌마들을 풍자한 것인데, 이러한 '오바타리안'이 호평을 받는 불가사의한 현상을 보였다. 이 해의 참의원 선거에서는, 사회당이 쭉 늘어세운 '마돈나'5 후보와, 그들을 응원하는 여성 유권자의 '오바타리안' 파워가 압승, 그 저력을 보여줌으로써 '오바타리안'이라는 호칭을 세상에 인지시켰다.

2 집에서 가까운 행락지에 당일치기로 가거나 며칠간 머무는 정도의 평범한 여행.
3 TV, 전기세탁기 등 내구 소비재 폐품.
4 바탈리언[Battalion. 原題:Return of the Living Dead]은 1985년에 미국에서 제작된, 코미디 요소가 가미된 공포 영화.
5 Madonna. 이탈리아어로 '나의 숙녀'의 의미. 협의로는 성모마리아를 말하며, 주로 인기 있는 아름다운 여성을 가리킨다.

ケジメ
책임, 약속 이행

리쿠르트 사건의 해명이 진행되어, 에조에 히로마사[江副浩正] 리쿠르트 전 사장이 체포되었지만 '거대한 악(惡)'은 무사히 도망쳤다. 정·관계에 대한 서민의 불신감은 정점에 달하고, 정치가의 '윤리'는 '사어(死語)'화 되었다. 윤리를 대신하여 등장한 것이 '책임'으로, '요미우리가 우승하면 머리를 빡빡 밀겠다'는 약속을 지킨 ANB『뉴스 스테이션』 캐스터 구메 히로시[久米宏]의 '책임'을 들어, '정치가의 책임'은 어떻게 된 것이냐며 자포자기조의 비판이 속출하였다.

「24時間
タタカエマスカ」
"24시간 싸울 수
있어요?"

영양제 '리게인[リゲイン]'의 TV CM에서 나온 말이다. 열혈 샐러리맨이 리게인을 마시고 세계를 무대로 활동하는 스토리로, 시대의 분위기를 훌륭히 반영하고 있다. 동시에 CM송 「24시간 싸울 수 있어요?」도 대히트하여 초등학생부터 저녁 연회장에서까지, 나아가 여름 고시엔[甲子園] 대회6의 응원 브라스밴드에까지 등장하였다.

イカ天
이카텐,
끝내주는
밴드 천국

'이카텐[イカ天]'이라는 것은 〈헤이세이[平成] 명물TV 끝내주는 밴드 천국[イカすバンド天国(てんごく)]〉의 약어이다. 이

---

6 아사히[朝日]신문사와 일본고교야구연맹이 주최하는 '전국고교야구선수권대회'를 말하는데, 매년 8월에 효고 현 니시노미야 시[兵庫県西宮市]의 한신고시엔구장[阪神甲子園球場]에서 개최되므로, 따서 통상 '고시엔 대회'로 불린다.

TV 프로그램을 통하여 아마추어 밴드가 서바이벌전에서 활약하고, 이를 발판으로 프로 활동을 시작하는 밴드가 나오기도 하였다. 대히트의 배경에는 공전의 밴드 붐이 자리하고 있으며, 그 공급원이 된 것은 보행자천국7에서 연주하는 아마추어 밴드였다. 노력보다 찬스, 튀는 것이 최고라는 젊은이들의 감각의 연장선상에 '이카텐'의 인기가 있었다.

「こんなん出ましたけど~」
"이렇게 나왔습니다만~"

TV 프로그램 등에서 활약한 점술가 이즈미 아쓰노[泉アツノ]가 점의 결과를 발표할 때 하는 말이다. 어딘지 모르게 속임수 같고, 한편으로는 유머러스하기도 한 그 말투가 호평을 받아 유행어가 되었다. 젊은 샐러리맨, OL, 학생 사이에서 퍼지고, 샐러리맨의 중간 관리자가 상사의 지시를 전달할 때 사용하기도 하였다. 말의 재미 면에서 상급으로 평가되었다.

「壁」開放
'(베를린) 장벽' 개방

'베를린 장벽'이 무너졌다. 금세기에 특필할 만한 역사적인 사건이었다. 소련의 고르바초프 서기장이 주창한 페레스트로이카 노선에 의해 동유럽 각국은 자주노선을 걸을 수 있게 되었고, 동서 냉전 구조는 붕괴되

---

7 도로 전체를 차량 통행금지 구역으로 하여 보행자만 활동하게 한 공간.

었다. 그 상징이 된 것이 11월 9일에 동독 정부에 의해 행해진 베를린 '장벽' 철거 작업이었으며, 우주중계로 전해진 TV 영상은 전 세계에 새로운 역사가 개척된 순간을 알려주었다.

平成
헤이세이

이 해 1월 8일에 연호가 '쇼와[昭和]'에서 '헤이세이[平成]'로 바뀌었다. 그에 따라 '헤이세이'라는 단어가 미디어를 포함하여 모든 곳에서 사용되게 되었다.

NOと言える日本
NO라고 말할 수 있는 일본

이시하라 신타로[石原慎太郎]와 모리타 아키오[盛田昭夫]의 공저 『NO라고 말할 수 있는 일본』이 출판되어 베스트셀러가 되었다. '앞으로의 국제관계는 협조뿐만 아니라 NO라고 말하는 것도 필요하다'고 하는 것이 책의 중심 논점인데, 국제파로 알려진 두 사람의 발언인 만큼 반향이 컸다. 이를 흉내 내어 'NO라고 말할 수 있는 ○○'라는 말이 유행어가 되었다.

おたく族
오타쿠족

TV게임, 비디오 등에 빠져들어 다른 것에는 흥미를 보이지 않는 부류이다. 대인 관계가 극히 희박하여 동료끼리도 상대방을 '당신[あなた]', '너[おまえ]'라고 부르지 않고, 거리를 둔 '댁[おたく]'이라고 부른다. 다른 사람과 교제하는 것이 아주 서투르다.

お局さま
오쓰보네사마

NHK 대하드라마 〈가스가노 쓰보네[春日局]〉[8]에서 나온 유행어로, 젊은 OL에게 엄격하고 잔소리가 많으며 사무실을 좌지우지하는 고참 OL을 지칭한다.

マドンナ 旋風
마돈나 선풍

미국의 가수 마돈나와는 관계가 없다. 나쓰메 소세키[夏目漱石]의 『봇짱[坊っちゃん, 도련님]』에 등장하는 여성을 가리켜 사용된 데서, '동경하는 여성'의 의미가 되었다. 정당의 여성 후보자를 가리키게 된 것은 사회당의 도이 다카코[土井たか子] 위원장의 '마돈나 작전'에 의해서이다. 7월의 참의원 선거에서 사회당은 개선 의석을 배증시키는 약진으로 22명의 여성 의원을 탄생시켰다. '산이 움직였다'고 할 정도로 기세를 올린 '사회당의 여성 후보'가 건투하여 파워를 보인 것을 가리킨다.

ほたる族
반딧불이족

어린아이가 있거나 가족이 싫어해서 실내에서 흡연하지 못하고, 아파트 베란다에 나와 담배를 피우는 흡연가를 말한다. 빨간 담뱃불이 마치 반딧불처럼 보이는 데서 생긴 말이다.

---

8 에도[江戸] 막부 3대 쇼군[將軍] 도쿠가와 이에미쓰[德川家光]의 유모.

땡 김 뉴스 뉴스 시작과 동시에 양 김 씨(김영삼, 김대중)가 등장한 데 서 나온 유행어이다. 1980년의 '땡 전 뉴스'와 같은 맥 락의 표현이다.

잘났어, 정말! 이 해에 가장 히트한 유행어로, KBS 2TV 연속극 〈사랑 의 굴레〉에서 여주인공 정숙 역을 맡은 고두심이 특유 의 비아냥거리는 말투로 입버릇처럼 남편에게 내뱉었 던 말이다.[9]

일주일만 젊었어도~ KBS 2TV 〈유머 1번지〉의 인기 코너인 〈청춘을 돌려다 오〉에서 나이를 잊은 '젊은 오빠' 역으로 나오는 임하 룡이 한 말이다. 임하룡은 이 해 연말에 KBS 코미디 대상을 받았다.

개미군단 4월 1일 종합주가지수가 1,000포인트를 돌파하면서 본격적으로 사용되기 시작한 말로, '막대한 수의 약자' 라는 의미로 일상에서 자주 활용되었다.[10]

---

9 김웅래·오진근(1996) 『한국을 웃긴 250가지 이야기 ─ 유행어 반 세기·1945~1995』 삶과함께, p.137.
10 함영훈, 〈시대의 거울, 유행어〉⑤1980년대, 2012.2.7. 입력, 2012. 4.27. 다음 검색.

고팅,야팅, 졸팅, 토큰팅 전두환팅 이순자팅	80년대 들어 대학가에서 가장 많이 유행했던 미팅과 관련된 유행어이다. '고팅'은 고고장에서 하는 미팅을, '야팅'은 야외에서 하는 미팅을, '졸팅'은 졸지에 하는 미팅을, '토큰팅'은 버스를 타고 종점까지 가면서 하는 미팅을, '전두환팅'은 원하는 상대를 마음대로 고르는 미팅을, '이순자팅'은 여자가 딱지를 놓을 수 있는 미팅을 말한다.[11]
킹카, 조카, 제안카, 후지카, 으악카, 졸도카, 조포카	역시 미팅 관련 유행어로, 미팅의 상대방을 나타내는 표현이다. '킹카'는 가장 멋진 상대, '조카'는 그런대로 괜찮은 상대, '제안카'는 제 눈에 안경처럼 어울리는 상대, '후지카'는 후지게 못생긴 상대, '으악카'는 놀라 자빠질 정도로 못생긴 상대, '졸도카'는 기절할 정도로 못생긴 상대, '조포카'는 조물주도 포기한 상대를 의미한다.[12]
지게, 안경, 오란C, 디오르, 권총 찼다, 쌍권총, 기관총 맞았다	대학가에서 발생한 학점 관련 유행어이다. A학점을 '지게', B학점을 '안경', C학점을 '오란C', D학점을 '디오르', F학점을 '권총 찼다', F학점이 두 개인 경우를 '쌍권총', F학점이 여러 개인 경우를 '기관총 맞았다'와 같이 표현하였다.[13]

11 김웅래 · 오진근(1996) 앞의 책, p.138.
12 위의 책, p.139.
13 위의 책, p.139.

11. 분 석

1980년부터 1989년까지 10년간의 양국 유행어를 정치, 경제, 사회 · 생활, 문화 · 연예, IT · 과학, 스포츠의 6개 분야로 나누어 보면 다음과 같다.

일본

일본의 경우, 이 기간의 유행어로 1980년 11개, 1981년 11개, 1982년 17개, 1983년 12개, 1984년 11개, 1985년 17개, 1986년 16개, 1987년 16개, 1988년 15개, 1989년 17개의 총 143개를 취급하였다.

정치와 관련된 말은 1980년 1개(直角內閣), 1981년 2개(人寄せパンダ/ハチの一刺し), 1982년 1개(行革三昧), 1983년 5개(不沈空母/ロンとヤス/勝手連/給料日の怒りを国会へ/八百屋の魚), 1984년 1개(鈴虫発言), 1985년 2개(パフォーマンス/角抜き), 1986년 2개(知的水準/「やるしかない」), 1987년 1개("国際"国家), 1988년 3개(ペレストロイカ/一村一品,ヒューマン・ブランド/「ふつうは"汚職"と申します」), 1989년 4개(ケジメ/「壁」開放/平成/マドンナ旋風)로, 총 22개이다.

이 중에서 수상과 관련된 유행어는 정치 관련 분야 22개 중 9개로, 41%를 차지하며, 다나카 가쿠에이[田中角栄] 전 수상이 3개(直角内閣/人寄せパンダ/角抜き), 나카소네 수상이 6개(行革三昧[1]/不沈空母/ロンとヤス/鈴虫発言/知的水準/"国際"国家)이다. 다나카 관련 유행어는 수상에서 물러난 후에 생긴 것으로, 그만큼 다나카가 일본 정계에 미친 영향력이 컸음을 나타낸다고 생각한다. 또 나카소네 수상 관련 유행어가 많은 것은 재임 기간이 5년이나 되었던 것과도 관계가 있지만, 대통령급 수상으로 불릴 만큼 자신감 넘치는 파워 수상이었던 점과도 관련이 있다고 생각한다.

경제와 관련된 말은 1980년 0개, 1981년 0개, 1982년 0개, 1983년 1개(軽薄短小), 1984년 0개, 1985년 2개(NTT/100ドルショッピング), 1986년 3개(アークヒルズ/150円台/地揚げ・底地買い), 1987년 4개(JR/第二電電/サンキューセット/フリーター), 1988년 2개(トマト銀行/シーマ(現象)), 1989년 1개(まじめ＼ゆかい)로, 총 13개이다.

경제적인 면에서는 일본 경제의 호황기였던 만큼, 이를 나타내는 유행어가 등장하고 있다. '100ドルショッピング'(1985), '地揚げ・底地買い'(1986)가 대표적이다. 전자는 수출이 너무 잘되어 미국 등과 경제마찰이 일어나, 수상이 직접 외국 상품을 100달러씩 사달라는 호소를 해야 할 정도였던 당시 상황을 나타낸다. 후자는 시중에 돈이 넘쳐 부동산 투기 붐이 일어났던 당시의

---

1 당시는 스즈키 내각의 행정관리청 장관.

폐해를 나타내는 표현이다.

사회・생활과 관련된 말은 1980년 5개(ヒトケタ病/ナウい/竹の子族/ヘッドホン族/一富士・二地下・三バスビ), 1981년 3개(なめ猫/ぶりっ子/ノーパン喫茶), 1982년 10개(貧乏えびす/横井する/逆噴射/機長、何をするんですか・機長、やめてください/心身症/なぜだ/ロリコン族/症候群(シンドローム)/森林浴/プラ勤), 1983년 3개(ジャパゆきさん/ニャンニャンする/エントロピー), 1984년 3개(特殊浴場/千円パック/かい人21面相), 1985년 8개(分衆/キャバクラ/ネバカ/「イッキ！イッキ！」/ダッチロール/新フーエー法/うざったい/実年), 1986년 4개(激辛/川の手/家庭内離婚/レトロ(現象)), 1987년 2개(マルサ/ノリサメ), 1988년 4개(ハナモク/遠赤(効果)/カイワレ族/しょうゆ顔・ソース顔), 1989년 4개(セクシャル・ハラスメント/濡れ落葉/おたく族/ほたる族)로, 총 46개이다.

사회・생활 면에서는 이른바 풍속 산업(성 관련 산업)과 관련된 말(ノーパン喫茶/ロリコン族/ジャパゆきさん/ニャンニャンする/特殊浴場/キャバクラ/新フーエー法)이 꽤 나타나고 있다. 그중에서도 'ジャパゆきさん'은, 1945년 이전에 일본 여성들이 접대부로서 동남아로 나간 것과는 반대로, 일본이 잘살게 되자 동남아 여성들이 일본의 유흥업소로 와서 일하게 된 상황을 나타내는 표현이다.

또 금요일 저녁부터는 국내외 여행 등을 가므로 목요일이 놀기에 최고라는 의미인 'ハナモク(1988)라는 말이 있다. 이는 'ハナキン'에서 바뀐 표현으로, 경제 호황기를 잘 나타낸 유행어이다.

문화·연예와 관련된 말은 1980년 5개(それなりに/赤信号, みんなで渡ればこわくない∨五無主義/買春/ビニ本), 1981년 5개(クリスタル族/アクション·カメラ/青い鳥症候群/えぐい∨三語族), 1982년 6개(ネクラ/ほとんどビョーキ/気くばり/ルンルン気分/十倍楽しく見る方法/大胆なご意見), 1983년 3개(いかにも一般大衆が喜びそうな……/イートモ 輪/タコが泣くのよ), 1984년 7개(オシンドローム/スキゾ·パラノ/まるきん まるび/くれない 族/疑惑/「す·ご·い·で·す·ネッ」/「教官！」), 1985년 4개(言語戦略/「私はコレで会社をやめました」/「投げたらアカン」/「愛しているからチラいのよ」), 1986년 5개(究極/「亭主元気で留守がいい」/おニャン子/「プッツン」/「バクハツだ」/「なんだかわからない」), 1987년 6개(サラダ記念日/朝シャン/懲りない○○/ゴクミ/マンガ日本経済入門/ワンフィンガーツーフィンガー), 1988년 6개(「今宵はここまでに(いたしとうございまする)」/ドライ戦争/アグネス論争/５時から(男)/「ユンケルンバ ガンバルンバ」/ツー·ショット), 1989년 8개(Hanako/DODA·デューダ(する)/オバタリアン(旋風)/「24時間タタカエマスカ」/イカ天/「こんなん出ましたけど ゛」/NOと言える日本/お局さま)로, 총 55개이다.

문화·연예 면에서도 사회·생활 분야와 마찬가지로 성 관련 산업과 연관된 말(買春/ビニ本/アクション·カメラ/「愛しているからチラいのよ」)이 등장하고 있음을 알 수 있다.

또 일본인의 집단성, 단체성을 잘 나타내는 '赤信号, みんなで渡ればこわくない', 경제 대국으로서 일본인의 자신감을 나타내는 'NOと言える日本'과 같은 표현도 등장하고 있다.

IT · 과학과 관련된 말은 1980년 0개, 1981년 1개 (電子郵便), 1982년 0개, 1983년 0개, 1984년 0개, 1985년 0개, 1986년 1개(ファミコン), 1987년 0개, 1988년 0개, 1989년 0개로, 총 2개이다. 'ファミコン'은 문서 작성용 등으로 사용되는 개인용 컴퓨터가 아니라 게임용 기기를 의미한다. 당시에도 문서 작성 등에서 압도적으로 많이 사용되던 것은 워드프로세서였다.

스포츠와 관련된 말은 1980년 0개, 1981년 0개, 1982년 0개, 1983년 0개, 1984년 0개, 1985년 1개(トラキチ), 1986년 1개(新人類), 1987년 3개(「なんぎやなぁ」/鉄人/プールバー), 1988년 0개, 1989년 0개로, 총 5개이다.

스포츠 관련 유행어 5개를 종목별로 구분하면, 야구가 4개(トラキチ/新人類/「なんぎやなぁ」/鉄人)로 압도적이다. 역시 일본에서 가장 인기가 높은 국민 스포츠임을 입증하는 것이라고 생각한다.

그 외에 1개(プールバー)는 당구와 관련된 유행어이다.

한국의 경우, 이 기간의 유행어로 1980년 17개, 1981년 5개, 1982년 9개, 1983년 7개, 1984년 4개, 1985년 13개, 1986년 6개, 1987년 18개, 1988년 10개, 1989년 7개의 총 96개를 취급하였다.

정치와 관련된 말은 1980년 13개(서울의 봄/3김 시대/안개정국/신군부/떡고물/해바라기/싹쓸이, 전쓸이/오야 맘대로/땡 전 뉴스, 뚜뚜 전 뉴스/선진 조국/정의사회 구현/삼청교육대/학사 위에 석사, 석사 위에 박사, 박사 위에 육사, 육사 위에 보안사, 보안사 위에 여사), 1981년 1개(체육관 대통령), 1982년 0개, 1983년 1개(막힌 곳은 뚫고 굽은 것은 펴겠다), 1984년 2개(별들의 전쟁/정이사회), 1985년 1개(운동권, 재야, 자택연금, 장외, 의식화 교육·이념 교육, 위장취업), 1986년 2개(마음을 비웠다/양 김 씨는 낚시나 하라), 1987년 10개('탁' 치니 '억'하고 죽었다/6.29선언/1노 3김/후보단일화/가까이 하기엔 너무 먼 당신/보통사람/나 이 사람 믿어 주세요/군정종식/학실히/따뜻한 남쪽나라), 1988년 8개(지역당/여소야대/서해안 시대/잘 모른다, 기억이 안 난다/내가 입을 열면 모두가 불행해진다, 폭탄선언/물태우, 물대통령, 물정권/백담사/그럼, 제사는 누가 지내지?), 1989년 1개(땡 김 뉴스)로, 총 39개이다.

이 중에서 대통령과 관련된 유행어는 9개로, 전두환 대통령이 4개(싹쓸이, 전쓸이/땡 전 뉴스, 뚜뚜 전 뉴스/체육관 대통령/백담사), 노태우 대통령이 5개(6.29선언/1노 3김/보통사

람/나 이 사람 믿어 주세요/서해안 시대/물태우, 물정권)이다. 이 중
에서 당사자가 직접 발언한 말로는 노태우 대통령의
선거 구호였던 '보통사람/나 이 사람 믿어 주세요'가
해당한다고 볼 수 있다.

또한 정치와 관련된 말은 최대 격변기인 1980년(13
개)과 직선제 대통령 선거의 해인 1987년(10개), 대통령
취임과 국회의원 선거, 5공비리 청문회가 열린 1988년
(8개)의 3년간에 집중(31개, 79%)되어 있음을 알 수 있다.

경제와 관련된 말은 1980년 0개, 1981년 0개, 1982
년 2개(큰손/경제는 유통이다), 1983년 0개, 1984년 0개, 1985
년 3개(소값 파동, 소값이 개값/지적소유권/덤핑 판정), 1986년 1
개(3저 현상), 1987년 0개, 1988년 0개, 1989년 1개(개미군단)
로, 총 7개이다.

경제 분야에 있어서는 대부분이 마이너스 평가의
경우인데, 국내의 사건이나 파동과 관련된 말(큰손/경제
는 유통이다/소값 파동, 소값이 개값/개미군단)이나 외국, 주로 미
국과 관련된 말(지적소유권/덤핑 판정)이 이에 속한다.

사회 · 생활과 관련된 말은 1980년 2개(대자보/몰래바
이트, 전화 과외, 과외 망국론), 1981년 3개(물증은 없고 심증만 있
다, 심증은 있는데 물증이 없다/X양/믿을 놈 없다), 1982년 4개(일본
인과 개는 출입금지/깨몽/지랄하고 자빠졌네/못생기면 다냐?), 1983
년 3개(이것은 실제 상황입니다/물방울 다이아/착각은 자유, 착각에
는 커트라인이 없다), 1984년 1개(세상에 믿을 놈 아무도 없다),

1985년 7개(가라오케/민중/폭탄주/약어유행어: 삼민투, Black box, 휴전협정, 조선사람/논술고사/지하철 시대/3당4락), 1986년 2개(공식지정교수/IBM, 세숫대야, 야그), 1987년 5개(인간이 되시오/비자금/아직도 강북에 사십니까?, 아직도 (면허증) 안 따셨습니까?, 아직도 주식 투자를 안 하십니까?/유세바이트/레퍼토리는 많아도 히트곡이 없다), 1988년 1개(유전무죄 무전유죄), 1989년 3개(고팅, 야팅, 졸팅, 토큰팅, 전두환팅, 이순자팅/킹카, 조카, 제안카, 후지카, 으악카, 졸도카, 조포카/지게, 안경, 오란C, 디오르, 권총 찼다, 쌍권총, 기관총 맞았다)로, 총 31개이다.

사회·생활 분야의 경우는 분야의 특성상, 역시 사건과 관련된 표현이 대부분으로, 남북 분단 상황에서나 나올 수 있는 말(이것은 실제 상황입니다)도 포함되어 있다. 교육열이 세계 최고임을 여실히 나타내듯 교육 관련, 특히 대학 입시와 관련된 말(몰래바이트, 전화 과외, 과외망국론/논술고사/3당4락)이 등장하고, 대학생들의 생활과 밀접한 관련이 있는 미팅의 종류나 미팅 상대방을 나타내는 말(고팅……이순자팅/킹카……조포카) 및 학점을 나타내는 말(지게……기관총 맞았다)이 등장하고 있다.

문화·연예와 관련된 말은 1980년 2개(아니꼽습니까?/당신 실수한 거야), 1981년 1개(뭔가 보여 드리겠습니다), 1982년 3개(일단 한번 와 보시라니깐요/웬일이니?/민나 도로보데스), 1983년 3개(맞다, 맞아!/나 돈 없시요……당신 미인이야요/잘돼야 될 텐데), 1984년 1개(잘 모르겠는데요), 1985년 2개(에어로빅, 조깅/지구를 떠나거라, 소금 뿌려라, 나가 놀아라), 1986년 1개(밥 무쓰요?, 시도 때도 없이 밥 묵나?), 1987년 3개(이 나이에 내가 하리?/잘될 턱이 있나/난 봉이야), 1988년 1개(음메 기죽어! 음메 기살애), 1989년 2개(잘났어. 정말/일주일만 젊었어도~)로, 총 19개이다.

문화 · 연예 분야의 경우는 대부분이 TV 드라마나 개그 프로그램, 광고에서 나온 표현으로, 문화 쪽 보다는 연예 부분에 집중되어 있다.

IT · 과학과 관련된 말은 기간 중에 하나도 나타나지 않았다.

스포츠와 관련된 말 역시, IT · 과학 분야와 마찬가지로 하나도 나타나지 않았다.

이것을 표로 만들어 정리하면 다음과 같다.

〈표2 : 일본의 연도별 · 분야별 유행어 수〉

분야＼연도	1980	1981	1982	1983	1984	1985	1986	1987	1988	1989	계
정치	1	2	1	5	1	2	2	1	3	4	22
경제	0	0	0	1	0	2	3	4	2	1	13
사회 · 생활	5	3	10	3	3	8	4	2	4	4	46
문화 · 연예	5	5	6	3	7	4	5	6	6	8	55
IT · 과학	0	1	0	0	0	0	1	0	0	0	2
스포츠	0	0	0	0	0	1	1	3	0	0	5
계	11	11	17	12	11	17	16	16	15	17	143

〈표3 : 한국의 연도별·분야별 유행어 수〉

분야 \ 연도	1980	1981	1982	1983	1984	1985	1986	1987	1988	1989	계
정치	13	1	0	1	2	1	2	10	8	1	39
경제	0	0	2	0	0	3	1	0	0	1	7
사회·생활	2	3	4	3	1	7	2	5	1	3	31
문화·연예	2	1	3	3	1	2	1	3	1	2	19
IT·과학	0	0	0	0	0	0	0	0	0	0	0
스포츠	0	0	0	0	0	0	0	0	0	0	0
계	17	5	9	7	4	13	6	18	10	7	96

양국 비교

먼저 양국 유행어의 부문별 경향을 보기로 한다. 표로 만들면 다음과 같다.

〈표4 : 1980~1989년의 양국의 분야별 유행어 수〉

부문 \ 국가	정치	경제	사회·생활	문화·연예	IT·과학	스포츠	계
일본	22(15.4)	13(9.1)	46(32.2)	55(38.4)	2(1.4)	5(3.5)	143(100)
한국	39(40.6)	7(7.3)	31(32.3)	19(19.8)	0(0)	0(0)	96(100)

양국 모두 이 기간 중에 IT·과학과 스포츠 분야의 유행어가 적었으며, 특히 한국은 하나도 없었다.

정치 분야는 한국이 일본보다 비율이 월등히 높은데, 이 시기가, 장기 집권한 박정희 대통령의 서거 이후에 새로운 정치가 정착되는 최대의 격변기였기 때문일 것이다. 다만 일본의 경우, 수상 관련 유행어가 41%(22개 중 9개)를 차지하는 데 비해, 한국의 대통령 관련 유행어는 23%(39개 중 9개)를 차지하여 일본의 비율이 상당히 높았다.

경제 분야는 일본이 한국보다 높았다.

사회 · 생활 분야는 양국이 거의 같은 비율을 나타 냈다.

문화 · 연예 분야에서 특이한 점은 일본의 경우, 도서명이나 잡지명의 전체 또는 일부가 유행어가 된 경우가 'クリスタル族(1981), アクション · カメラ(1981), 気くばり(1982), 十倍楽しく見る方法(1982), サラダ記念日(1987), 懲りない○○(1987), マンガ日本経済入門(1987), Hanako(1989), DODA／デューダ(する)(1989), NOと言える日本(1989)'과 같이 상당히(55개 중 10개, 약 18%) 많은 데 반하여, 한국의 경우는 전혀 나타나지 않고 있다.

또 이 분야의 경우, 일본이 거의 2배나 높은 비율을 나타내는데, 이는 위와 같은 현상에 더하여, 이 시기에는 방송, 특히 TV 방송을 통한 유행어 생산이 한국보다 활발한 측면도 작용하고 있다고 생각한다.

언어 표현 면에 있어서, 일본의 경우는 'サンキューセット'(1987)와 같이, 영어 'Thank you'의 발음과 일본어 숫자 '39'의 발음이 같은 점을 엇걸어 표현한 것도 등장하고 있다. 'オシンドローム'(1984)은 'オシン'과 'シンドローム'을 합친 말로, 중복되는 부분(シン)을 하나 생략한 표현이고, 'ユンケルンバ ガンバルンバ(1988) 역시 'ユンケル+

ルンバ　ガンバル+ルンバ에서 'ル'를 하나 생략한 형태이다.

또한 'ナウい'(1980)와 같이 영어 'now(ナウ)'에 일본어 형용사 어미 '－い'를 붙인 새로운 조어가 등장하고 있다.

'横井する'(1982)와 같이 사람의 성씨에 동사 'する'를 결합시켜 그 사람의 특징을 일반화시키는 표현도 나타나고 있는데, 같은 맥락의 표현이 정확히 20년 후인 2000년대의 한국에서 이름에 동사를 결합시킨 '인제 됐다, 몽준 됐다'(2002)와 같이 나타나고 있다. 일본의 경우는 성을 부르는 것이 일반적이고, 한국의 경우는 이름을 부르는 것이 일반적이라, 동사가 접속되는 것이 성과 이름이라는 차이가 있을 뿐이다.

같은 맥락의 형태로 'DODAする'(1989)와 같이, '전직(轉職)' 정보지 이름인 'DODA'에 동사 'する'를 결합시켜, 그 정보지명의 뜻과 동일하게 동사 '전직하다'라는 의미로 쓰이는 표현도 나타나고 있다.

한국의 경우, '깨몽'(1982)은 '꿈(夢, 몽) 깨라'라는 뜻인데, 어법에 맞지 않는 표현이다.

개별적인 유행어를 보면, 일본의 '青い鳥症候群'(1981)과 같은 의미의 '파랑새증후군'이라는 표현이 한국에서는 1984년에 신문에 나타나고 있는데,[2] 이는 일본어 표현을 그대로 받아들인 것으로 생각된다. 일본의 경

2 경향신문, 1984.7.18, 6면.

우처럼 사회 문제가 되는 것은 1996년[3]이므로 15년 차이가 난다.

'森林浴'(1982)은 한자음을 한국어 발음대로 읽은 '삼림욕'이라는 표현이 한국에서도 1년 후에 나타났고,[4] 이후 빈번하게 사용되었다. 1984년에는 같은 의미의 '산림욕'이라는 말도 등장해,[5] 양 표현이 거의 구분 없이 사용되기에 이르렀다.

「愛しているからチラいのよ」(1985)는 유흥업소에 근무하는 한국인 여성과 관련된 표현이다.

'新人類'(1986)는 8년 후인 1994년에, 일본과 한국에서 'X세대, 신세대'라는 비슷한 표현으로 나타나게 된다. 한국에서도 '점심때 출연하는 신인류 '배달族''[6]과 같은 표현이 나타나기도 하지만, 일반적으로는 그다지 사용되지 않고 있다.

'''国際'国家'(1987)는 후에 한국의 1994년 유행어 '국제화'를 탄생시키는 네 영향을 미친 것으로 생각된다.

'ハナモク'(1988)는 한국에서 사용되고 있는 '불금(불타는 금요일)'과 비슷한 맥락의 표현이다. 물론, '불금'에는

---

3 매일경제, 1996.6.21, 32면.
4 매일경제, 1983.6.16, 11면. "산림청은 16일 歐美(구미)와 日本(일본) 등지에서 임상효과를 결과로 국민건강을 위해 보급하기 시작, 최근에는 선풍적으로 확산돼가고 있는 삼림욕을 우리나라도 정부 차원에서 보급키로 했다고 밝혔다."
5 동아일보, 1984.4.4, 5면. 같은 기사에서 양 용어가 함께 나타나고 있다.
6 매일경제, 2012.11.20, A22면.

술을 마시거나 클럽 등에 가서 뜨겁게 즐긴다는 의미
가 더욱 강한데, 한국도 소득이 3만 달러 이상으로 올
라가고 경기가 활황 국면을 맞게 되면 대체휴일제 시
행의 영향도 일조하여 '불목(불타는 목요일)'이라는 말이
나타날 것으로 생각된다.

'セクシャル·ハラスメント'(1989)는 한국에서는 5년 후
에 '성희롱'(1994)으로 나타났고, 'おたく族'(1989)의 '오타쿠
[おたく]'는 한국에서 15년 후에 2004년의 유행어로 나타
나고 있다.

일본어 유행어에는 외래어가 사용된 경우가 많은
데, 'ナウい'(1980), クリスタル族(1981), 'アクション·カメラ'(1981),
'ノーパン喫茶'(1981), シンドローム(1982), エントロピー(1983),
スキゾ·パラノ(1984), パフォーマンス(1985), キャバクラ(1985),
ダッチロール(1985), レトロ(1986), ワンフィンガー ツーフィン
ガー(1987), フリーター(1987), ツー·ショット(1988), セクシャル·
ハラスメント(1989) 등이 이에 해당된다.

또 '－族'이라는 유행어도 많이 등장하고 있으며,
'竹の子族(1980), ヘッドホン族(1980), クリスタル族(1981), 三
語族(1981), ロリコン族(1982), くれない族(1982), カイワレ族
(1988), おたく族(1989), ほたる族'(1989)과 같은 표현이 해당
된다.

한국의 경우는 '믿을 놈 없다'(1981)에 이어, 3년 후에
같은 의미의 강조형인 '세상에 믿을 놈 아무도 없

다'(1984)가 등장하였다. 사회에 대한 극도의 불신감을 나타내는 표현이다.

'오야 맘대로'(1980)의 '오야'는 일본어 '親'이고, '민나 도로로보데스'(1982), '가라오케'(1985)는 일본어가 그대로 사용된 경우이다. 특히 '가라오케'는 그 장소를 나타내는 '가라오케 박스'가 한국만의 독특한 '노래방' 형태로 나타나게 되었고, 이 말이 다시 일본으로 건너가 1992년의 유행어 'ルバン'이 되었다.

'일본인과 개는 출입금지'(1982)는 제2차세계대전 당시, 나치의 유대인 말살 정책의 단면을 보여주는 '유대인과 개는 출입금지'를 응용한 것으로, 반일 감정이 극도로 악화되었음을 나타내는 표현이다.

'3당4락'(1985)은 '대학 입학 시험에, 3시간 자면 합격하고 4시간 자면 떨어진다'는, 일본어 유행어 '三當四落'(1959)과 동일한 표현으로, 대학 입학 시험 경쟁이 심했던 시기를 기준으로 하면 26년의 차이가 난다.

'후보단일화'(1987)는 서언에서 언급하였지만, 앞으로 대통령 선거 시마다 등장할 수 있는 표현이라고 생각된다.

'따뜻한 남쪽 나라'(1987)는 탈북한 북한 주민과 관련된 표현이다.

'기억이 안 난다'(1988)는 일본의 유행어 '記憶にござ いません'(1976)과 동일한 표현이다.

03

1990년대

한국과 일본의 유행어 분석

먼저 이 시기에 대한 이해를 돕기 위하여 기간 중
에 일어난 주요 사건을 세계, 일본, 한국으로 분류하여
간단히 살펴보기로 한다.

〈표1 : 1990~1999년의 주요 사건〉

구분 연도	세 계	일 본	한 국
1990	· 이탈리아 월드컵 · 동서독일 통일 · 이라크, 쿠웨이트 침공	· 일본인 최초의 우주 비행사 탄생	· 소련과 수교
1991	· 걸프전쟁 종결 · 소비에트연방 붕괴	· 버블경제 붕괴	· 남북한 유엔동시가입
1992	· 바르셀로나 올림픽 · 알베르빌 동계올림픽 · CIS(독립국가연합) 탄생	· PKO법안 통과	· 중국과 국교 수립 · 14대 국회의원 선거 · 대통령 선거
1993	· UR협상 타결	· 황태자 결혼	· 김영삼 대통령 취임 · 금융실명제 실시
1994	· 미국 월드컵 · 릴레함메르 동계올 림픽 · WTO협정 체결	· 기록적 혹서, 물 부족	· 북한 김일성 사망
1995	· WTO 출범	· 한신대지진 · 옴진리교 사건	· 지방자치제 실시
1996	· 애틀랜타 올림픽	· O157 대량 감염	· OECD 가입 · 15대 국회의원 선거 · 강릉 무장공비 침투
1997	· 홍콩 반환 · 다이애나 왕세자비 교통사고 사망	· 고베 초등 6학년 남 학생 살인사건	· KAL 801편 추락 · 대통령 선거 · IMF 구제금융 신청
1998	· 프랑스 월드컵 · 나가노 동계올림픽	· 카레에 비소 혼입사 건	· 김대중 대통령 취임 · 금강산 관광 시작
1999	· 유로 출범	· 도카이무라 JCO 원 자력사고	· 제1차 연평해전 발발

일본과 관련 있는 사건이 세계적인 사건이 된 경우는 1988년의 나가노 동계올림픽 개최였다.

한국의 사건이 세계적인 것이 된 경우는 이 기간 중에는 나타나지 않았다.

일본의 경우, 이 시기의 수상은 모두 7명이었다. 가이후 도시키[海部俊樹](1989.8.10.~1991.11.5.), 미야자와 기이치[宮澤喜一](1991.11.5.~1993.8.9.), 호소카와 모리히로[細川護熙](1993.8.9.~1994.4.28.), 하타 쓰토무[羽田孜](1994.4.28.~1994.6.30.), 무라야마 도미이치[村山富市](1994.6.30.~1996.1.11.), 하시모토 류타로[橋本龍太郎](1996.1.11.~1998.7.30.), 오부치 게이조[小渕恵三](1998.7.30.~2000.4.5.)이다.

한국은 5년 단임 대통령제인 만큼, 일본에 비하여 이 시기에 해당하는 국가 정상의 숫자가 훨씬 적다. 노태우(1988.2.25.~1993.2.24.), 김영삼(1993.2.25.~1998.2.24.), 김대중(1998.2.25.~2003.2.24.) 3명뿐이다.

1. 1990년

ファジィ
퍼지

'퍼지'라는 것은 '애매하다'는 의미의 말로, 캘리포니아 대학의 자데(Lotfi Asker Zadeh) 교수가 개발한 '퍼지 공학'으로 일약 유명해졌다. '경험'이나 '감'과 같은, 컴퓨터로는 처리할 수 없다고 여겨지는 '애매'한 것을 프로그래밍하는 이론으로, 일본에서 이 이론을 가전제품에 응용·실용화한 것은 마쓰시타[松下]전기의 세탁기가 제1호이다. 이것이 퍼지 붐의 계기가 되었다. 이후 각 메이커가 혼전 양상으로 거대한 퍼지 마켓을 형성했다.

"ブッシュ"ホン
'부시'폰

1989년 8월 수상에 취임한 가이후 도시키[海部俊樹]는 1990년 8월에 발발한 걸프 위기에서 대처 불능에 빠졌다. 그러한 가이후를 지탱해준 것이 부시 미국 대통령으로부터의 전화였다. 일본 측의 대응을 미국 편으로 끌기 위하여 독려한 것인데, 부시로부터 전화가 오면 갑자기 활기를 띠는 수상의 모습에서 "부시'폰'이라는 표현이 등장했다. 닛케이[日經]의 칼럼에 처음 등장해, 미일 정상의 상징적인 위치 관계를, 불과 가타카나 다섯 글자로 절묘하고 생생하게 나타냈다. 이후 각 미디어가 이 말을 사용하기 시작하여 빈정거리는 뉘앙스의 유행어가 되었다.

オヤジギャル
아저씨화된
젊은 여성

만화 『스위트 스폿[スイート·スポット, sweet spot]』의 등장인물인 '아저씨화된 젊은 여성'은 역 구내에서 입식 메밀국수를 먹고, 전차 안에서는 스포츠신문을 펼치고, 주식을 매매하고, 피곤해지면 융케루 황제액[ユンケル黃帝液][1]을 마신다. 현실 사회에서도 만화와 같이 여성의 '아저씨'화 현상이 흔해지기 시작했다. 나이는 젊은데, 하는 짓은 '아저씨' 그 자체인 여성을 '아저씨화된 젊은 여성'이라고 불렀고, 당사자인 여성들에게 크게 호평을 받았다.

アッシーくん
여성의 발
역할을 해주는
[=여성을 차로
데려다주는]
남자

심야에 귀가하는 여성이 전화 한 통만 하면 나타나 차로 여성을 데려다 주는 남성을 「앗시군[アッシーくん]」[2]이라 한다. 전화 한 통에 즉시 달려와 '발[아시] 대신'의 역할을 한다는 데서 이 이름이 붙었다. 보답을 요구하지 않고, 오로지 운전수 역할만 한다. 이 유행어가 퍼질수록, 실제로 여기저기에서 '여성을 차로 데려다 주는 남자'가 출몰했다.

---

1 1988년 유행어 「ユンケルンバ　ガンバルンバ」 참조.
2 발을 의미하는 '아시[あし]'의 된소리 '앗시[アッシー]'에, 남자에게 붙이는 '-군[君]'이 결합된 용어.

**ちびまる子
ちゃん(現象)**
꼬마 마루코짱
(현상)

만화 『꼬마 마루코짱[ちびまる子ちゃん]』이 미국 신문 워싱턴포스트지에 "일본인의 마음과 마켓을 낚아챈 만화"로 소개되었다. 30년 전의 지방 중소도시를 무대로 평화롭고 평범한 일상생활을 그린 이 만화가 왜 일본에서 대 붐을 일으켰는지를 리포트한 것인데, 거기에는 주제가와 함께 '피이햐라 피이햐라[ビーヒャラ ビーヒャラ]'[3] 하고 들뜬 일본인의 실상이 드러나 있다.

バブル経済
버블 경제

지난 수년간 토지와 주식이 천정부지로 계속 올라, 실물경제를 훨씬 넘는 이상한 수치를 나타내고 있었다. 이와 같은 투기적인 경제 상황은 언제부턴가 '버블[거품] 경제'라고 불리어지게 되었다. 토지나 주식 상장이 흔들리게 된 1990년, 물거품처럼 '거품'이 사라져버리지 않을까 많은 서민이 염려하기 시작하여, '버블 경제'라는 단어 사용의 빈도가 증가하였다.

一番搾り
이치반시보리,
첫 추출물

아사히 맥주 '슈퍼 드라이'의 대히트에 대항하기 위하여, 맥주업계의 왕자인 기린 맥주가 발매한 새로운 맥주의 이름이다. '첫 추출물'이라는 복고풍의 명명과, 처음 눌러 짠 것밖에 사용하지 않으며 철저하게 맛에 집착하는 사치스러운 콘셉트가 호평을 받아 대히트를 쳤다.

---

3 피리소리로, 음악에 맞추어 즐겁게 춤을 추는 일본의 축제[祭り, 마쓰리] 이미지를 나타낸다.

パスポート
サイズ
여권 사이즈

소니가 새롭게 발매한 비디오용 핸디 카메라의 명칭이다. 사이즈가 '여권'과 같음으로 인하여 명명된 것인데, 이름만 들어도 그 작은 크기를 실감할 수 있어서 임팩트가 강렬하였다. TV CM의 여배우 아사노 아쓰코[浅野温子]의 절묘한 연기도 더하여 폭발적인 인기를 끌었으며, 명명의 중요성을 재확인시킨 데 큰 의미가 있다.

愛される
理由
사랑받는 이유

가수 고 히로미[郷ひろみ]와 결혼한 니타니 유리에[二谷友里恵]가 쓴 첫 수필집의 제목이다. 출판과 동시에 베스트셀러가 되었고 이어 밀리언셀러를 기록하였다. 내용은 '탤런트 책'의 범주를 벗어나지 않지만, 여성의 넘쳐나는 '자신감'이 전면에 나타나 있어 젊은 여성들에게 호평을 받았다. 도발적인 '사랑받는 이유'라는 제목은, '이 레스토랑이 사랑받는 이유'와 같이 사용되면서 사용법으로 젊은이들 사이에서 유행어가 되었다.

昭和生まれの
明治男
소화[昭和]기에
태어난
명치[明治]
기질의 남자

어깨·팔꿈치 부상에 시달리며, 모든 치료, 수술, 가혹할 정도의 재활 끝에 기적적으로 컴백한 무라타 조지[村田兆治] 투수를 가리킨다. 복귀 후에도 강속구에 집착하여 처절할 정도의 노력을 계속하였는데, 이러한 남편의 야구에 건 소름 끼치는 집념과 완고함을, 음지에서 지탱한 도시코[淑子] 부인이 표현한 말이다.

「気象観測史上(はじめての…)」
'기상관측 사상 (최초의…)'

1990년은 봄, 여름, 가을, 겨울 할 것 없이, 이상 기온의 연속이었다. 그 때문에 기상예보에서는 '기상관측 사상 최초의'라든가 '관측소 개설 이래의'라는 수식어가 첫머리에 다용되었다. 온난화, 오존층 파괴, 산성비 등, 지구 기능 전체에 이상이 온 것이 아닌가 하는 염려와 함께 사람들에게 생태학을 생각하는 계기를 부여하였다.

スペシャルゲスト
스페셜 게스트, 특별 손님

이 해 8월에 이라크군이 쿠웨이트를 침공하였고, 이에 따라 이라크 국내의 외국인이 구속되었는데, 후세인 대통령은 이를 '스페셜 게스트'라고 강변하였다. 언어 문화, 풍토, 역사관의 차이로는 이해할 수 없는 후세인 대통령의 '개성'에 서방세계는 분격하였다. 국내에서도 억지로 타인에게 무언가를 요구하는 것을 '스페셜 게스트'라고 하는 농담이 유행하였다.

バラドル
버라이어티 아이돌

버라이어티[バラエティ]와 아이돌[アイドル]의 합성어이다. 아이돌 가수로 데뷔했는데, 예능 탤런트로 버라이어티 프로그램에서 인기인이 되어버린 아이돌을 가리킨다. 각 방송국의 가요 프로그램이 폐지되어 아이돌 가수들이 설 무대가 없어진 반면, 버라이어티 프로그램 붐이 일게 되자, 분위기가 다른 프로그램이지만 이름과 얼굴을 팔기 위하여 아이돌 가수들이 출연하지 않

을 수 없게 됨으로써 생긴 현상이다.

ティラミス(現象)
티라미수 (현상)

이탈리아 요리 붐의 부산물로 생긴 유행어이다. 티라미수는 베네치아 향토요리로, 이탈리아의 크림치즈를 주원료로 한 커피 맛의 디저트이다. 본래는 이탈리아 가정에서 가볍게 만들어 먹는 케이크인데, 잡지『Hanako』가 "도회적인 여성은 티라미수를 먹을 수 있는 가게 전체를 알아야 된다"라는 주제로, 독자를 선동하는 특집을 기획한 것이 티라미수 붐에 불을 질렀다.

한국

희망사항

가수 변진섭의 노래 제목으로, 1990년 상반기 최고의 히트곡이자 최고의 유행어가 되었다.[4]

싫다 싫어

가수 현철의 노래 제목으로, 1990년 하반기에 혼탁한 정치와 사회 풍토를 꼬집는 의미로 널리 퍼지면서 크게 유행하였다.[5]

---

4 김웅래 · 오진근(1996)『한국을 웃긴 250가지 이야기 ─유행어 반세기 · 1945~1995』삶과함께, p.143.
5 위의 책, p.143.

앗 나의 실수/ 거의 나의 독무대/ 심하다, 심해/ 거의 환상적	가수 김흥국이 MBC TV 프로그램 〈일요일밤의 대행진〉에 초대 손님으로 출연하여 한 말로, 크게 유행하였다.6
따봉	1990년에는 짧은 순간에 강한 메시지를 전하는 감각적인 TV 광고도 유행어의 진원지 역할을 톡톡히 해냈는데, 그중의 하나가 롯데 델몬트 오렌지 주스 광고이다. 브라질 편 광고에 나오는, "좋다, 최고다"라고 외칠 때 쓰는 감탄사인 포르투갈어 '따봉'이 오랫동안 크게 유행하였다.7 8 '따봉'의 원래 말은 '에스따 봉(ESTA BOM)'인데, 이 광고 이후 한국에서는 좋은 일이 있을 때면 무조건 '따봉'이나 '따따봉'을 외치게 되었다.9
남편 퇴근 시간은 여자 하기 나름/ 남편 사랑은 가끔 확인해 봐야 돼요	CF모델 겸 배우 최진실의 주가를 폭등시키며 그녀를 광고계의 신데렐라로 만든 삼성 VTR 광고 카피로, 사람들에게 엄청난 사랑을 받았던 유행어이다.10

6 위의 책, p.143.
7 위의 책, p.143.
8 그러나 광고 언어가 지나치게 유행하면 광고만 기억되고 상품이 뒷전으로 밀려나는 일이 생기는데, 4천만의 유행어로 휘날렸던 '따봉'의 경우도 사람들이 '따봉'만 알았지 그것이 델몬트 주스 광고라는 것을 몰라 '제품보다 튀어서는 안 된다'는 교훈을 남겼다(동아, 1993.2.13, 15면 〈광고 유행어 우연한 발상 의외의 히트〉 김순덕).
9 강준만·전상민(2007) 『광고, 욕망의 연금술』 인물과 사상사, pp.18−19.
10 김웅래·오진근(1996) 앞의 책, p.144.

그래, 이 맛이야	탤런트 김혜자가 제일제당의 조미료 광고에서 정말 맛있다는 표정으로 한 말로, 대학가를 비롯한 각 음식점에서 큰 인기를 얻었다.[11]
저도 사실은 부드러운 여자예요	본래 개성이 강한 연기자이자, 대외적으로도 대단히 강한 여성의 이미지였던 연극배우 윤석화가 동서식품 맥심모카골드 커피 광고에서 한 말로, 크게 유행한 광고 카피 중의 하나가 되었다.[12]
영양가 없는 소리	MBC TV 드라마 〈똠방각하〉에서 연규진이 즐겨 썼던 말로, 별로 도움이 안 된다는 뜻이다. 드라마 부문에서 1990년 상반기 최고 유행어이다.[13]
지가요 …… 걸랑요	드라마 부문 1990년 하반기 최고의 유행어로, KBS 1TV 〈서울 뚝배기〉에서 주현이 건들거리면서 내뱉는 말이다. 전 국민의 뜨거운 사랑을 받으면서 크게 유행하였다.[14]

---

11 위의 책, p.144.
12 1992년 대통령 선거에서 야당 후보의 새 이미지 전략용으로 사용되기도 하였다(동아, 1993.2.13, 15면 〈광고 유행어 우연한 발상 의외의 히트〉 김순덕).
13 김웅래·오진근(1996) 앞의 책, p.144.
14 위의 책, p.144.

여러분의 시선을 모아모아	개그맨 출신의 토크쇼 MC인 주병진이 말한 유행어이다.[15]
됐네, 됐어/ 영숙이 숙제 했어?	한동안 침체의 늪에서 헤매던 서세원이 개그 코너 〈영숙이 숙제〉에서 한 말이다. 상대방의 말을 가로막는 "됐네, 됐어"와 눈꺼풀을 파르르 떨면서 내뱉는 "영숙이 숙제 했어?"가 크게 유행함으로써 그는 재기에 완전히 성공하였다.[16]
자네는 들어봤나, ○○를?	개그맨 조정현이 특유의 억양으로 말하여 크게 유행하게 된 표현이다.[17]
뻥이야!	고참 코미디언 김영하가 MBC TV 〈청춘행진곡〉에서 특유의 빠른 말솜씨로 한참 수다를 떨다가 마지막에 외치는 말이다. 크게 유행하여 김영하는 '뻥 할머니'라는 별명까지 얻었다.[18]
아, 실수	박미선이 집게손가락으로 코를 두어 번 두드리면서 우아하게 한 말이다. 크게 유행함으로써 박미선은 간판여자 개그맨으로서의 위치를 확고히 하였다.[19]

15 위의 책, p.145.
16 위의 책, p.145.
17 위의 책, p.145.
18 위의 책, p.145.

짜장면은 싫어, 난 짬뽕 **난 목에 칼이 들어와도 리바이벌은 안 해!**	이 해에 연극배우 출신으로서 코미디언으로 데뷔한 이창훈이 KBS 2TV 〈유머 1번지〉에서 목욕탕 때밀이 달용이로 나와 끼니 때마다 "짜장면은 싫어, 난 짬뽕." 이라고 외쳐대 중국 음식점마다 짬뽕이 동이 날 정도로 짬뽕 매상을 올려준 히트 유행어가 되었다. 역시 그가 말한, 전에 했던 말은 다시 안 한다는 뜻의 "난 목에 칼이 들어와도 리바이벌은 안 해!"라는 말도 크게 유행하였다.[20]
물론 있지요	당연히 할 말이 있다는 뜻으로, 개그맨 최양락이 유행시킨 말이다.[21]

19 위의 책, p.145.
20 위의 책, pp.145 - 146.
21 위의 책, p.146.

2. 1991년

일본

「…じゃあ～り ませんか」
"…은 아닙니까"

1991년 유행어 연간대상 수상작이다. 차리 하마[チャー リー浜]가 한 말로, 얼빠진 표현과 연기력, 발군의 타이밍으로 1991년의 최대의 유행어가 되었다. 30년의 연예경력에서 나온, 완벽하게 계산된 개그라는 높은 평가도 있지만, 잘나가는 요시모토흥업[吉本興業] 소속의 예능인이라서 그렇게 크게 유행이 됐다고 비아냥거리는 견해도 있다.

火砕流
화쇄류,
pyroclastic flow,
火山碎屑流

1991년에 나가사키 현[長崎県]의 운젠다케[雲仙岳]가 200년의 침묵을 깨고 대분화를 일으켰다. 화산열도인 일본에서도 62년만이라는 대화쇄류가 자연이 가져오는 끝을 알 수 없는 공포를 보여주었다. 이후 '화쇄류'라는 말은 모든 미디어에 등장하여, 가장 빈도 높은 말로 정착되었다.

「ひとめぼれ」
히토메보레

브랜드 쌀 '사사니시키'의 뒤를 이어 등장한 쌀 브랜드이다. 국제적 압력에 의한 쌀 수입 자유화 일정이 확정된 와중에 정부의 과도한 보호농업만이 화제가 되고 있었는데, 이때 일본 농민의 실력과 의욕을 보여 준 것이 바로 '히토메보레' 개발이었다. 독특한 이름과 소비자를 의식한 농업 방식을 전개하여 높은 평가를 받았다.

八月革命
8월 혁명

8월에 모스크바 방송으로부터 쿠데타의 제1보가 전 세계로 발신되었다. 이 사실을 안 미디어 중 일부는 '2월 혁명'[1]에 빗대어 '8월 혁명'이라고 명명하였다. 결과는 불과 3일 만에 소동이 끝나고 '8월 혁명'이라는 말도 사라졌다. 미디어의 무책임성과 미래 예측이 어려운 시대를 상징하는 말이다.

川崎劇場
가와사키극장

결코 강하지 않았지만, 예측불허의 재미있는 야구를 보여준 롯데 오리온즈가 해체되었다. 열광적인 응원단과 명물 감독 가네다 마사이치[金田正一]의 퍼포먼스로 인하여 본거지 가와사키구장은 '가와사키극장'이라고 칭해졌다. 본거지도 지바[千葉]로 옮기고 '가와사키극장'은 영원히 폐관되었다.

---

1 제1차세계대전중인 1917년 2월에 러시아에서 발생한 혁명운동. 로마노프 왕조에 의한 제정(帝政)이 붕괴되고, 수년간의 혁명과 내전을 거쳐 소비에트연방 설립으로 이어졌다.

**地球に
やさしい**
지구에게
다정하다

이콜로지[ecology, 생태 환경] 문제가 장래의 가장 중요한 과제가 될 것이라는 인식이 사회 전반에 걸쳐 높아지던 중에, 고단사[講談社]가 본격적으로 이 문제에 대처하는 자세를 명확히 드러냈다. 테마 '지구에게 다정하다'는 발군의 명명으로 즉시 유행어가 되었다.

紺ブレ
감색 블레이저

'紺ブレ'는 버블기에 마지막으로 유행한 '紺のブレザー(감색 블레이저2)'의 줄임말이다. 상당히 오래 전부터 '아이비 룩'3으로 있었는데, '보수적(conservative)' 계통 패션의 대표로 다시 부활하였다.

若貴
와카 다카

1991년의 가장 밝은 화제는 스모에서 若乃花(와카노 하나), 貴乃花(다카노 하나) 형제의 대활약이다. 스모 팬뿐만 아니라 평상시 스모에 관심이 없던 젊은 층까지 크게 열광하였다. 두 형제의 노력과 우애, 그리고 ㄱ 어머니의 '사랑의 매' 덕분이라고 아담조로 미화되었다.

重大な決意
중대한 결의

리쿠르트 사건,4 교와 사건5 등 대형 의혹 사건이 계속

---

2 블레이저 코트. 운동선수들의 밝고 화려한 빛의 플란넬로 만든 예식용의 신사복 저고리.
3 아이비스타일[ivy style]. 아이비리그에 속하는 미국 동부 8개 대학생들이 좋아하는 스타일을 일컫는다.
4 리쿠르트 코스모스사의 미공개 주식을 양도받아 차익을 챙긴 사건으로, 1988년에 일어났다. 일본 사회에 정치 불신을 고조시키고, 결국 다케시타 노보루[竹下登] 수상이 사임하였다.
5 1991년에 일어난 대형상사 마루베니[丸紅]와 철 가공 메이커 교와

되자 '정치개혁법'이 상정되었지만 폐기되었다. 이에 항의하는 자민당 개혁파의 소장그룹 4명에 대하여, 10월 1일 밤에 가이후[海部] 수상이 한 발언으로, 정계를 크게 진동시켰다. 곧이어 '가이후 퇴진'이라는 정계 여론이 파도처럼 일어나 가이후는 수상의 자리에서 물러나게 되었고, 수상의 정치 센스 부족을 만천하에 알리는 결과만 남기게 되었다.

損失補塡
손실보전

주가 하락에 의해 손실을 입은 대형 고객(대기업 등)에 대하여, 많은 증권회사가 몰래 '손실 보전'을 행하고 있었다. '증권 110번'6을 실시하고 있던 다케이[武井]에는 그동안 증권사들에 의해 '쓰레기'라고 불리던 일반 투자가의 분노의 목소리가 쇄도하였고, 보전 사실이 확대됨에 따라 주식 거래와 관계가 없는 각종 분야에서도 "내 손실을 보전하라"라는 말이 유행하였다.

「僕は死にましぇ〜ん」
나는 죽지
않아요

유행을 쫓는 미남미녀가 실제와는 다른 과장된 생활 속에서 '연애놀이'를 반복하는 트렌디 드라마가 당시에 유행하였다. 〈101번째의 프러포즈[101回目のプロポーズ]〉도 그중의 하나로, 신통찮은 중년남으로 나오는 다케다 데쓰야[武田鉄矢]가 미녀의 마음을 빼앗는다는 양념

[共和]에 의한 철골 자재의 가공거래사건.
6 일본에서 사건 발생 시 경찰에 신고하는 전화번호가 110번이다.

요소를 넣은 것이 이색적이었다. 드라마에서 다케다가 한 말로, 소녀들 사이에서 '멋있다'는 평을 받으며 대유행하였다.

「ダダーン ボヨヨン ボヨヨン」
다다안
보요욘 보요욘

핏푸 후지모토[ピップ フジモト]의 자양강장 영양 드링크 '다다안'이라는 상품의 TV CM에서 나온 표현이다. 아마조네스풍의 몸집이 큰 여자가 "다다안 보요욘 보요욘" 하고 화면 가득히 소리치며 춤춘다. 별다른 내용이 없는 광고인데, 의외로 시청자들에게 어필하여 큰 광고 효과를 보였다. 기성(奇聲)이 유행어 대상에 뽑힌 첫 사례로, 그만큼 임팩트가 컸다.

ダンス 甲子園
댄스 고시엔

일본 TV의 〈천재 다케시의 힘이 나는 텔레비전!![天才たけしの元気が出るテレビ]〉프로그램 내의 기획명이다. 디스코사운드에 맞추어 스스로 안무를 하는 쇼 댄스가 고교생을 중심으로 청소년들 사이에서 유행하였다. 이 TV 프로그램에서 전국의 댄스 애호가를 모집하여 대회를 개최한 것이 붐에 불을 붙이게 되었다. 댄스라는 온건한 이미지의 어감에, 순수, 눈물, 열혈 이미지의 고시엔[甲子園]7을 결합시킨 미스매치가 대성공을 거두었다.

---

7 일본의 전국고교야구선수권대회가 열리는 한신 고시엔 야구장[阪神甲子園球場] 또는 고시엔대회 그 자체를 의미한다.

チャネリング
채널링,
channeling

영계(靈界)와 교신이 가능하다는 '채널링 종교'가 젊은이들 사이에서 유행하였다. 종교법인 '행복의 과학(幸福の科学)'의 오카와 류호(大川隆法)는 대량의 저서와 효과적인 선전으로 일약 유명해졌다. 석가, 마호메트, 그리스도부터 니치렌(日蓮), 사카모토 료마(坂本竜馬)까지 채널링, 즉 교신이 가능하다고 하며, 채널링 종교의 1인자를 자칭하였다. 어딘지 수상하다고 지적하는 목소리도 많았지만, 선전 효과도 있어서인지, 세간에 '채널링'이라는 소리가 넘친 한 해였다.

**넌 5억짜리야
차 조심해**

**아이구 내 돈
떨어지네**

1991년 연초부터 터져 나오기 시작한 대학 입시 부정과 관련하여 생긴 말이다. 부정 입학한 대학생 자녀가 학교에 갈 때 어머니가 하는 말이 전자의 경우이고, 부정 입학생을 가리기 위하여 학생들을 옥상에 올려놓고 투신하는 시늉을 시켰을 때, 대부분의 부모들은 "아이고, 내 아들 죽는다."라고 통곡하는 데 반하여, 부정 입학생의 부모가 외치는 말이 후자의 표현이라는 것이다.[8]

8 김웅래·오진근(1996)『한국을 웃긴 250가지 이야기 - 유행어 반

국회의원의 절반은 바보가 아니다

1991년에는 한국 사회가 진실이 외면당하고 거짓과 허구가 지배하면서 극도의 허무주의가 팽배한 가운데, 정치 혐오와 사회 풍자에 관한 말이 많이 나왔는데 그중의 하나이다. 정부 측 법안 몇 개가 그대로 통과되자 한 신문에 "국회의원의 절반은 바보다."라는 사설이 실렸다. 이 사설이 나가자 국회의원들은 거세게 항의하며 당장 그 사설을 취소하고 사과문을 내라고 요구했다. 그러자 그 다음날 그 신문에 "국회의원의 절반은 바보가 아니다."라는 정정 기사가 나왔다고 한다.9

임마, 아까 그건 모델 하우스야!

위의 표현과 마찬가지로 사회 풍자와 관련된 말이다. 불법 건축업자가 하늘나라에 도착하자 염라대왕이 천국과 지옥을 보여주고 나서 한 곳을 선택하라고 하라고 그러자 그랬더니, 매일 기도만 하는 천당보다 술도 마시고 춤도 추는 지옥이 훨씬 좋아 보여서 지옥을 택하였다. 그런데 막상 지옥에 가보니, 모두들 불구덩이 속에서 괴로워하고 있었다. 그래서 "아니, 이것은 아까 본 것과 다르잖아요."라고 하자, 저승사자가 한마디 한 것이 바로 이 말이다.10 11

세기·1945~1995』삶과함께, p.147.

9 위의 책, p.149.

10 위의 책, p.150.

11 서정범(1993, 『익살별곡』한나라, pp.15-16)에는 1992년 김영삼 시리즈의 하나로 되어 있다.

저요, 저요!	KBS 2TV 〈한바탕 웃음으로〉의 〈봉숭아학당〉 코너에서 맹구로 나오는 이창훈이 선생님의 눈길을 끌기 위해 몸을 배배 꼬면서 외쳐댔던 말이다. 초등학생과 중고등학생들 사이에 급속도로 퍼져 인기를 끌었다.[12]
실례합니다~	KBS 1TV 드라마 〈서울 뚝배기〉에서 카페 마담으로 나오는 김애경이 콧소리 반 목소리 반의 말투로 구사한 대사이다. 실제 발음과 가깝게 쓰자면 '실러에 함니드아~'가 된다.[13]
그러면 지구는 누가 지키지?	1991년에 폭발적으로 생겨나기 시작한 최불암 시리즈의 가장 대표적인 유행어 중 하나로, KBS 2TV의 애니메이션 영화 〈독수리 5형제〉 방영이 끝났다는 말을 듣고 최불암이 한 말이다.
이게 뭡니까? /이래서야 되갔습네까? /안 그렇습네까? /이거 참 큰일입네다	이른바 김동길 시리즈이다. MBC TV 〈일요일 일요일 밤에〉의 〈일요 칼럼〉 코너에서 개그맨 최병서가 정치, 사회에 만연한 부정적 세태를 일소하겠다고 부르짖는 모습을 연출하며 김 교수의 이북 사투리와 행동을 흉내 낸 것으로 전국을 휩쓴 유행어가 되었다.[14]

12 김웅래·오진근(1996) 앞의 책, p.150.
13 위의 책, p.151.
14 위의 책, p.150.

3. 1992년

**きんさん
·ぎんさん**
킨 씨, 긴 씨

**「うれしいよう
な, かなし
いような」**
기쁜 것 같기도
하고 슬픈 것
같기도 한

**「はだかの
おつきあい」**
솔직한 교제

1992년의 유행어 연간대상은 세 가지가 선정되었는데, 그중의 둘이 당년 100세가 되는 쌍둥이 자매 킨 씨, 긴 씨와 관련된 말이다. 『通販生活』이나 다스킨[ダスキン]의 CM에 기용된 것을 계기로 잠깐 사이에 '국민적 아이돌'이 되어버렸다. 절묘한 만담 같은 두 사람의 대화와 금과 은을 뜻하는 '킨[金]'과 '긴[銀]'이라는 이름 등, 인기의 이유는 여러 가지가 있지만, 무엇보다도 매력적인 웃는 얼굴과 사랑받을 만한 캐릭터가 전 일본 국민의 호감을 샀다.

"うれしいような, かなしいような"는 위의 두 자매가 100세 생일의 감상을 표현한 말이다.

"はだかのおつきあい"은 스모 선수 다카 하나다[貴花田]와 여배우 미야자와 리에[宮沢りえ]가 약혼 시에 한 말인데, 이 말을 들은 취재진은 그저 아연한 기색으로 웃음만 보일 뿐이었다.

---

1 직역을 하면 '알몸 연애'라는 뜻이 된다.

ほめ殺し
칭찬하는
듯하나 비꼬기

선데이 마이니치[サンデー毎日]의 '사가와[佐川] 스캔들' 기사에서 처음 등장한 말로, 사실의 본질을 찌르는, 유머러스하고 무서운 신어라고 높은 평가를 받았다. 다케시타[竹下] 전 수상에 대한 우익의 공격, 즉 '돈벌이가 뛰어난 다케시타 씨', '은인을 배반하는 화려한 재능을 가진 다케시타 씨' 등, 칭찬하는 것 같지만 실제로는 비꼬는 말투를 'ほめ殺し'라고 표현하였는데, 이 기사 이후 모든 미디어에 이 신어가 넘쳐났다. 'ほめる(칭찬하다)'와 '殺す(죽이다)'의 복합동사 'ほめ殺す'의 명사형이다.

カード破産
카드 파산

버블 경제 붕괴를 실감하게 된 1992년의 신어이다. 식도락, 여행, 패션 등 뜬구름 같던 버블 시대의 무거운 대가가 바로 카드지옥이었다. '가볍게 크레디트'라는 선전 문구에 혹하여 카드를 사용했는데, 정신을 차려보니 가계는 궁하기 짝이 없는 상태로 파산밖에 남지 않았다는 사람이 급증하였다.

もつ鍋
곱창전골

곱창(소, 돼지, 닭의 내장)에 부추와 양배추를 넣어 끓이는 소박하고 거친 요리인 '곱창전골'이 전국적으로 붐이 되었다. OL의 아저씨화에 의해 조잡한 요리에 대한 거부감이 없어졌기 때문이라는 지적도 있지만, 식도락을 추구하던 버블 시대의 반동으로, 싸고 영양가 있고, 맛있는 요리를 추구하는 것으로 돌아갔을 뿐이라는 견해가 크다.

複合不況
복합불황

버블 붕괴 후의 일본 경제가 처한 상황을 해석한 미야자키 요시카즈[宮崎義一]의 경제서적 『복합불황』은 그 내용의 예리함으로 전 일본에 충격을 주었다. 타이틀인 '복합불황'이라는 표현은 모든 미디어에서 사용되었다. 이는 오늘날의 불황이 종래의 불황과는 근본적으로 다르며, 재고나 설비 조정 등의 순환적 요소에 버블 후유증이 중층적으로 복합·연동된 결과라는 것을 의미한다.

9K

'고되고' '더럽고' '위험한' 직장을 3K[2]라고 하는데, 간호사의 업무는 여기에 '휴가를 얻을 수 없고' '규칙이 엄하고' '화장이 먹지 않고' '약에 의존하여 살고 있고' '결혼 시기가 늦고' '월급이 박하고'의 6K가 추가되어 9K라는 것이다. 간호사의 근무환경 실태와 후생사업의 빈약함을 '9K'라는 한 단어로 훌륭하게 표현하였다.

謝長悔長
사과하는 사장
후회하는 회장

버블 경제 붕괴가 명확해진 1992년은 방만 경영의 대가가 일제히 분출되어 여기저기에서 최고경영자가 머리를 숙이는 광경이 일상화되었는데, 이 모습을 풍자

2 일본어 단어에서 모두 'k'로 시작됨. 이하의 6개 단어도 마찬가지.

한 것이 바로 이 표현이다. '스미토모[住友]생명'이 주최한 '창작 4자 숙어' 모집의 응모 작품으로, 시대의 풍조를 잘 포착하고 있다. '謝長'와 '社長', '悔長'와 '會長'의 일본어 발음이 같은 것을 엇걸어서 한 표현이다.

冬彦さん
후유히코 씨

TBS TV 드라마 〈쭉 당신을 좋아했다[ずっとあなたが好きだった]〉는 자식을 간섭하는 어머니와 아들의 관계를 그려 크게 평판을 얻었다. '후유히코'는 드라마에 나오는 아들의 이름으로, 이 드라마를 본 여성들은 자신의 주변에 있는 마더 콤플렉스(mother complex) 청년을 향해 "저 사람은 '후유히코 씨'야"라고 말하기 시작했다. TV에 나오는 '후유히코 씨'와 같은 '기분 나쁜 남자'가 한둘이 아니라는 무서운 현실이 명확해졌다.

**「ねェ,
チューして」**
응, 키스해줘

화제가 된 고세[コーセー]화장품의 TV CM에서 나온 유행어이다. 바싹 몸을 붙인 젊은 남녀가 화면에 비치고, 여자가 남자에게 '응, 키스해줘'라고 재촉한다. 시청자를 두근거리게 하는 이 광고는 사실, 일상의 젊은 남녀 사이에서는 흔히 일어나는 광경이다. '과연 이것이 헤이세이[平成]의 풍속인가' 하고 묘하게 납득할 수밖에 없는 광고였다.

上申書
상신서

'도쿄 사가와큐빈 사건[東京佐川急便事件]'으로 불법 헌금을 추궁당하고 있던 가네마루 신[金丸信] 전 자민당 부총재가 검찰로 출두 요청에 대하여 '상신서'로 대항하며 거부하였다. 가네마루에게 허용된다면 나도 한다는 식으로, 미에 현[三重県]의 건설회사 사장인 고바야시 마사시[小林正]도 건축기준법 위반 출두 명령에 대항하여 '상신서'를 제출하였다. 법 앞에서의 평등을 몸으로 실천한 이 쾌거에 서민들이 갈채를 보냈다.

宇宙授業
우주 수업

일본인 최초의 우주비행사인 모리 마모루[毛利衛]가 지구에 보낸 첫 메시지는 홋카이도[北海道]의 구로카와[黒川]초등학교에 보낸 것이었다. 차분하게 우주에 대하여 설명하는 모리와 꿈꾸는 듯한 황홀한 기분으로 소박한 질문을 하는 초등학생들의 모습은 시청자들에게 큰 감동을 주었으며, 매스컴은 이것을 '우주 수업'이라고 불렀다.

**歌手の
小金沢クン**
가수
고가네자와 군

목 감기약 CM에서 나온 유행어이다. 목 상태가 좋지 않은 가수 지망 젊은이가 목 감기약을 먹고 아름다운 목소리로 노래를 부를 수 있게 된다는 평범한 CM인데, '고가네자와 군'이라는 청년의 실명(풀 네임 : 고가네자와 쇼지[小金沢昇司])을 거론한 것이 이색적이었다. 결국 '고가네자와 군'은 이 CM을 계기로 진짜 가수로 데뷔하게 되었다.

ツインピークス
트윈 픽스

미국의 인기 드라마 〈트윈 픽스[Twin Peaks]〉는 일본에서도 큰 붐을 일으켰다. 트윈 픽스라는 가공의 시골 마을에서 발생한 '미녀 여고생 살인사건'을 날줄로, 복잡하게 얽힌 인간관계를 씨줄로 한, 오싹한 드라마이다. 1회 60분, 30회 완결이라는 긴 연속 드라마임에도, 한번 보기 시작하면 그만 둘 수 없다는 〈트윈 픽스〉 중독자가 속출하였고, 비디오는 항상 대출 중인 상태였다. 그중에는 미국까지 현장 관광 여행을 가는 열광적인 팬도 나타나게 되었다.

ルパン
노래방

가라오케 박스를 나타내는 한국어 '노래방'을 일본어로 표현한 말이다. 더 정확히 말하면 가라오케 룸을 가리킨다.

PKO
유엔평화
유지활동

PKO협력법이 6월에 성립되었다. 자위대의 PKF(평화유지군) 참가에 관하여, '분쟁당사자 간의 정전 합의 성립이나 관계국의 파견 동의, 중립 유지 등이 충족되지 않는 경우 자위대의 자주 철수' 등, 제어 5원칙을 담은 것이었다. 이에 따라 1992년의 제2차 앙골라감시단(UNAVEM II)에 선거감시단 3명을 파견한 것이 최초의 활동이었다.

**입력은
잘되는데
출력이
시원찮아
/파일이
지워졌다**

1992년도부터 급격히 생기기 시작한 컴퓨터 유행어의
일종이다. 즉 일상적인 상황을 컴퓨터 작업 등에 비유
하여 표현한 것이다.

그 예로 '입력은 잘되는데 출력이 시원찮아', '파일이
지워졌다'를 들 수 있는데, 각각 '밥은 잘 먹는데 변비
가 있다', '과음으로 필름이 끊어졌다'는 의미를 나타낸
다.[3]

**Yes I can—
그래 난
깡통이다/
Love is long—
사랑하지롱**

영어를 우리말로 옮긴 표현인데, 원래의 뜻에 맞춘 것
이 아닌 언어유희식 영어이다. 대통령의 영어 실력이
없음을 비꼬는 표현으로, 전두환 시리즈로 나타나고
있다.[4][5]

**우리가
남이가?**

민자당 김영삼 후보와 평민당 김대중 후보가 맞붙은
1992년의 14대 대선(12월 18일)에서 대선을 불과 일주일
앞둔 12월 11일에 부산의 초원복집에서 당시 법무장
관을 비롯한 부산 각 기관장들의 비밀 회동이 열렸다.
그리고 이후 그 내용을 담은 도청 테이프가 공개되는

3 김웅래·오진근(1996)『한국을 웃긴 250가지 이야기 — 유행어 반
세기·1945~1995』삶과함께, p.153.
4 위의 책, p.153.
5 'Yes, I can'은 서정범(1993, 『익살별곡』한나라, p.39)에서는 김영
삼 시리즈로 나타나고 있다.

이른바 '초원복집 사건'이 터졌다.

이 비밀 회동에서 "우리가 남이가, 이번에 안 되면 영도다리에 빠져 죽자.", "민간에서 지역감정을 부추겨야 돼."와 같은 발언이 나왔는데, 김영삼 후보 측은 이 사건을 음모라고 규정했으며, 주류 언론은 '관권선거'의 부도덕성보다 주거침입에 의한 도청의 비열함을 더 부각시켜, 김영삼 후보에 대한 영남 지지층이 집결하는 결과를 낳았고, 그 여세를 몰아 김영삼 후보가 대통령에 당선되었다.[6]

이후 일반 사회에서는 내부의 단결, 결속을 다짐하는 경우에 이 말이 사용되고 있지만, 정치권에서는 부산·경남과 대구·경북이 갈등을 빚다가도 대선 때만 되면 다른 지역 특히 호남과 차별화하기 위하여 내세우는 지역감정 조장 용어로 남아있다.

방콕 갔다 왔다

'휴가 때 뭐 했나?(어디 갔다 왔나?)' 등에 대한 대답의 말인데, 실제로 태국의 수도 방콕에 갔다 온 것이 아니라 '방에 콕 처박혀 있었다'는 의미이다. 아무 데도 가지 못한 데 대한 자괴감을 얼버무리는 표현이기도 하다.

6 "초원복집 사건." 위키백과, . 14 2 2013, 10:47 UTC. 10 3 2013, 12:49 〈http://ko.wikipedia.org/w/index.php?title=%EC%B4%88%EC%9B%90%EB%B3%B5%EC%A7%91_%EC%82%AC%EА%B1%B4&oldid=10195300〉.

**신의 아들,
제왕의 아들,
장군의 아들,
사람의 아들,
어둠의 자식**

한국 사회에서 가장 민감한 문제이자 건군 초부터 문제가 된 병역 의무 이행과 관련된 유행어로, 병역 면제자는 신의 아들, 장교로 6개월 복무자는 제왕의 아들, 6개월 방위 복무자는 장군의 아들, 18개월 방위 복무자는 사람의 아들, 그리고 현역 복무자는 어둠의 자식이라 불렸다.7

**네가 나를
모르는데
난들 너를
알겠느냐**

무명 가수 김국환을 유명 가수로 만든 노래가 1992년에 나온 1집 〈타타타〉인데, 이 노래는 MBC TV 인기드라마 〈사랑이 뭐길래〉에 삽입되면서 크게 히트하였다. '네가 나를 모르는데 난들 너를 알겠느냐'로 시작되는 가사는 당시의 불신 풍조를 나타내는 유행어가 되었다.

**나 휴거
되고 싶어/
휴거됐다/
밥 많이
먹으면
무거워서
휴거되기
힘들다**

1992년에 세상을 떠들썩하게 한 사건 중 하나가 사이비 종교 단체인 다미선교회(이장림 목사)의 휴서 사건인데 이와 관련된 유행어이다. 10월 28일에 세상이 종말을 맞고 구세주가 나타나 자신들을 구원하여 하늘로 데리고 갈 것이라는 허황된 주장을 펼쳐 수많은 사회 문제를 야기시켰고, 매스컴까지 동원되어 당일 24시까지 현장을 지켰지만 아무 일도 일어나지 않고 끝났다.

7 김웅래 · 오진근(1996) 앞의 책, p.155.

신토불이

〈동의보감〉의 '약식동원론(藥食同源論)'에서 나온 말이다. 몸과 땅은 둘이 아니고 하나라는 뜻으로, 자기가 사는 땅에서 산출한 농산물이라야 체질에 잘 맞음을 이르는 말이다.

가수 배일호를 유명하게 만든 노래가 바로 〈신토불이〉이다. 우루과이 라운드(UR) 협정 이후 수입 농산물이 홍수를 이루는 상황을 비판하며 우리 농산물 애용을 주제로 한 트로트 가요로, '농업만은 개방 불가'라는 분위기 속에서 큰 인기를 얻었다. 가요 프로그램에서 1위를 차지하기도 하고, 농협 등 농수산 관계 기관에서 캠페인 용어로 사용하기도 하였다.

우리 것은 소중한 것이여(야)

위의 '신토불이'와 같은 맥락의 유행어이다. 조선무약 솔표 우황청심원의 TV CF 카피에서 박동진 명창이 한 말로, 전통과 토종에 대한 관심을 불러일으킨 유행어이다. 끝부분의 '여'를 '야'로 바꾸어 각각 '여당', '야당'을 지지하는 표현으로 사용하기도 하였다.

오렌지족 시리즈
: 오렌지족, 감귤족, 낑깡족, 야타족

'오렌지족'과 같이 신문화를 주도하는 새로운 '一족(族)' 시리즈가 탄생했다. 오렌지족은 1990년대 초 강남에 거주하는 부자 부모를 두고 화려한 소비 생활을 누린 20대 청년들을 가리키는 말이다. 부유한 부모가 주는 넉넉한 용돈으로 해외 명품을 구매하고, 고가의 자가

용을 타고 다니며 유흥을 즐기던 젊은이들의 과소비 행태를 비꼬는 표현으로, 한때 과소비의 대명사로 쓰이기도 하였다. 이들이 고가의 외제차를 타고 다니며 거리에서 여성들을 유혹할 때 오렌지를 들고 있었다 하여 붙여진 말이라고도 한다. 차 종류에 따라 오렌지족, 감귤족, 낑깡족으로 구분된다.[8]

'야타족'은 부모의 자동차나 혹은 부모가 사준 차를 몰고 길거리 헌팅에 나선 오렌지족 계열의 젊은이들을 일컫는 말로, 1990년대 고급 승용차를 몰고 압구정동이나 홍대입구 거리를 지나던 오렌지족이 길거리에서 마음에 드는 여성을 발견하면 차를 세우고 "야! (차에) 타!"라고 유혹하는 상황에서 만들어졌다. 안하무인에 자기중심적인 오렌지족의 데이트 신청 방식을 비꼬는 의미가 들어 있기도 하다.[9]

웬―
웬 빵?, 웬 돈?

MBC TV 〈특종 TV연예〉의 진행자 인백천과 KBS 2TV 〈한바탕 웃음으로〉에 출연한 코미디언 김국진이 즐겨 사용함으로써 유행어가 되었다. '웬―'은 '전혀 모르는 일인데 왜 그러냐?'의 뜻으로 뒤에 따라붙는 말을 강조할 경우에 사용되었다. 즉 "빵집에 좀 다녀와야겠다."

8 김기란·최기호(2009) 『대중문화사전 ―300개의 키워드로 읽는 한국 대중문화 20년』 현실문화연구, p.192.
9 위의 책, p.194.

라는 말에 "웬 빵?" 하는 식으로 쓰였다.[10]

왕-
왕 비싸다,
왕 크다,
왕 멋있다

KBS 2TV 〈오늘 같은 밤〉에서 노사연이 즐겨 사용함으로써 유행어가 되었다. '왕-'은 '상당히', 또는 '크다'의 뜻으로, 역시 뒤에 따라붙는 말을 강조할 경우에 쓰였다. 즉 "만 원 줬어요."라는 말에 "왕 비싸다." 하는 식으로 사용되었다.[11]

---

10 김웅래·오진근(1996) 앞의 책, p.157.
11 위의 책, p.157.

4. 1993년

일본

J リーグ
J리그

1993년 유행어 연간대상작이다. 눈 깜짝할 사이에 전 일본국민을 축구 팬으로 만든 J리그 선풍이 일었는데, 그 J리그를 육성한 사람이 가와부치 사부로[川淵三郞] 일본 프로축구 리그 회장이다. 대담한 지방 분산의 프랜차이즈제 도입, 감바[ガンバ] 등 귀에 익숙하지 않은 팀 명칭, 경기장에 울려 퍼지는 '오−레! 오레! 오레!'의 대합창 등, 일본에 새로운 문화를 뿌리내리게 한 장대한 실험이 시작되었다.

サポーター
서포터

1993년 가을, 일본 축구는 '도하의 비극'으로 꿈이 깨지면서, 월드컵 출전을 이루지 못했다. 그러나 도하까지 가서 선수들과 같이 '열두 번째의 플레이어'로 분발한 것이 '서포터' 들이었다. J리그가 도입한 '서포터'는 지금까지 스포츠를 '관람'하기만 하던 관객을, 팀을 '지원' 하는 관객으로 변화시킨 획기적인 것이었다.

新・○○
신・○○

1995년은 신당 붐이 일어, '新'生党(신생당), '新'党さきが

け(신당사키가케), 日本‘新’党(일본신당) 등이 속속 탄생하였다. 막다른 시대를 실감하지 않을 수 없는 가운데, 새로운 것, 생명력이 있는 것에 대한 갈망으로 모든 분야에서 ‘新’을 앞에 붙이는 것이 붐이 되었다.

FA(フリーエージェント)
프리 에이전트

프로야구의 신제도인 ‘프리 에이전트’는 한 구단에 일정 기간 이상 재적하면 타 구단으로 이적하는 자유가 인정되는 것이다. 이 권리를 행사하여 교진[巨人]으로 이적한 것이 오치아이 히로미쓰[落合博滿] 선수로, 일설에 의하면 7억 엔이나 되는 돈을 받았다고 한다. 서민에게는 꿈같은 이야기지만, 자신의 처지와 비교하며 한숨을 지으면서도 한편으로는 FA 화제에 흥겨워하는 샐러리맨이 많았다.

規制緩和
규제 완화

세계 여러 나라로부터 지속적인 비판을 받고 있는 것이 일본 관청의 ‘행정지도’이다. 정계 · 관계 · 업계가 일체가 된 호송선단방식에 의한 업계 보호는 규제에 안주하여 경제 발전을 저해한다는 지적이 많다. 운수성의 행정지도에 홀로 맞서 12년간의 고투 끝에 ‘택시요금 인하’를 이루어낸 교토[京都] MK택시(아오키 사다오[青木定雄] 회장)는 ‘규제 완화’의 실체를 세상에 널리 알리는 공적을 세웠다.

清貧
청빈

정치가, 관료, 재계인뿐만 아니라 시정의 서민까지 배금(拜金), 물욕의 노예로 변화된 풍조에 대하여, 감연히 반격한 것이 나카노 고지[中野孝次]의 저서 『청빈의 사상[清貧の思想]』이다. 매출 부진의 출판계에서 뜻하지 않은 베스트셀러가 되었다. 부자 일본에 대한 안티테제로서뿐만 아니라 청빈이라는 기분 좋은 말이 갖는 영향력도 컸다.

天の声
하늘의 계시

정·관·업(계)의 부패 구조는 더욱더 심각해지고 있었다. 1993년에는 '담합'에 의한 제네콘(종합건설업) 부정이 문제가 되었다. 자치단체의 공공사업을, 업자 간의 담합으로 입찰 기업을 결정한 것인데, 이때 지방자치단체장의 뜻을 '하늘의 계시'[1]라고 불렀다고 한다. 이때부터 본래의 용법과 달리 은어로서 '하늘의 계시'가 여기저기서 쓰이게 되니 훌륭한 신어로 해석할 수밖에 없다.

親分
두목

현대사회에서는 사라져버린 '두목'이라는 말을 멋지게 부활시킨 것이 일본햄 파이터즈의 감독인 오사와 게이지[大沢啓二]이다. 타고난 대범함과 밝고 호방한 성격, 개방적이고 활기찬 어조는 선수들을 완전히 장악하여

---

1 절대적 권력자에 의한 지시. 특히 관제담합에 있어서 단체장 등 간부 직원이 내리는 특정 수주업자에 대한 지명.

호쾌한 팀 분위기와 경기 모습으로 관객을 매료시켰다. 이 때문에 언제, 누구부터라고도 할 것 없이 그는 '두목'이라고 불리게 되었고, 현대인이 추구하는 '이상형'으로서 주목을 끌었다.

「聞いて ないよォ」
못 들었는데~

다초클럽[ダチョウ俱楽部]이 TV 프로그램에서 대본에 없는 것을 할 수 없이 해야 될 때 말하는 "못 들었는데~"라는 비명이 대히트를 쳤다. '이류 예능인의 비애'를 개그화한 것이 시청자에게 통한 것으로, 부조리한 사회에 살고 있는 서민들 또한 이 개그를 사용할 기회가 많았다. 무엇보다도 다초클럽은 이 개그 한 방으로 인기 반열에 오르게 되었다.

お立ち台
단

디스코 붐이 요원의 불길처럼 전국적으로 확산되었다. 스타일, 패션, 댄스에 자신 있는 젊은 여자들은 플로어에서 한층 더 높은 '단'에 올라가 자신을 어필하곤 했다. 그녀들을 '단상의 여인[お立ち台ギャル]'이라 불렀고, 디스코의 꽃으로 사람들의 환호를 받기도 하였다. 본가인 '도쿄 주리아나'에서 이러한 '단'이 금지되어도, 지방에서는 여전히 대인기였다.

2,500円 スーツ
2,500엔 양복

버블 붕괴 후의 상품시장에서는 '가격 파괴'가 최대의 세일즈 포인트가 되었다. 그 상징적인 사건이 '양복이

라면 아오야마[洋服の靑山]'에서 한 '2,500엔 양복' 판매로, 백화점 업계를 새파랗게 질리게 했다. '지금까지의 높은 양복 가격은 대체 무엇이었던 거야'라는 것이 이에 대한 서민들의 반응이었다.

ウゴウゴ・ルーガ
우고우고
・루우가2

후지TV 계열에서 방영된 유아용 교육 프로그램의 타이틀이다. CG를 많이 사용한 영상은 디지털 세대를 위한 것이었는데, 아저씨 개그,3 복고풍의 화제, 우고우고・루우가와 CG캐릭터의 경쟁 등, 어린이부터 중고생, 대학생, OL 그리고 중년에 이르기까지 팬층이 확대되었다.

たま・ひよ(族)
다마・히요
[달걀・병아리](족)

후쿠타케서점[福武書店]이 발행하는 육아지『달걀 클럽[たまごクラブ]』,『병아리 클럽[ひよこクラブ]』은 기발한 타이틀과 내용으로 젊은 엄마들 사이에서 크게 호평을 받아 '다마・히요'라는 조어까지 탄생하였디. 중년 남성들로서는 이해할 수 없는 젊은 엄마[영 마마]들의 문화의 탄생을 이 '달걀족・병아리족'의 출현으로 각인시켜 주었다.

---

2 우고우고, 루우가는 어린이 역으로 나오는 두 어린이의 극 중 이름이다.
3 주로 중장년층의 남성이 빈번히 사용하는 시시한 익살이나 곁말의 요소를 많이 포함한 싸구려 개그.

「悪妻は夫をのばす」
'악처는 남편을 발전시킨다'

불세출의 천재 타자 오치아이 히로미쓰[落合博満]의 부인 오치아이 노부코[落合信子]가 쓴 에세이집의 타이틀이다. 극성 아내인 노부코와 어리광쟁이로 무엇이든 노부코가 말하는 대로 하는 오치아이 선수, 이 커플의 절묘한 조화는 놀랍기도 하고 납득이 되기도 한다. 오치아이 선수의 실적 앞에서는 누구도 딱히 할 말이 없으니, '악처는 남편을 발전시킨다'는 이 말이 묘하게 설득력을 갖게 되었다.

ドーハの悲劇
도하의 비극

1993년 10월 28일, 이기면 다음 해의 월드컵 출전이 확정되는 카타르 도하에서의 대이라크전에서 일본은 비김으로써 그 출전권을 한국에 넘겨주고 눈물을 흘려야만 했다. 경기를 2:1로 리드한 상황에서 로스타임에 들어가, 선수도, 감독도, 코치도, 팬도, 모두 일본의 승리를 확신하였고, 월드컵 출전의 기회를 손에 넣었다고 생각했다. 하지만 최후의 10초를 남기고 동점골을 허용함으로써 염원은 일순간에 사라졌다. 축구라는 경기의 무서움을 가르쳐준 '마의 10초'로 기억된다.

コギャル
고갸루,
멋쟁이 여학생

거리나 클럽에서 노는 10대의 여자아이들을 말하며, 주로 금발에 화장이 짙고, 극도로 짧은 교복 스커트를 입은 여고생을 가리킨다. '고갸루'는 본래 '고[高校生]갸루'⁴의 준말이었는데, 점차 '고[子]갸루'로 인식되어 사용되었다.

ブルセラ
(ショップ)
여학생 속옷
· 교복 전문점

여고생의 팬티, 블루머, 교복을 몰래 판매하는 루트는 이전부터 있었는데, 이것들을 공공연히 파는 일반 가게가 생겨 '부루세라5 샵'이라고 불렸다. 속옷은 얼굴 사진 부착 상태로 비닐 봉투에 넣어 진열, 판매하였으며, 여고생들에게서 1,300엔 정도에 사서, 3,000엔 정도에 팔았다.

한국

놀랬지?

김영삼 대통령이 문민정부 출범 2개월째인 4월, 취임 후 첫 작품인 군 인사 개편에서 육군참모총장과 기무사령관 인사를 단행한 뒤 "놀랬제?" 하고 딘진 말에서 온 표현이나. 대통령의 인사 스타일을 단적으로 대변하기에 충분했으며, 금세 전국적으로 유행하였다.6

4 '갸루'는 영어 'girl'의 미국식 속어인 'gal'에서 온 외래어로, 특히 패션이나 생활양식이 엉뚱하면서도 같은 세대에게는 어느 정도 그것이 문화로 공유되고 있는 젊은 여성들을 가리킬 때 사용된다. 일본어의 로마자 표기인 'gyaru'가 영어에 차용되고 있다.
5 일본어식 외래어인 '부루ー매ブルーマ, bloomers]'와 '세ー라ー[セーラー, sailor]'의 합성어이다.
6 김웅래·오진근(1996)『한국을 웃긴 250가지 이야기 －유행어 반세기·1945~1995』삶과함께, p.161.

토사구팽
兎死狗烹

3월 김영삼 대통령이 주도한 정치권 물갈이 과정에서 13대 국회의장을 역임한 김재순 의원이 공직자 재산 공개 파문으로 정계를 은퇴했다. 그 당시 자신의 처지에 빗대어 인용한 고사로, '토끼 사냥이 끝나면 사냥개를 삶아 먹는다'는 뜻이다. 김 대통령 만들기의 일등공신인 자신을 퇴출시킨 데 대한 원망을 담은 이 사자성어는, 비정한 정치 세계 혹은 염량세태를 풍자하는 말로 지금까지 회자되고 있다.[7]

집사람이 한 일이라 나는 모른다

5공 시절의 군부 실세였던 정동호 의원이 공직자 재산 공개 이후 부동산 투기로 물의를 빚어 민자당을 탈당하기 직전에 한 말이다. 이 말은 그 후 직장인들 사이에서 곤란에 처할 때마다 발뺌용 내지 오리발용으로 쓰이면서 폭발적인 인기를 누렸다.[8]

누가 누구에게 돌을 던지느냐?

위의 정동호 의원이 공직자 재산 공개 이후 부동산 투기로 물의를 빚게 되자 한 말이다. '나만큼 또는 나 이상으로 재산을 축적한 사람들이 자신의 행위는 돌아보지 않고 남을 비난하고 단죄할 수 있느냐'는 뜻으로 한 말이다.

7 조선, 2011.9.24−25, B1면 〈[Why][김윤덕의 사람人] 월간 '샘터' 창간해 500호 맞은 김재순 前 국회의장〉 김윤덕 기획취재부 차장.
8 김웅래・오진근(1996) 앞의 책, pp.161−162.

우째 이런 일이⋯⋯

김영삼 대통령이 잇단 대형 사건·사고9에 대하여 안타까운 심정에서 한 표현으로, 문민정부[YS정권] 5년 내내 따라다닌 유행어이다.

동방불패

1993년 여름, 군 전력 증강 사업인 '율곡사업' 비리가 잇달아 터지자, 이를 비꼬는 말들이 대학가를 중심으로 유행하기 시작했다. 그 내용은 율곡사업을 폐지하고 그 돈으로 방위병을 키우라는 것이었다. 즉, 전쟁 억지력은 값비싼 무기들보다 방위병이 더 효과적이라는 것인데, 여기에는 몇 가지 이유가 있다. 그중의 하나로, 북한이 한국의 방위병을 가장 겁내는 이유는 중국의 고사성어에 이미 우리 방위병에 관한 것이 나와 있기 때문이라는 것이다. '동방불패(洞防不敗─동사무소 방위는 절대로 패하지 않는다)'가 바로 그것이다.10 이 '동방불패'는 후에 '동사무소 방위는 불쌍하여 패지도 않는다'는 다른 의미로 발전되어 사용되기도 하였다.

8틀었슈? /파토냈슈? /퐅들었슈?

파트라슈는 명작 동화 〈플란다스의 개〉에 나오는 주인공의 개 이름인데, 비슷한 발음의 여러 가지 표현으

---

9 전북 부안군 위도면 임수도 앞바다에서의 서해 페리호 침몰(1993. 10.10), 성수대교 붕괴(1994.10.21), 대구 지하철 공사 중 가스관 폭발(1995.4.28), 삼풍백화점 붕괴(1995.6.29), 시프린스호 기름 유출(1995.7.23) 등.

10 김웅래·오진근(1996) 앞의 책, p.163.

로 사용된 파트라슈 시리즈의 유행어이다.

예를 들면 다음과 같다. 한스와 그의 여자 친구 아로아 가 TV를 보았다. 6번을 보자고 하는 한스와 11번을 보 려고 하는 아로아가 채널 때문에 한창 다투고 있을 때 에 파트라슈가 나타나 "8틀었슈." 하고는 허망하게 끝 내버린다. 이것이 이 시리즈의 대표적 형식이다. 고스 톱 판에 등장해서는 판을 엎으며 "파토냈슈." 하고 익 살을 부리기도 하고, 빵집에 가서 속에 "팥들었슈?" 하 고 묻기도 한다. 이런 식으로 상황에 따라 얼마든지 만들 수 있는 것이 이 시리즈의 특징이다.[11] [12]

턱 하니 억

금융실명제와 고위 공직자 재산 공개로 인하여 생긴 말이다. 막상 재산을 '턱' 공개해 보니, 대다수가 수십, 수백억 원대의 재산가들이었음을 풍자한 말이다.[13]

유전유죄 무전무죄

고위 공직자 재산 공개로 인하여 생긴 말이다. 즉, 일 반적으로 '유전무죄 무전유죄'[14]라는 말이 많이 사용되 었으나, 재산 공개로 인하여 거액의 재산축적자 등이 공직에서 물러나게 되자 나온 표현이다.

---

11 위의 책, p.164.
12 서정범(1994, 『너덜별곡』한나라, pp.48 – 49)에도 각종 〈파트라슈 시리즈〉가 나온다.
13 김웅래 · 오진근(1996) 앞의 책, pp.164 – 165.
14 1988년 유행어 참조.

행복은 재산순이 아니잖아요

김영삼 대통령이 시행한 공직자 재산 공개로, 재산 많은 국회의원, 공직자 등이 줄줄이 낙마하자 나온 말이다. 1989년에 〈행복은 성적순이 아니잖아요〉라는 영화가 개봉된 이후 한동안 '행복은 ○○순이 아니잖아요'라는 표현이 유행을 탔는데, '행복은 재산순이 아니잖아요' 역시 이 계통에 속하는 유행어이다.

아니, 그렇게 심한 말을?

아니, 그렇게 깊은 뜻이?

MBC TV 〈웃으면 복이 와요〉의 〈이제는 달라져야 합니다〉 코너에서 신인 개그맨인 이윤석과 서경석 콤비가 히트시킨 유행어이다. 명문대 출신 개그맨으로 지적인 유머를 구사하여 인기를 끈 두 사람이 독특한 고학력 궤변 개그를 선보인 후 말미에 추임새처럼 집어넣어 사용함으로써 유행시킨 말이다.[15]

엄마, 나 오리 맞아?

그럼.

그런데 난 왜 이렇게 닭살이 돋지?

'엄마, 나 ~맞아?' 시리즈의 유행어로, 자기부정 유형의 유머이다. 이 시리즈이 특징은 오리나 원숭이[16], 개미[17]를 비롯해 어떤 동물이든 주인공으로 출현할 수 있다는 점인데, 이런 엉뚱하고 싱거운 자기부정 유머가 생겨나게 된 것은, 최불암 시리즈와 마찬가지로 기성세대의 권위주의에 대한 신세대들의 냉소적 표현이

15 동아, 1993.12.30, 21면 〈TV 유행어 「롱다리」 가장 히트〉 공종식.
16 엄마, 나 원숭이가 틀림없어?/그럼 원숭이고말고. 헌데 왜?/그런데 왜 난 나무에 올라가다가 자주 떨어지는 거지?
17 엄마, 나 개미 맞아?/응./그런데 난 왜 이렇게 일하기가 싫지?

라는 주장도 있고, 입시지옥과 소비적인 대중문화가 판치는 환경에서 자라 자신의 정체성을 미처 확립하지 못한 신세대들이 어른이 되는 길목에서 느끼는 좌절감의 표시라는 시각도 있었다.[18]

마누라와 자식만 빼고 다 바꿔보자

이건희 삼성전자 회장이 1993년 2월 미국 LA의 한 전자 제품 매장을 방문하였을 때, 삼성전자 TV가 먼지를 뒤집어 쓴 채 매장 한구석에 처박혀 있는 것을 보고 크게 충격을 받았다. 그리고 같은 해 6월 7일 독일 프랑크푸르트의 사장단 회의에서 '신경영 드라이브(=프랑크푸르트선언)'를 발표하면서 이 말을 하였다. 기업의 외형보다는 내용을 강조한 질 중시 경영을 의미한다.

롱다리, 숏다리

1993년 최고의 유행어로 꼽히는 '롱다리'는 신세대 개그맨인 이휘재가 MBC TV에서 자신의 이름 앞에 아호처럼 사용한 말이다. 이경규가 〈코미디 동서남북〉에 출연한 이휘재에게 붙여줘 폭발적 인기를 얻은, '긴 다리'라는 뜻의 이 한영합성어는 신체 일부에 대한 묘한 '연상 작용'을 무기로 그 후에도 '숏다리', '숏팔', '빅다리' 등의 수많은 유행어를 양산했다.[19]

---

18 김용래·오진근(1996) 앞의 책, pp.165-166.
19 동아, 1993.12.30, 21면 〈TV 유행어 「롱다리」 가장 히트〉 공종식.

**뭘 보나?
갱재(경제)를
살리자는데**

가수 홍서범은 MBC TV 〈특종 TV 연예〉에 고정 출연하면서 툭툭 던진 이 말이 유행어가 되자 팔다리를 아래위로 흔드는 '막춤'을 선보이며 가수보다도 개그맨으로 성가를 높였다. 다른 유행어들이 대체로 무의미한 말장난이었던 데 비하여 이 말은 문민정부 지도자의 '신경제' 강조를 연상시키면서 사회적 의미를 담았다는 특징이 있다.[20]

아 글씨

MBC TV 드라마 〈아들과 딸〉에서 만복 역의 백일섭이 얼큰하게 취한 상태로 "홍도야, 울지 마라. 아 글씨~" 하면서 동작을 갑작스레 바꾸는 제스처가 시청자들의 큰 호응을 얻으며 성공을 거두었다. 이 연기로 그가 불렀던 〈홍도야 울지 마라〉는 시중 노래방의 인기 곡으로 부상하게 되었다.[21]

---

20 동아, 1993.12.30, 21면 〈TV 유행어 「롱다리」 가장 히트〉 공종식.
21 경향신문, 1993.3.8, 16면 〈백일섭 오지명 박인환 코믹연기 "감칠맛"〉 박성수 기자.

5. 1994년

「すったもんだが ありました」
옥신각신이
있었습니다

1994년 유행어 대상은 세 표현이 선정되었는데 그중 하나가 이 말이다. 다카라 〈캔 추하이〉[1]의 TV CM에서 미야자와 리에[宮沢りえ]가 한 말이다. 본격적인 경기 후퇴가 계속되는 현실에서 각종 '옥신각신'이 있었던 한 해였는데, 시청자는 이 말에서 미야자와의 사생활을 연상하였다. 당시 오제키[大関] 다카노하나[貴ノ花]와의 약혼과 스피디한 파혼, 자칫하면 어둡고 심각해질 개인사를 역으로 이용하여 아무렇지도 않게 깨끗이 정리하였다.

イチロー(効果)
이치로 (효과)

1994년의 유행어 대상작이다. 1994년 프로야구에 신성이 화려하게 등장하였는데, 그가 바로 이치로, 즉 스즈키 이치로[鈴木一朗]이다. 오른발을 크게 흔드는 '시계추 타법'을 내세워 전인미답의 연간 200안타를 달성하였다. 이 해에 스포츠 미디어는 이치로의 안타 수를

---

1 다카라주조[宝酒造]의 캔[カン, 缶] 추하이. 추하이[チューハイ, 酎ハイ]는 증류수에 탄산수를 탄 알코올 음료로, 본래는 '소주 하이볼[燒酎ハイボール]'의 약칭이다.

쉴 새 없이 보도했다고 해도 과언이 아니다. 이러한 이치로의 활약에 의해 발생한 파급효과를 '이치로 효과'라고 하였다.

「同情するなら カネをくれ」
동정한다면 돈을 줘

역시 1994년의 대상작으로 일본 TV 드라마 〈집 없는 아이[家なき子]〉에서 주인공 소녀(아다치 유미[安達祐実])가 한 말이다. 명분으로 살아가는 세상에 대하여 소녀가 내뱉은 이 한마디는 강렬한 임팩트를 주었고, 화제가 분분한 유행어가 되었다.

価格破壊
가격파괴

엔고[円高]가 계속되는데 웬일인지 물가는 내려가지 않는다는 서민의 불만에 부응하여 다이에 그룹[ダイエーグループ]이 '가격 파괴'에 적극적으로 나섰다. 회장인 나카우치 이사오[中内功]는 파괴가 아니라 '정상화'라고 했지만, 물가 하락의 최대 공로자라는 평가가 있다. 복잡한 상품유통 시스템에 메스가 가해지고, 오픈가격제도가 도입되는 등 '가격 파괴'는 일상어가 되었다.

ヤンママ
영[young] 마마,
날라리 엄마,
미시족

적갈색으로 물들인 머리에 화려한 패션의 젊은 어머니들이 급증하였다. 젊고 미국식이라는 점에서 '영 마마'[2]라고 불렸으며, 종래의 '어머니상'과는 동떨어진 이

---

2 본래는 'ヤンキー[Yankee]ママ'의 준말인데, 최근에는 'Youngママ'라는 의미로 사용되는 경향이 있다.

젊은 엄마 집단에 주목하여 '영 마마 클럽'이라는 이름을 붙였다.

新・新党
신・신당

전년부터 일어난 '신당' 붐의 최후의 결과로서 '신・신토[新・新党]' 발족의 깃발이 올려졌다. 준비위원장으로는 '파괴자'로 정평이 난 신생당[新生党]의 오자와 이치로[小沢一郎]가 선출되었다. 결국 정식 당명은 '신신토[신진당, 新進党]'로 정해졌는데, '신신토[新新党]'와 발음이 같으니까 전망이 좋을 것이라는 안이한 발상에, 앞날을 걱정하는 목소리도 많았다.

大往生
대왕생

'죽음'이라는 다루기 어려운 테마를, 밝고 편안하게 표현하여 대베스트셀러가 된 것이 에이 로쿠스케[永六輔]의 『대왕생[大往生]』이다. 무명의 사람이 말하는 죽음과 늙음의 문제를 에이 특유의 독특한 유머와 부드러움으로 감싼 동시에 유례가 드문 '사생관'이 표출되어 있다.

人にやさしい
政治
사람에게
다정한 정치

무라야마 도미이치[村山富市] 수상이 취임 시에 한 말이다. 급박한 내각 구성이어서 내용을 충실히 채워 넣을 수 없었다는 점은 이해한다 하더라도, '사람에게 다정한 정치'가 정치 테마라니 너무나도 허술하다고 서민들은 실망하였다. 게다가 햄심 부분인 '사람에게 다정한' 부분도 무슨 뜻인지 명확하지 않았다.

**契約
スチュワーデス**
계약 스튜어디스

경영 악화가 진행되는 항공 각 사는 정규 스튜어디스 대신에 '계약 스튜어디스'를 채용하기로 결정하였다. 이에 대하여 가메이[亀井] 운수장관이 '소녀의 심리의 허점을 이용하여'라고 계약 제도에 이의를 제기하여, 때아닌 '소녀' 논쟁으로 발전하였다. 여학생 수난이라고 일컬어지는 1994년의 취직 전선을 상징하는 사건이었다.

関空(かんくう)
간쿠

일본 최초의 24시간 이용 가능한 해상 국제공항 〈간사이[関西]국제공항〉이 오픈했다. 약칭 '간쿠[関空]'는 정말이지 간사이다운 명명이라고 호평을 받았고, 순식간에 통칭이 정착되었다.

ゴーマニズム
오만주의

'독단과 편견으로 가득 찬 오만주의'가 자랑거리인 만화 『오만주의 선언[ゴーマニズム³宣言]』은, 과격하게 현대 세상을 비판하여 젊은이들에게 인기를 얻었다. 속내를 있는 그대로 드러내어 '오만해지는 모습'이, 관리사회에 눌려 있던 젊은이들에게는 시원스럽게 비쳐 히트하였다. 만화 작가인 고바야시 요시노리[小林よしのり]의 조어인 '오만주의'는, 일부 젊은이들 사이에서 '신[新]사상'과 같은 대우를 받았다.

---

3 만화 작가의 조어. 'ゴーマン(go-man, 傲慢)+イズム(ism)'에서 온 것이라고 생각한다.

就職氷河期
취직 빙하기

잡지 『취직 저널[就職ジャーナル]』에서 생겨난 조어이다. 취직 환경의 악화는 산업구조의 문제로, 일과성의 것이 아니라 장기적, 본격적인 것이라는 시점에서 '취직 빙하기'라고 명명되었다. 1994년의 대졸 취직난은 사회문제로도 대두되어, '취직 빙하기'를 여지없이 실감하지 않을 수 없었다.

X世代
X세대

'X세대'란 본디 캐나다 작가 더글러스 쿠플랜드(Douglas Coupland)가 그의 저서『X세대: 가속된 문화를 위한 이야기[Generation X: Tales for an Accelerated Culture]』(1991)에서 '1968년을 전후해서 태어난 신세대'를 가리켜 처음 사용한 용어이다. 그의 말에 따르면 X세대란 부모가 이룩해 놓은 복지 등을 포기한 세대로, 1980년대에 몰아닥친 불경기가 그들의 미래를 박탈하였고, 그런 미래에 대한 공포와 불안으로 가득 찬 '잊혀진 세대'라는 뜻이다. 일본에서는 이 'X세대'를 '신인류', '신세대'로 번역해서 쓰기도 했다.

Jポップ
J－POP

J-POP은 FM라디오국의 J－WAVE에 의해 1988년에 만들어진 용어로, 일본의 대중음악을 가리키는 말이다. J는 Japan을, POP은 popular music을 나타낸다. 1993년경부터 일반 잡지에도 이 용어가 나타나게 됨으로써 대중에게 서서히 알려지게 되었다.

한국

**내가 그랜저를
타는 것은
능력이 있어서
그런 거고,
네가 그랜저를
타는 것은
주제넘은
짓이다**

〈나 너 시리즈〉의 하나이다. 연초부터 10대와 20대 초
반의 젊은이들 사이에서 유행하기 시작한 말장난으로,
'나'는 미화하거나 높이고, 상대방은 한마디로 깔아뭉
개는 것이 이 시리즈의 특징이다. 또한 이 시리즈는
상황에 따라서 얼마든지 말을 변형4시킬 수 있기 때문
에 젊은이들에게 특히 인기가 있었다.5

성희롱

서울대 우 조교 성희롱 사건은 서울대학교 우 모 조교
가 교수였던 신정휴 교수에게 성희롱을 당했다고 고
발한 사건이다. 이 사건은 대한민국에서 최초로 제기
된 성희롱 관련 소송이었는데, 1994년 4월 18일의 서
울민사지법 1심에서는 피고인 신 교수에게 3천만 원
의 손해배상 지급명령이 내려졌다.6 이후 6년간의 법
정투쟁이 이어졌고, 1999년에 결국 신 교수가 우 조교
에게 500만 원을 지급하라는 최종 판결이 나왔다. 이

---

4 장학금을 탔을 때, '내가 탄 것은 공부를 잘해서이고, 남이 탄 것은
   커닝을 잘해서이다'라고 말하거나, 운전을 할 때 '내가 끼어들기를
   하는 것은 운전 실력이 좋아서이고, 남이 그런 것은 죽으려고 환
   장했기 때문이다' 등과 같이 말하는 것이다.
5 김웅래・오진근(1996) 『한국을 웃긴 250가지 이야기 ─ 유행어 반
   세기・1945~1995』 삶과함께, pp.172─173.
6 이로부터 직장인들 사이에 '손 조심, 말 조심, 눈 조심'의 '3불 행
   동수칙'과 '3천만 원 있어?'라는 말이 유행하기도 하였다(위의 책,
   p.167).

사건을 계기로 성희롱도 명백한 범죄라는 사회적 인식이 생기기 시작했다.[7]

**복지부동,
복지안동,
복지수동,
복지뇌동**

신토불이

1993년부터 등장한 '복지부동'은 1994년 최고의 유행어가 되었다. '땅에 엎드려 움직이지 아니한다'는 뜻으로, 주어진 일이나 업무를 처리하는 데 몸을 사림을 비유적으로 이르는 말인데, 이 말이 유행하게 된 배경에는 전년부터 시작된 공직자 재산 공개에 이은 사정(司正) 태풍과 관련이 깊다. 즉 공연히 열심히 하겠다고 나섰다가 문제가 되어 피해를 입기보다는 태풍이 지나가기를 기다리는 편이 안전하다는 심리가 작용한 것이다. 이 말은 정부의 공식 문서에도 등장하게 되었고, 이후로도 계속 유행하여 오늘날까지도 자주 사용되고 있다.

이 말로부터 '땅에 엎드려 눈치만 본다'는 '복지안동', '땅에 엎드려 손만 놀린다'는 '복지수동', '땅에 엎드려 머리만 굴린다'는 '복지뇌동' 등의 말이 탄생하였고, 후에는 1992년의 유행어인 '신토불이'가 '몸과 땅은 둘이 아니고 하나임으로, 자기가 사는 땅에서 산출한 농산

---

7 "서울대 우 조교 성희롱 사건." 위키백과, . 18 9 2012, 12:55 UTC. 10 3 2013, 12:51 〈http://ko.wikipedia.org/w/index.php?title=%EC%84%9C%EC%9A%B8%EB%8C%80_%EC%9A%B0_%EC%A1%B0%EA%B5%90_%EC%84%B1%ED%9D%AC%EB%A1%B1_%EC%82%AC%EA%B1%B4&oldid=9401339〉.

물이라야 체질에 잘 맞는다'에서 '몸과 땅이 하나가 될
정도로 납작 엎드려 어수선한 세월을 견딘다'는 새로
운 의미의 '신토불이'로 바뀌어 유행하게 되었다.
이러한 유행어는 IMF 직후 다시 자주 등장하게 된다.

**세계화,
국제화**

1994년 초에 '국제화 원년'이라 하여 국제화추진위원
회까지 만듦으로써 '국제화'라는 말이 유행하는 듯했
는데, 11월 김영삼 대통령이 호주에서 구상했다는 이
른바 '시드니 구상'의 핵심이 '세계화'가 되자, 정확한
내용도 모른 채 빈번히 사용되기에 이르렀다. 정치가
안정되려면 '세계화', 경제가 잘되려면 '세계화', 인권
이 신장되려면 '세계화' 등과 같이 모든 길이 '세계화'
로 통하게 되었다. 다시 세계화추진위원회가 만들어
졌고, 5가지 실천 방향으로 '일류화, 합리화, 일체화,
한국화, 인류화'가 제시되었다.

**X세대
미시족**

'X세대'라는 용어는 일본과 마찬가지로 'X세대'[8] 그대
로 사용되는 경우가 많았으나, 때로는 '신세대'라는 용
어가 사용되기도 하였다. 이는 일본어의 영향일 가능성
이 크다.

---

8 강준만·전상민(2007,『광고, 욕망의 연금술』인물과 사상사, p.18
4)에 의하면, 한국에서 사용된 'X세대'는 원래 1993년 12월 (주)태
평양의 신세대 전용 화장품 트윈엑스 광고에서 비롯되었다고 한
다.

이외에 '처녀 같은 유부녀'를 뜻하는 '미시(Missy)족'이라는 말이 크게 유행하였는데, 이는 그레이스 백화점의 '미씨' 캠페인에서 시작되었다. '미시'란 적극적인 사고방식을 가지고 자신의 삶을 주관적으로 연출하는 20~30대의 기·미혼 여성을 지칭하는 신조어였다.[9]

서울, 대전, 대구, 부산 찍고

MBC TV 드라마 〈서울의 달〉의 '서울, 대전, 대구, 부산 찍고 터닝'이라는 유명한 대사에서 나온 말이다. 이후 트로트 가수 김혜연이 이 말에서 모티브를 얻어 '서울 대전 대구 부산 찍고'를 타이틀곡으로 한 2집 앨범을 내 더욱 유행하게 되었다.

인사가 망사(亡事)

1993년 초에 민주당 박지원 대변인이 황인성 국무총리 내정, 전병민 정책수석의 사퇴 등을 겨냥하여 '인사가 만사가 아니라 망사가 돼버렸다'고 김영삼 차기 대통령의 인사를 비난한 이후 자주 쓰이기 시작했다. 1994년 4월 22일 이회창 국무총리의 전격 사퇴, 11월 1일 우명규 서울시장의 임명 직후 사퇴 등 정부의 파행적인 인사가 계속될수록 더욱 유행하게 되었다.

9 위의 책, p.189.

썰렁하다

1994년 한 해, TV를 통해 사람들의 입에 가장 많이 오르내린 유행어의 하나이다. KBS 2TV〈한바탕 웃음으로〉의〈봉숭아 학당〉코너에서 '오 서방' 역의 코미디언 오재미가 대본에 없는 애드리브를 시도했다가 관객들의 반응이 없자 "분위기 썰렁하군!"이라고 한 데서 나온 말로, '재미없다', '웃기지 않다'는 뜻이다. 기가 막혀 웃을 수만도 없는 상황에서 자주 쓰여 냉소적인 웃음을 자아낸다.

**대학에
붙으면
주사파10
떨어지면
지존파11**

서강대 박홍 총장이 한총련의 배후는 김정일이며, 주사파는 빵 속에 든 독으로, 북한 장학금을 받은 교수도 있고, 정부 여당에도 주사파가 있다는 내용의 발언을

---

10 주체사상파(主體思想派) 또는 줄여서 주사파는 남한에서 민족해방 계열의 하나로, 북조선의 지도 이념인 주체사상을 지지하고 그것에 따른 정치운동을 하는 사람을 가리키는 말이다. 이전에는 이들을 특별히 가리키는 말이 없었으나 1994년 7월 18일 서강대학교 박홍 총장이 당시 김영삼 대통령과 대학 총상늘이 점심 식사를 하는 자리에서 대학에 주사파가 깊이 침투해 있다고 발언한 후 '주사파'라는 용어가 널리 퍼지게 되었다("주체사상파." 위키백과, . 9 3 2013, 22:57 UTC. 10 3 2013, 12:33 〈http://ko.wikipedia.org/w/index.php?title=%EC%A3%BC%EC%B2%B4%EC%82%AC%EC%83%81%ED%8C%8C&oldid=10346660〉.).

11 지존파(至尊派)는 1993년 조직된 연쇄살인 조직이었고 원래 이들의 조직 명칭은 마스칸(헬라어로 '야망')이었다. 일명 지존파라는 이름은 이들을 체포한 고병천 경정이 명명한 이름이었고, 일당들 또한 이에 동의해 붙여진 명칭이다. 이들은 1993년 7월부터 1994년 9월까지 김기환(당시 26세) 등 지존파 일당 7명이 5명을 연쇄살인한 사건, 이른바 지존파 사건을 일으켰다("지존파 사건." 위키백과, . 8 3 2013, 22:23 UTC. 30 3 2013, 02:59 〈http://ko.wikipedia.org/w/index.php?title=%EC%A7%80%EC%A1%B4%ED%8C%8C_%EC%82%AC%EA%B1%B4&oldid=10325622〉.).

하였다. 이 발언으로 주사파 논쟁이 격렬해지면서 나온 말이다.[12] 즉 청소년이 대학에 진학하게 되면 주사파에 물들게 되고, 진학하지 못하면 비행 청소년이 되어 끔찍한 사건을 일으키는 조직원이 된다는 뜻이다.

12 김웅래·오진근(1996) 앞의 책, p.176.

6. 1995년

일본

無党派
무당파

1995년 역시 유행어 대상작이 셋이나 나왔는데, 그중의 하나가 이 말이다. 도쿄·오사카 지사 선거에서 무소속의 아오시마 유키오[靑島幸男], 요코야마 놋쿠[橫山ノック]가 조직력, 재력, 권력의 압도적인 기반을 가진 정당 추천 후보를 물리치고 당선되었는데, 미디어는 이를 '무당파' 파워라고 불렀다. 사람 수만 모은 정당 연합을 거부하는 새로운 유권자층의 출현에 기존의 정당은 매우 당황하였다.

NOMO
노모

1995년 유행어 대상을 받은 말이나. 일본 야구를 벗어나 미 메이저리그 LA 다저스에 입단하여 팀을 지구 우승으로 이끌고, 자신은 신인왕 타이틀을 따는 대활약을 한 노모 히데오[野茂英雄]를 미 여론은 따뜻하게 지켜보았다. 또한 노모가 연출한 탈삼진 쇼에 열광하여 "NOMO"라고 대성원을 보냈다. NOMO는 관객 증원, 캐릭터 상품 매출 증가 등 메이저리그 인기 회복에 지대한 공헌을 하였다. 또한 일본에서도 메이저 야구를 일거에 일본의 안방에 들여놓았다.

「がんぱろう KOBE」
힘내자 고베

1995년 대상작의 하나이다. 1995년 1월, 고베·아와지[神戸·淡路] 대지진이 발생하였을 때, 복구에 나선 시민들을 격려한 것이 바로 이 슬로건이다. 프랜차이즈 구단 오릭스는 슬로건을 유니폼에 붙이고 리그 우승을 차지하였으며, 고베 시민들에 대한 격려 효과가 절대적이었다는 높은 평가를 받았다.

ライフライン
라이프 라인
[life line],
생명선

한신·아와지[阪神·淡路] 대지진에 의하여, 전기, 가스, 수도, 전화, 식량 유통 등 생명을 지탱하는 시스템 '라이프 라인(생명선)'이 모두 마비되었다. 복구 과정에서 재해 시 이 '라이프 라인'을 어떻게 유지할 것인지가 큰 문제가 되었는데, 세븐일레븐은 지진 직후에 헬기로 아슬아슬하게 도시락을 공수하여 이재민들에게 안도와 희망을 줌으로써 라이프 라인 유지를 달성한 공적을 평가받기도 하였다.

安全神話
안전 신화

한신·아와지 대지진, 옴진리교 사건[1] 등이 연이어 발생한 1995년은 행정 면에서도, 민간 부문에서도 '시큐

11 1995년 3월 20일에 도쿄 지하철에서 컬트 신흥종교 단체인 옴진리교가 신경가스인 사린(Sarin)을 사용하여 무차별 테러를 감행한 사건.

리티 시스템'이 무엇 하나 제대로 작동하지 않고 있음이 밝혀진 해였다. 일본은 '안전'하다는 '신화'에 의존하고 있었던 것이 원인으로, 즉시 발본적인 대책을 세울 것이 요구되었다.

「だ・よ・ね」
DA · YO · NE,
~이지요
「ま、いっか」
MAICCA,
뭐, 괜찮겠지

무언가 트러블이 생겨도 '뭐, 괜찮겠지[ま、いっか]'로 끝내는 젊은이들을 'ま、いっか主義'라고 하는데, 이 말을 사용한 랩 음악이 히트하였다.

1995년의 음악 시즌에서 폭발적인 붐을 일으킨 것이 J(일본)랩이었다. 랩이라는 것은 본래 뉴욕의 흑인음악으로, 리듬에 맞추어 말하듯이 노래하기 때문에 일본어 가사를 붙이는 것은 매우 어려운 작업이었다. 이것을 위와 같은 '맞장구치는 말'의 후렴으로 멋지게 성공시켜 J랩이라는 분야를 확립한 것이 'EASTEND×YURI'이며, 노래의 타이틀도 다름 아닌 바로 위의 표현이다.[2]

「変わらなきゃ」
변하지 않으면

스즈키 이치로[鈴木一朗]를 전면(全面)에 내세운 닛산[日産] 자동차의 안전·판매 캠페인 카피이다. 에어백 장비 등, 안전성 중시 노선이라는 평가도 있지만, 이치로의

2 小矢野哲夫(2002,「流行語に見る今の世相」『日本語学』 11月号 明治書院, p.45)는 젊은이들끼리의 커뮤니케이션에 있어서 상대방에게 동의·공감하고, 복잡한 문제도 깨끗이 넘어가는 기분이 이 말로 상징된다고 보고 있다.

이미지와 함께 '변하지 않으면 (안 된다)'는 카피가 압도적인 지지를 받아 자동차 선전 캠페인으로서 공전의 대성공을 거두었다. '변혁'이라는 시대적 분위기를 응축한 카피로서 근년에 없는 히트작이 되었다.

官官接待
관관접대

1995년, 미디어에 처음 대대적으로 등장한 말이다. 지방의 공무원이 보조금 결정권을 가지고 있는 중앙의 공무원을 향응한다는 것인데, 그 '좀스러운 행태'에 서민들은 말문이 막혔다. '떡값', '식대'라는 명목의 '횡령' 등 공무원의 부패는 그칠 줄 몰랐다.

「見た目で 選んで何が 悪いの！」
외견으로
고르는 것이
뭐가 나빠

코닥의 TV CM에서 탄생한 유행어이다. 오랜만에 등장한 '도발적인 CM'으로, 시청자에게 강렬한 임팩트를 주었다. 여배우인 세토 아사카[瀬戸朝香]가 강한 어조, 도전적인 눈빛으로 "외견으로 고르는 것이 뭐가 나빠?" 라고 말하면, '말씀대로입니다' 하고 무심코 납득하게 된다. 소녀들에게 호평을 받아 길거리에서 많이 사용되었다.

インターネット
인터넷

가입 이용자 수 4,000만 명, 약 150개국, 즉 지구상의 거의 모든 지역 사람과 커뮤니케이션이 가능한 정보 교환 시스템이 '인터넷'이다. 컴퓨터의 글로벌 네트이

며, 문자 그대로 '국제화'가 현실이 되었다. 한편으로는
"인터넷을 사용하려면 영어 실력이 필요하구나."라는
탄식 소리도 들렸다.

한국

**장난이
아니야**

연초에 대학생들을 중심으로 한 젊은 층에서 '쉬운 일
이 아니다'라는 뜻으로 사용된 이 말이 점차 급속도로
번져 유행하였다.[3]

쉰(50) 세대

'신세대'에 대칭되는 구세대 사람들을 일컫는 말로, 약
간 맛이 갔다는 뜻을 함유한 '쉰(50) 세대'라는 말이 유
행하였다.[4]

삼풍 고스톱

1995년 6월, 삼풍백화점이 붕괴된 후 얼마 지나서 화
투의 풍3패(3풍)를 흔들면 상대방은 손에 든 패를 무조
건 바닥에 내려놓아야 하는 '삼풍 고스톱'이 생겨났다.[5]

3 김웅래 · 오진근(1996) 『한국을 웃긴 250가지 이야기 － 유행어 반
   세기 · 1945～1995』 삶과함께, pp.177－178.
4 위의 책, p.178.
5 위의 책, p.179.

머피의 법칙
Murphy's law

어떤 일이 잘못되어 가는 상황에 대해 이야기할 때 서양에서 흔히 사용되는 말인데, 이에 따르면, "어떤 일을 하는 데에 둘 이상의 방법이 있고 그것들 중 하나가 나쁜 결과(disaster)를 불러온다면, 누군가는 꼭 그 방법을 선택한다. 자기가 원하는 것과 반대로 꼬여가는 것이다."라고 한다. 1949년 미 공군에서 인간이 중력에 얼마나 견딜 수 있는지에 대한 실험을 할 때 엔지니어로 있었던 에드워드 머피(Edward A. Murphy)의 이름을 따서 지어진 이름이다. 머피의 법칙과 정반대되는 샐리의 법칙(Sally's law)도 있다.[6]

**모래시계
=귀가시계**

**나 (지금)
떨고 있냐?**

SBS TV 창사 5주년 기념 드라마인 〈모래시계〉는 광주민주화운동을 배경으로 한 드라마로, 최민수, 고현정, 박상원 등의 열연에 힘입어 폭발적인 인기를 얻게 되었다. 월, 화, 수, 목, 주 4회 방송이었기에, 샐러리맨들이 이 드라마를 보기 위하여 일찍 귀가함으로써 '귀가시계'라는 말을 낳게 되었다.

"나 (지금) 떨고 있냐?"는 이 드라마에서 박태수 역의 최민수가 사형당하기 직전, 친구인 검사로 나오는 정우석역의 박상원에게 덜덜 떨면서 한 말로, 크게 유행하였다.

---

6 "머피의 법칙." 위키백과, . 9 3 2013, 18:06 UTC, 13 3 2013, 00:28 〈http://ko.wikipedia.org/w/index.php?title=%EB%A8%B8%ED%94%BC%EC%9D%98_%EB%B2%95%EC%B9%99&oldid=10342848〉.

**무서워[버]
시리즈**

〈삼풍백화점 붕괴 사고〉 이후에 등장한 유머 시리즈
이다. 세상에서 가장 무서운 전쟁은? -'무서워(war)', 세
상에서 제일 무서운 소녀는? -'무서울걸(girl)', 최고로
무서운 소년은? -'무섭군(君)' 등이 여기에 속한다. 그
런데 이 '무서워 시리즈'의 한마디 한마디 말 속에는
날카로운 가시와 뼈가 숨겨져 있다. '무서워(war)'는 삼
풍백화점을 붕괴시킨 부실 공사와의 전쟁을 뜻하고,
'무서울걸(girl)'은 매몰 현장에서 각각 15일과 17일 만에
기적처럼 살아난 유지환 양과 박승현 양을 가리키는
것이며, '무섭군(君)'은 11일 만에 구조된 최명석 군을
말하는 것으로, 진짜 무서운 아이들을 뜻하는 것이다.
그 외에, 가장 무서운 동물은? -'무섭소(牛)', 아주 오랫
동안 무서운 것은? -'무섭지롱(long)', 가장 무서운 소련
여자는? -'무서울쏘냐' 등의 유행어가 있다.7

○○**파괴**
가격파괴,
학력파괴,
인사파괴

1995년 한 해 동안 엄청난 인기를 끌면서 유행했던 말
중의 하나가 '파괴'이다. 일본 유통업계에서 사용하던
'가격파괴'라는 용어가 우리나라에 유입되어 사회 각
분야에서 맹위를 떨쳤으며, 새로운 것을 내세우기 위
한 분야에는 어디든지 붙어 다녔다. '가격파괴, 학력파
괴, 인사파괴, 조직파괴, 시간파괴, 회의파괴, 성차별

---

7 김웅래 · 오진근(1996) 앞의 책, p.178.

파괴, 연령파괴, 복장파괴, 계절파괴' 등, 파괴 붐을 이루어, 1995년 한 해는 파괴로 시작하여 파괴로 저물었다고도 할 수 있다.[8]

비자금, 통치자금

1995년 10월 20일, 국회 본회의 대정부 질문에서 민주당 초선의 박계동 의원에 의하여 노태우 전 대통령이 숨겨놓은 비자금 4,000억 원 사건, 이른바 '노태우 비자금 사건'이 폭로되었다. 급기야 11월 김영삼 대통령의 '5공 비리 청산 및 역사 바로 세우기 선언'에 의해 제정된 5.18특별법에 따른 검찰의 전면 수사로 노태우, 전두환 두 전직 대통령이 구속되는 전대미문의 사태로까지 확대되었다. 노 전 대통령은 이 돈이 '비자금'이 아니라 '통치자금'이었다고 주장하였다. 전두환 전 대통령은 검찰 조사에 의해 9,500억 원의 비자금을 조성한 것으로 밝혀졌다. 이후 '비자금'이라는 말이 일반인들 사이에서도 널리 쓰이게 되었다.

○○가 기가 막혀
태우가 기가 막혀, 전 씨가 기가 막혀

노태우 전 대통령은 5천억 원[9]이 넘는 비자금을 두고 통치자금이었다고 우겼지만, 국민들로서는 너무나 기가 막힌 사건으로, 이 사건에 빗대어 대학생 듀엣 육각수가 부른 노래 〈흥부가 기가 막혀〉(1995 제16회 MBC 강변

8 위의 책, p.181.
9 검찰 조사 발표는 4,100억 원.

가요제 금상 수상곡)를 패러디한 말이 '태우가 기가 막혀',
'노 씨가 기가 막혀', '전 씨가 기가 막혀' 등이다.[10] 다른
경우에도 다양하게 응용되어 사용되었다.

**유전유죄
무전무죄**

1995년 11월 17일, 전직 대통령에서 하루아침에 미결
수 신분으로 추락한 노태우 전 대통령이 서울구치소에
수감되자 1993년에 유행한 이 말이 다시 나돌았다.[11]

봉황털

노태우 전 대통령이 서울구치소에 수감되자 생겨난
용어이다. 죄수들의 은어에서 돈 많고 지적 수준이 높
은 죄수, 이른바 거물급 수감자를 '범털'이라고 불렀는
데, 그보다 더 상층을 나타내는 용어가 탄생한 것이다.
한편, 일반 수감자는 '개털'이라고 불렀다.

**간 큰 ○○
시리즈**

1995년 한 해 동안 한국의 모든 남성들을 전전긍긍하
게 했던 말 중에 빼놓을 수 없는 말이 무기력한 남편에
게 이혼소송을 건 사건에서 비롯된 '간 큰 남편 시리즈'
이다. 아내가 연속극 보는데 채널을 돌리는 남편, 아내
가 잔소리할 때 말대꾸하는 남편, 밤늦게 돌아온 아내
에게 어디 갔다 오냐고 묻는 남편 등이 이 시리즈의
주인공으로 등장하며, 가정과 사회에서 위축된 남편(남

---

10 김웅래·오진근(1996) 앞의 책, p.182.
11 위의 책, p.182.

성들을 역설적으로 표현함으로써 당시의 세태를 풍자하였다.

이 시리즈로부터 '간 큰 상사', '간 큰 선배', '간 큰 아내' 등의 시리즈가 만들어지면서 무수히 많은 '간 큰 사람'들이 등장했다. 이 시리즈의 유행은 권위주의 정치문화가 퇴색하고 신세대들이 사회 각 분야에 본격적으로 진출하면서 우리 사회 전반에 팽배해 있는 권위주의의 부재를 풍자했다는 평가를 받았다.[12]

방랑하는 전샷갓 1958년 가수 명국환이 부른 〈방랑시인 김삿갓〉에서 나온 말로, MBC TV 정치 드라마 〈제4공화국〉에서 전두환 전 대통령이 장교 시절에 이 노래를 애창했다는 일화를 소개한 뒤 유행하였다.[13]

나가리 일본어 '나가레[流れ]'의 잘못된 발음으로, 서석재 전 총무처장관의 '전직 대통령의 비자금이 4천억 원' 발언에 대한 수사 결과를 발표하면서, 담당 검사가 "이런 것을 보고 '나가리'라고 하지요."라고 한 '나가리 발언'에서 나온 말이다.

---

12 위의 책, pp.179 − 180.
13 동아, 1995.12.20, 17면 〈말도 많고 탈도 많은 '95 세태풍자 유행어 만발〉 허엽.

7 1996년

일본

**「自分で自分を
ほめたい」**
스스로 자신을
칭찬하고 싶다

1996년 유행어 대상작의 하나로, 애틀랜타 올림픽 여자 마라톤에서 3위에 입상하여, 바르셀로나 올림픽에 이어 연속 메달 획득이라는 쾌거를 달성한 아리모리 유코[有森裕子]가 경기 후에 한 말이다. 바르셀로나 이후의 슬럼프, 부상을 극복한 아리모리의 노력은 스포츠 매스컴에 의해 널리 알려졌고, 그 때문에 이 말은 국민들에게 순수하게 받아들여져, 1996년 제1의 유행어가 되었다.

友愛
우애

排除の論理
배제의 논리

1996년 유행어 대상작을 받은 말이다. 새로운 정치와 정당 스타일을 언어 표현으로도 날카롭게 파고들어 갔던 하토야마 유키오[鳩山由紀夫] 민주당 대표는 수많은 신어를 만들어 냈다. 그중에서도 '우애'는 나카소네[中曽根] 전 수상으로부터 "소프트크림 같다."라고 조롱을 받아도 "여름에는 맛있다."라고 반격하며 정치 이념을 고수하였다. 한편 안이한 오합지중을 배제한 '배제의 논리'는 감정적인 비판에 굴하지 않고 관철하는 냉엄함을 보여 주가를 올렸다.

メークドラマ
메이크 드라마

역시 1996년 대상작의 하나이다. '영어의 달인' 나가시마 시게오[長嶋茂雄] 프로야구 교진[巨人] 감독의 조어이다. 수많은 나가시마 어록 중에서도 가장 대중적이며 감동적인 말이 되었다. 7월 6일, 1위인 히로시마 도요카프[広島東洋カープ]는 11.5 게임차로 벌어져 우승은 절망인가 하고 여겨졌다. 그런데 다음날부터 '어! 어!' 하는 탄성이 이어질 만큼 쾌진격을 계속하여, 7월 16일에는 '메이크 드라마' 선언을 하였으며, 결국에는 기적적인 대역전 우승으로 장식하였다. 그야말로 '드라마'를 '만든' 나가시마 교진의 경기 모습이었다.

援助交際
원조교제

브랜드 의상을 사고 용돈을 벌기 위하여 일반 가정의 여자아이가 매춘을 하는 '고갸루'의 실태를 보고한 구로누마 가쓰시[黒沼克史]의 논픽션 『원조교제─여자 중고생의 위험한 방과 후[援助交際─女子中高生の危険な放課後]』 기사가 어른들에게 큰 충격을 주었다. 게다가 매춘을 '원조교제'라고 칭하며, 아무런 죄의식도 느끼지 않는 여자아이들의 모습은 이중의 충격을 던져 주었다. '매춘'이라는 실태를 언어의 마술로 '원조교제'라고 그럴 듯하게 둘러댄 혐오스러운 유행어이다.

ルーズソックス
루스 속스
[loose socks]

흔히 말하는 '난잡한 패션', 즉 양말의 고무를 뺀 것만으로, 눈 깜짝할 사이에 여고생들의 발밑 패션에 대붐을 일으킨 것이 '루스 속스'이다. 어중이떠중이 다 나서는 식으로 여고생의 대다수가 이 '질질 흘러내리는 헐렁헐렁한 양말'을 신음으로써 압도적인 유행이 되었다. 여고생들의 굵은 발목을 감추고 싶은 심층심리, 이를 기막히게 간파한 메이커의 승리라고도 할 수 있다.

**チョベリバ
/チョベリグ**
초(超)베리바,
최악·최저
/초(超)베리구,
최고

당시는 여고생들 사이에서의 유행어가 일본 전역에 크게 유행했으며, 이 말은 당시 여고생들의 최신 유행어이다. 사회의 사건이나 인물 평가, 호불호의 표현어로서 '최악, 최저', '최고'를 대체하여 사용된다. 영어의 'very bad'이나 'very good' 앞에 '초(超)'를 붙인 것이다.

閉塞感(打開)
폐색감 (타개)

냉전구조 붕괴 후 '세계의 변화' 속에서도 고립되어 있는 것이 오키나와(沖縄)이다. 전후 50년 이상이 지난 1996년이 되어도 전후 일본의 모순이 오키나와에 집약되어 있다. 이 오키나와의 '폐색감'을, 또 고향에 대한 애정과 미군 기지의 고민을, 오키나와 현민(県民)대회에서 호소한 이들이 고교생인 히가 겐지(比嘉憲司), 나카무라 기요코(中村淸子)였는데, 그 호소는 전 일본에 '오키나와의 폐색감'을 이해하려는 뜨거운 소용돌이를 일으켰다.

アムラー
아무라

슈퍼 아이돌 아무로 나미에[安室奈美恵]의 패션이 대유행하였는데, 이를 흉내낸 갸루[ギャル][1]들을 '아무라'라고 불렀다. 초미니스커트, 밑이 두꺼운 부츠, 어깨까지 늘어뜨린 긴 머리의 3종 세트가 '아무라'의 우선 조건이라고 하는데, 거리에는 '아무로 나미에 닮은꼴'이 넘쳐났다.

「ガンと闘うな」
(がんもどき理論)
암과 싸우지 마라
사이비암 이론

의학계뿐만 아니라 일반 사회에도 큰 충격을 준 것이 곤도 마코토[近藤誠]의 신이론 '사이비암 이론'이다. 암에는 전이하지 않는 '사이비'암도 있어, 누가 뭐래도 수술이나 가혹한 치료를 할 필요가 없다는 이론이다. 결국은 '암과 싸우지 마라'는 주장으로, 의학계의 상식을 근본적으로 부정하는 것이었다. 유감스럽게도 의학계의 본격적인 반론이 없어 논쟁이 되지는 않았다.

不作為責任
부작위 책임

후생성[厚生省]은 약으로 인한 에이즈 감염 문제에 대해 조직 전체가 책임 회피로 일관했다. 악의(惡意)는 없었다고 주장하는 후생 공무원, 어용학자, 제약회사를 철저하게 추궁한 HIV 소송단이 마침내 행정의 '부작위'는 범죄행위라는 것을 인정하게 만들었다. 나아가 약으로 인한 에이즈 초기에서의 중대한 '부작위'와 입증

---

1 1993년의 유행어 '그ギャル' 참조.

'파일'의 발견을 늦춘 비열한 관료주의적 '부작위'를 밝혔다.

**へそ出し
ルック**
배꼽 패션

길이가 가슴 밑까지밖에 오지 않는 셔츠를 입고, 배를 보이는 여성 패션을 말한다. 스커트나 바지의 맨 윗 단추를 풀어서, 배꼽을 강조하기도 한다.

シネコン
cinema complex,
복합영화관,
멀티플렉스

같은 시설에 복수의 스크린이 있는 영화관을 말한다. 북미에서 시작되었으며, 일본에서는 1984년 3월 30일에 세이유 오오모리[西友大森]점 내에 '키네카오오모리[キネカ大森]'가 처음으로 개관하였다. 이후 소강상태를 유지하다가 1996년을 기점으로 외국 자본의 참여 등에 힘입어 새로운 복합영화관이 속속 생겨나게 되었다.

한국

**공주병
신드롬[2]**

1996년도 최대의 히트작은 '공주병'으로, 자신이 최고
의 미인인 양 스스로에게 도취된 여성을 꼬집는 말이
다. 이 말이 그토록 유행하게 된 이유에 대하여 정신과
전문의 이나미 씨는 "전통적인 겸손의 문화, 즉 자신을
죽이는 문화가 청소년들에 의해 자기주장의 문화로
바뀌어 가고 있다. 공주병은 그 와중에서 자기애적 성
격장애가 극단적으로 나타난 것이다."라고 해석하고
있다. 많은 여성들은 '공주병 환자'로 불리는 것을 싫어
하면서도 은근히 '공주'가 되기를 원했는데, 이것을 증
명한 것이 이른바 '공주병 산업'의 호황이다.
'공주병'은 곧 공주병 시리즈를 낳았다. 잘난 체하는 남
자를 지칭하는 '왕자병', 시집간 공주를 일컫는 '왕비병'
등이 이에 해당된다.[3]

**빠떼루 줘야
함다(합니다)**

1996년 애틀랜타 올림픽의 레슬링 경기 중계 시, 해설
자인 김영준 씨가 한 사투리조의 말로, 빠떼루 아저씨

---

2 1996년 방송가를 장식한 유행어 중 가장 큰 반향을 일으킨 것으로,
MBC 〈오늘은 좋은 날〉의 〈세상의 모든 딸들〉 코너에서, 중년 나
이에도 교복과 댕기머리 차림으로 등장한 김자옥의 "이쁜 애라고
돌려서 말하지 말고 자옥이라고 콕 찍어서 얘기해.", "아저씨 나한
테 홀딱 반했지."라는 대사에서 출발하였다(동아, 1996.12.16, 17
면 〈올해 유행어 "공주병, 빠떼루 줘얍니다"〉 김갑식 기자).
3 조선, 1996.12.18 조선닷컴 입력〈[96 결산/유행어] 공주병에 빠떼
루 줘야 한다!〉 이용연 주간부 기자.

유머로 널리 유행하였다. '빠떼루'란 레슬링 경기에서 소극적인 자세를 취하는 선수에게 심판이 주는 벌칙(패시브: 상대 선수에게 등을 보이고 거북이처럼 엎드리게 하는 벌칙)이다. 프랑스어 'parterre'가 일본어로는 'パーテール(파ー테ー루)'가 되는데, 이것을 한국식으로, 단음으로 그리고 된소리로 발음한 것이다.

이후 이 말은 사소한 잘못이나 사회 비리에 대한 벌칙, 질책을 나타내는 용어로 폭넓게 사용되었다.

막가파

'막가파'는 '막가는 인생'이라는 뜻의 한 폭력 조직의 이름이다. 이들은 1996년 10월 서울 강남구 포이동 모빌라 앞에서 일제 승용차를 타고 귀가하던 단란주점 업주 여성(김경숙)을 납치하여 900만 원을 빼앗은 뒤, 경기도 화성군의 폐염전 창고에 생매장하였다. 이들은, 1994년에 5명을 살해, 암매장한 지존파를 모방하여 1996년에 두목 최정수 등 9명으로 조직되었으며, 범행 이유로 '외제차를 타고 다니는 사람은 모두 다 죽이고 싶었다'고 밝히고 있다. 이후 비뚤어지거나 상식에 어긋나는 행동을 하는 사람들에게 농담조로 많이 사용하였다.

젖소부인 바람났네

〈젖소부인 바람났네〉는 대한민국의 16mm 에로 영화로, 1995년에 처음으로 제작되어 공전의 히트를 기록함으로써 시리즈물로 계속 제작되었다. 영화관에서 개봉하지 않고 비디오로만 제작했는데, 이 영화를 계기로 대한민국에서 만들어지는 16mm 에로 영화가 비디오 대여점에서 큰 인기를 끌었으며, 이 영화의 제목을 본떠 '꽈배기부인 몸 풀렸네', '자라부인 뒤집혔네'처럼 '○○부인 ○○했네'식의 수없이 많은 아류작이 만들어졌다. 주인공 진도희도 대단히 유명해졌다.[4]

DJP

1996년 당시 두 야당의 국민회의 총재인 DJ(김대중)와 자민련 총재인 JP(김종필)가 'DJP연합'을 공식화함으로써 이 용어가 언론에 수없이 오르내렸고, 다음 해인 1997년 11월에 대통령 선거를 위하여 전격적으로 단행된 'DJP 후보 단일화'를 계기로 더욱 유행하였다. 결국 대통령 선거에서 이겨 DJ는 대통령이 되고 JP는 국무총리가 되었다.

백배 천배 (보복)

1996년 9월 18일에 일어난 북한의 강릉 잠수함 침투사건으로 무장 공비 25명이 일망타진(13명 사살, 11명 북한 공작조에 의한 자체 사살, 1명〈이광수〉 생포)되었는데, 북한은 이 사건을 부정하며, 오히려 공격적인 태도로 한국이 북한을 압박하면 '백배 천배 보복'하겠다고 엄포를 놓

4 위키백과, 우리 모두의 백과사전. 2011.8.22. 검색.

았다. 그 후로 이 말은 한국을 위협할 때 사용하는 북한의 단골말이 되었고, 한국에서도 일상생활에서 농담조로 사용되었다. 최근에는 '천배 만배 보복'이라는 표현도 나타나고 있다.[5]

독불 장군에게는 미래가 없다

신한국당 총재인 김영삼 대통령이 8월 19일 지구당 조직책 등에 대한 임명장 수여식에서 "돌출 발언을 한다든가 당의 목표를 저해하는 독불장군에게는 미래가 없다."라고 한 데서 나온 말로, 아직 대통령의 임기가 한참 남았는데 벌써부터 차기 대권을 논하는 것은 곤란하다는 심각한 경고성 발언이었다.[6]

지둘리

'기다려'라는 뜻의 전라도 사투리로, 전년의 삼풍 붕괴 사고에 이어 당년에도 서해대교 철골조 붕괴사고 등 부실 공사가 끊이지 않자 한국 사회의 고질적 병폐인 부실 공사를 빗댄 이 말이 크게 유행하였다. 즉, 부실 공사의 근원인 한국인의 '빨리빨리' 속성을 빗댄 말로 직장 내에서 성격이 급한 직원들에게 많이 사용되었다.[7]

5 군 관계자는……"북한이 같은 만행을 자행하면 천배 만배 보복으로 천안함 46호국용사들의 넋을 위로할 것"이라고 강조했다(국방일보, 2013.3.27, 4면).
6 조선, 1996.12.18 조선닷컴 입력 〈'96 결산/유행어〉 공주병에 빠떼루 줘야 한다!〉 이용연 주간부 기자.
7 동아, 1996.12.30, 7면 〈명퇴 비켜간 기업 "우린 읍슈"〉 임규진 기자.

오늘은 왠지……

상반기 유행어의 하나로, KBS 제2FM 〈서세원의 가요 산책〉의 청취자 참여 코너에서 서세원이 한 말이다. 원래는 1970년대 음악다방의 DJ들이 사용하던 표현이었으며, '오늘은 왠지 웃기고 싶구나', '오늘은 왠지 동해 바다로 달려가고 싶어요', '오늘은 왠지 아들의 여자 친구 사진이 나를 슬프게 한다'와 같이 무궁무진하게 확장이 가능한 표현이다.[8]

3빼

'방 빼, 책상 빼, 살 빼'를 말한다. '방 빼'는 1996년 여름 전셋값이 천정부지로 치솟으면서 생겨난 말이고, '책상 빼'는 불경기와 함께 찾아온 감원 바람에서 나온 말이며, '살 빼'는 스트레스에 시달려 술로 마음을 달래다가 살이 찐 남편을 향해 소리치는 아내들의 외침이다. 어려운 경제 여건 속에서 살아가는 직장인들의 고충을 잘 표현하고 있는 유행어이다.[9]

8 동아, 1996.5.25, 17면 〈"오늘은 왠지…" 유행어 확산 서세원 KBS 라디오 프로가 진원지 청취자 참여 코너 통해 익살…화제 만발〉 허엽 기자.
9 조선, 1996.12.18 조선닷컴 입력 〈[96 결산/유행어 공주병에 빠떼루 줘야 한다!〉 이용연 주간부 기자.

8. 1997년

失楽園(する)
실락원(하다),
불륜(하다)

1997년 유행어 대상을 받은 말이다. 일본경제신문에 연재된 와타나베 준이치[渡辺淳一]의 『실락원[失楽園]』은 연재 때부터 화제가 되었고, 영화화됨에 따라 전 일본의 화제를 휩쓸었다. 50대의 처자가 있는 남자와 40대에 접어든 유부녀와의 슬프고도 격렬한 로맨스이지만, 일반적인 반응은 '나도 불륜(의 사랑)을 하고 싶다'였다. '불륜'을 '실락원하다'라고 말하면서 불륜이 일종의 붐처럼 되었다.

たまごっち
다마곳치

1997년 최대의 화제가 된 히트 상품은 '다마곳치'이다. 달걀을 닭으로 키우는 게임기인데, 조작 여하에 따라 울기도 하고, 토라지기도 하고, 죽기도 한다. 제조가 따라가지 못하여 재고 부족으로 프리미엄이 붙고 가짜 상품이 나도는 등, 전 세계에서 다마곳치 대소동이 벌어졌다.

時のアセス
시대의 변화에
입각한 시책의
재평가

이사하야 만[諫早湾] 간척사업의 강행을 비롯해, 관청에 의한 '시대착오'적인 공공사업은 여론의 호된 비판을 받으면서도 변함없이 행해지고 있었다. 그런 가운데 호리 다쓰야[堀達也] 홋카이도[北海道] 지사가 장기간에 걸친 공공사업을 시대의 변화에 비추어 재검토하기 위해, 독자적인 평가 시스템을 만들어 '시대의 변화에 입각한 시책의 재평가'라고 명명하였다. 센스가 넘치는 명명, 상식을 실행하는 용기는 전국으로부터 압도적인 지지를 받았다.

ガーデニング
가드닝[gardening],
정원 가꾸기

1997년에 갑작스럽게 붐을 일으킨 것이 '가드닝'이다. 말하자면 예로부터 행해지던 '정원 가꾸기'인데, 좁은 베란다나 손바닥만 한 뜰에서도 정원 기분을 맛볼 수 있는 것이 특징이다. 영국풍의 구도, 계산된 인테리어, 영어식 명명 등으로 '가드닝' 붐이 일었다.

日本版
ビッグ・バン
일본판 빅뱅

금융자유화가 현실화되어, 일본의 금융·증권업계는 글로벌 스탠더드[국제표준]하에서 국제 레이스에 참가해야만 했다. 이를 위해서는 종래의 '호송선단' 방식을 근본적으로 개혁하는 '일본판 빅뱅'이 절대적으로 필요했는데, 금융업계의 개혁은 지지부진하여 진척되지 않았다. 그런 가운데 주식의 매매수수료를 일거에

50% 인하하여, '일본판 빅뱅'의 실질 1호로 국내외로부터 높게 평가받은 것이 마쓰이[松井]증권이다.

透明な存在
투명한 존재

고베 시[神戸市]에서 발생한 초등학생 연속살상 '사카키바라[酒鬼薔薇]'사건의 가해자 소년 사카키바라 세이토[聖斗][1]가 매스컴에 발표한 성명문에서 자신을 가리켜 사용한 표현이다. 체포된 용의자가 소년이라는 사실에서 말이 제멋대로 떠돌아 그 해석을 둘러싸고 다양한 논의가 일었다. 그런 와중에 사진 주간지 『포커스[フォーカス]』는 소년의 얼굴 사진을 게재하여, '소년법', '인권'과 같은 갖가지 문제를 제기하는 계기를 만들었다.

もののけ(姫)
원령(공주)

미야자키 하야오[宮崎駿] 원작·각본·감독의 애니메이션 영화 〈원령공주〉는 일본 영화사상 최고의 배급 수입을 기록하였다. '원령'이라는 것은 '요괴'를 말하며, 영화에서는 '근대합리주의'에 맞서는 존재로 묘사되고 있다. 미야자키가 말하는 '자연에 대한 자애와 경외'가 공감을 불러일으켜 대히트작이 되었다.

パパラッチ
파파라치

다이애나 영국 황태자비의 자동차 사고사에 의해, 그 존재가 클로즈업되었다. 원래 '파파라치'는 '파리같이

1 가명. 본명은 아즈마 신이치로[東真一郎].

근처를 날아다니는 귀찮은 패거리'라는 의미이지만, 현재는 스캔들을 쫓아다니는 사진 저널리스트를 일컫는다. 피사 대상에게 지나치게 접근하여 베일을 벗기는 '파파라치' 일에 관한 논의나 저널리즘의 본연의 모습이 문제시된 것은 큰 의의가 있었다.

マイブーム
My boom,
마이 붐

1997년에 갑자기 '붐'이 된 것이 '마이 붐'인데, 이것을 배후에서 일으킨 이는 만화가인 미우라 준[みうらじゅん]이었다. 요컨대 세상의 유행과는 관계없이 자신만의 '붐(유행)'을 가지려고 하는 생활 태도이다. 그 순간에 흥미를 가진 것조차 그 시점에서 '붐'이 되는, '유행'이라는 개념 자체를 파괴하는 세기말적인 말이다.

郵政 3 事業
우정 3사업

행정개혁이 느릿느릿 진척되는 중에 파문을 일으킨 것이 고이즈미 준이치로[小泉純一郎] 후생장관이다. 그는 예전부터의 지론인 '우정 3사업의 민영화'를 구체화하도록 촉구하였다. 3사업이라는 것은 우편 · 저금 · 보험을 말하며, 압도적인 자금력을 가진 우정성[郵政省]이 같은 업종의 민간 기업의 경영을 압박하고 있다는 주장이었다. 공공성과 채산성의 균형 문제도 있어 뜨거운 논의를 불러일으켰다.

ポケモン
(ポケットモンスター)
포케몬
(포켓 몬스터,
pocket monsters)

1996년 2월에 닌텐도[任天堂]에서 발매된 게임보이용 소프트로, 어른에게도 인기가 있어 1997년 8월 말까지 622만 개를 출하하는 대히트를 기록하였다. 1997년 4월부터 TV도쿄 계열에서 방영된 애니메이션은 시청률 12.5%를 기록했고, CD는 40만 개, 카드 게임은 1,500만 세트가 팔렸다.

한국

깃털,
몸체·몸통

한보사건과 관련되어 정치인 구속 1호가 된 전 청와대 총무수석 신한국당 홍인길 의원이 2월 5일, 대출 영향력을 행사한 대가로 돈을 받은 사실이 공개되자, 자신의 억울함을 하소연하면서 "나는 바람이 불면 날아가는 깃털"이라고 스스로를 '깃털'에 비유했다. 이로써 이 말이 최고의 유행어로 떠오르게 되었다. 그러자 '현직 의원이 깃털이라면 몸체는 봉황이란 말인가'라는 반론이 나오면서 '몸체'라는 말 역시 널리 사용되었다.[2] 이후에도 유사 사건이 있을 때마다 '깃털'과 함께 '몸체'와 같은 의미의 '몸통'이라는 말이 자주 등장하게 되었다.

2 조신, 1997.2.19 조선닷컴 입력 <[한뵈 말-날-말> 방성수 기자.

**머슴이 뭘
알아**

4월 7일 국회 한보조사특위 청문회에서 여야 의원들
이 한보그룹 김종국 재정본부장이 전달했다는 돈의
용처를 추궁하자, 한보그룹 정태수 회장이 "다 회장이
시켜서 하는 일인데 머슴이 뭘 알겠느냐."라고 응수했
다. 한보그룹 간부를 머슴에 빗대서 한 이 발언은 이후
많은 샐러리맨 사이에서 유행어가 되었다.[3]

IMF 시대

1997년 연말에 닥친 외환위기로 인해, 11월 21일 국제
통화기금(IMF)의 구제금융을 신청하면서 시작된 어려
운 경제 상황의 시기를 일컫는 말로, 아래와 같은 용어
와 더불어 유행하였으며, 1998년까지 지속되었다.

IMF 용어
: I'm fired
(난 해고됐다),
I'm finished
(난 끝났다),
I'm fine
(난 괜찮아),
I'm F(난 F학점),
I'm forgetting
(난 잊었어),
I'm a fly
(난 파리 목숨),
I'm fool(난 바보),
I'm falling in love
(난 사랑에 빠졌어)

IMF 체제하에서 회사의 감원 바람으로 정리해고되는
사람이 늘어나자 생긴 인사성 유행어이다.

**밤새 안녕
하십니까?**

3 조선, 1997.12.29, 6면 〈말…말…맬 '한보' – 대선 – IMF…가장 시
끄러웠던 한해〉 이종원, 이창원, 강경희, 박중현 기자.

**펀더멘틀은
좋은데……**

1997년 당시 금융시장 안정을 책임지고 있던 강경식 전 부총리가 대기업의 부도 사태가 터질 때마다 "우리 경제의 펀더멘틀(기초)은 튼튼하다."라고 강조해오다가, 10월 이후 금융−외환위기가 닥치자 "펀더멘틀은 좋은데 심리적인 요인으로 금융시장이 불안한 상황을 겪고 있다."라고 말했다. IMF 한파가 몰아닥치면서 이 말은 자조의 말로 통용되고 있다.[4]

정치 9단

박희태 국회의장이 민정당 대변인 시절인 1989년 12월, 5공 청산 문제를 풀기 위한 노태우 대통령과 김영삼, 김대중, 김종필 야당 3총재의 청와대 회동에 대해 "대통령과 세 분 총재는 모두 '정치 9단'의 입신(入神)의 경지에 있다."라고 표현하여 그 유명한 '정치 9단'이라는 말을 만들었다. 그 후 이 말은 유명 정치인에게 두루 쓰이게 되었고 현재까지도 사용되고 있다.

붉은 악마

'붉은 악마'는 한국 축구 국가대표팀의 서포터즈 클럽이다. 월드컵 대표팀의 선전으로 축구가 야구에 맞먹는 국민 스포츠로 사랑을 받으면서 상한가를 기록하게 되었다. 1997년과 1998년 프랑스 월드컵 아시아 예선을 앞두고 축구 국가대표팀을 응원하기 위해 PC통

---

4 조선, 1997.12.29, 6면 《말…말…맨 '한보'−대선−IMF…가장 시끄러웠던 한해》 이종원, 이창원, 강경희, 박중현 기자.

신을 통해 조직, 처음에는 '그레이트 한국 서포터즈 클럽'이라는 이름으로 활동하였으나, 1997년 8월부터 '붉은 악마'라는 정식 명칭을 가지게 되었다.[5]

본래 '붉은 악마'라는 말은 박종환 감독이 이끄는 청소년 축구팀이 4강 진출로 돌풍을 일으켰던 1983년 멕시코대회 때 얻은 별명인데, 이 유행어로 인하여 우리 국민의 붉은 색에 대한 이미지와 악마에 대한 이미지가 바뀌게 된다. 즉, 붉은 색은 한국인에게 있어 공산당을 떠오르게 하는 정치 이데올로기적인 측면이 강했지만, 붉은 악마에서는 그러한 면은 배제되고 해병대의 붉은 색 명찰처럼 전투에서의 피와 용맹을 나타내는 이미지로 바뀌게 되었다. 또한 아직도 '악마'라고 단독으로 사용될 경우는 여전히 네거티브한 이미지로 떠오르는 것이 일반적이지만, '붉은 악마'라는 한 단어로 쓰일 경우에는 포지티브한 이미지로 생각되는 것 같다.

준비된
○ ○ ○

15대 대통령 선거에서 국민회의 김대중 후보의 선거 구호 '준비된 대통령'에서 유래한 유행어이다.[6]

---

5 김기란 · 최기호(2009) 『대중문화사전 −300개의 키워드로 읽는 한국 대중문화 20년』 현실문화연구(2009), p.254.
6 2012년 제18대 대통령 선거에서 새누리당의 박근혜 후보가 이를 모방, '여성'을 더하여 '준비된 여성 대통령'이란 슬로건을 내세웠고, 결국 대통령으로 당선되었다.

**참으로
대단한
양심입니다**

MBC TV 〈일요일 일요일 밤에−이경규가 간다 '숨은 양심찾기−정지선 지키기'(양심냉장고)〉 코너는 교통신호를 지키는 것에 대한 시민들의 양심 상태를 확인하기 위해, 몰래카메라를 설치해놓고 신호를 지키는 사람들에게 (양심)냉장고를 선물로 주는 프로그램이다. 1996년 11월 3일에 첫 방송된 이래 인기를 끌자 다른 영역으로 확대되기도 하였다.

이 말은 이 코너에서 개그맨 이경규가 사회질서를 찾자는 캠페인에서 사용한 말로, 횡단보도 앞 정차선 지키기는 물론, 청소년 유해업소의 청소년 출입 점검 등을 통해, 개개인의 양심으로 사회가 유지될 수 있다는 메시지를 전달하였다.7

---

7 조선, 1997.12.29, 6면 〈[말…말…말] '한보'−대선−IMF…가장 시끄러웠던 한해〉 이종원, 이창원, 강경희, 박중현 기자.

9. 1998년

**ハマの
大魔神**
하마의 대마신

1998년에 유행어 대상을 받은 세 표현 중의 하나이다. 기관총 타선을 거느리고 요코하마 베이스타즈[横浜ベイスターズ]는 38년 만의 세・리그[1][セ・リーグ] 우승에 이어 여세를 몰아 일본 제일의 팀이 되었다. 최대의 수훈자는 마무리 투수 사사키 가즈히로[佐々木主浩]로, 별명이 '하마의 대마신'이었다. 마운드에 장승처럼 우뚝 버티고 서서 타자를 딱딱 맞추어 잡는 모습은 전 일본을 열광시켰다. 최우수 선수, 최우수 투수, 최우수 구원투수, 베스트 나인, 소방수, 올해의 선수, 쇼리키 마쓰타로[正力松太朗]상 등의 영예를 독점했을 뿐만 아니라, 그를 위한 신사까지 건립되었다.

**「凡人・軍人
・変人」**
범인・군인
・괴짜

1998년 유행어 대상을 받은 말이다. 1998년 최고의 날카로운 '논평'으로, 미디어는 일제히 이 말을 다루었다. 중의원 의원인 다나카 마키코[田中真紀子]가 자민당 총재

---

1 일본 프로야구는 센트럴 리그(세・리그)와 퍼시픽 리그(퍼・리그)로 나뉘어져 있다.

선거에 입후보한 3명에 대하여 "어차피 재고 일소, 개라지 세일"이라고 완전히 무시하면서, 덧붙여 다시 "오부치[小渕恵三]는 범인, 가지야마[梶山静六]는 군인, 고이즈미[小泉純一朗]는 괴짜'라고 평하였다. 세 사람의 특징을 너무나도 잘 맞춘 명(名)문구에 당사자인 세 사람도 쓴웃음을 지을 뿐이었다.

「だっちゅーの」
―라니까요

역시 1998년 대상작이다. 오랜만에 노인으로부터 어린이까지 전 일본을 석권한 유행어이다. 귀여운 여성 예능 콤비인 아사다 요시미[浅田好未], 니시모토 하루카[西本はるか]가 한바탕 평범한 개그를 날려 관객의 흥미 상실을 유도한 끝에 결정적인 자세(양팔로 가슴을 감싸 가슴골을 강조하는 등의 종류)로 품위를 떨어뜨리면서 하는 대사이다. '～だと言うの → ～だって言うの → ～だっちゅーの'로 변한 말이다.

環境ホルモン
환경호르몬

21세기 세계에서 가장 중요한 테마는 '환경 문제'이다. 요코하마[横浜]시립대 교수인 이구치 다이센[井口泰泉]은 1998년 지구의 생태계를 혼란시키는 화학물질인 '내분비 교란 화학물질'을, '환경호르몬'이라고 명명하였다. 이에 의해 환경 문제는 일거에 신변 문제가 되어, 수돗물, 토양 등의 문제를 논할 때에도 '환경호르몬'이라는 말이 등장하게 되었다.

貸し渋り
대출 옥죄기

불량 채권 문제로 인하여 '금융 불안'이 계속되는 금융 기관에게 또 다른 타격이 된 것이 자기자본비율의 '조기 시정조치'였다. 내부 유보금을 늘리고 싶은 금융기관은 재빠르게 '대출 옥죄기'를 시작하였다. 행정의 무책(無策)과 금융기관의 자기 편의주의가 초래한 '대출 옥죄기'는 눈 깜짝할 사이에 전 일본에 만연하여 큰 사회문제가 되었다.

老人力
노인력

새로운 발상으로 세상의 노인들에게 큰 용기를 준 말이다. 이 말의 창시자인 작가 아카세가와 겐페이[赤瀨川原平]에 의하면, 나이가 들어 건망증이 생기는 것은 새로운 지식을 받아들이기 위하여 필요하다고 한다. 그러므로 자주 건망증 증상이 나타나는 것은 '노인력'이 생겼다는 증거이며, 나이가 들면 들수록 엄청난 '힘(力)'이 붙는다고 주장하였는데, 이 발상의 전환에 일본 사회는 그저 쩔쩔맬 뿐이었다.

ショムニ
서무2과

야스다 히로유키[安田弘之]의 만화 작품명으로, 후지TV 계열의 드라마로 방영되어 큰 인기를 끌었고, 같은 해에 영화로도 제작되었다. '쇼무니[ショムニ]'는 서무 제2과를 말하는데, '쓸모없는' 사원의 유배지와 같은 부서라서 이 부서의 남성 그룹은 늘 풀이 죽어 있다. 이에 반하여, 여성 그룹은 원기왕성하다. 어떤 의미에서는

극히 현실적인 테마를 만화식으로 묘사하고 있는데 원기왕성한 여성이 대활약한다는 스토리가 히트의 이유라고 한다.

モラル・ハザード
모럴 해저드

'모럴 해저드'라는 것은, 본래는 보험 용어로 '도덕적 위험'이라는 뜻이다. 그러나 1998년, 경영이 파탄 난 금융기관의 처리나 주택금융전문회사의 재정자금 투입을 둘러싸고 경영자의 경영 논리 결여가 지적되어, '모럴 해저드' 논의가 커다란 화제가 되었다. 주택금융전문회사 처리를 하는 주택금융채권관리기구 사장에 무보수로 취임한 변호사 나카보 고헤이[中坊公平]는 주택금융전문회사에 대출한 금융기관의 '모럴 해저드'를 엄하게 추궁하여 여론의 갈채를 받았다.

「冷めたピザ」
식은 피자

수상에 취임한 오부치 게이조[小渕恵三]를 분석한 미쓰이[三井]해상기초연구소의 존 뉴퍼[John F. Neuffer]가 한 말로, 『뉴욕 타임스』지에 소개되어 전 세계에 알려졌다. '식은 피자'의 의미는 '어떻게 해도 먹을 수 없다'는 것으로, 본래라면 일국의 수상에 대하여 실례가 되는 논평이지만, 어쩐 일인지 일본인에게서 대호평을 받았다. 당사자인 오부치 수상도 피자를 든 모습으로 미 주간지에 등장하는 등 '만사태평한 아버지'상 그 자체였다.

日本列島 総不況
일본열도 총불황

오부치[小渕] 내각의 경제기획청 장관에 취임한 사카이야 다이치[堺屋太一]는 일본 경제의 현 상황을 '정체'가 아니라 '침체 상태'라고 단언하였다. 나아가 전체 상황을 '일본열도 총불황'이라고 극히 명쾌한 말로 표현하였다. 오부치 내각의 '액세서리'라고 야유받았던 사카이야이지만, '유행 작가'다운 표현력으로 반격을 가하였다. '이코노미스트'로서의 본령을 어떻게 발휘할지 세상의 주목을 한 몸에 받고 있다.

スマイリング・コミュニスト
(smiling communist, 미소 짓는 공산주의자)

국내외에서 역풍이 부는 가운데, 1998년 참의원 선거 비례구에서 약 1,000만 표라는 대약진을 이룩한 일본 공산당의 비밀은 '미소 짓는 공산주의자'에 있다고 보도되었다. 후와 데쓰조[不破哲三] 공산당 중앙위원장의 온화한 웃는 얼굴이 유권자들이 가지고 있던 '공산당 혐오' 심리를 누그러뜨렸다는 해설이다.

ボキャ貧
어휘 빈약

오부치 게이조[小渕恵三] 수상이, 기자단과의 회견 중에 자신을 비하해서 한 말이다. 자신은 사용하는 어휘가 적고, 'vocabulary[ボキャブラリー, 버캐뷸러리]'가 빈약한 사람, 즉 '어휘 빈약[ボキャ貧]'자라고 말했는데, 이것이 반대로 오부치 수상의 조어 능력의 '우수함'을 입증하게 되었다. 어감이든 뜻이든 젊은이의 '축약어'와 비교해도 결코 뒤떨어지지 않는다. "오부치 씨 어쩌면 '수완가'인지

도 몰라." 등과 같은 평가도 나오기 시작하였다.

キレる
폭발하다,
열 받다, 욱하다

1997년 자신을 '透明な存在(투명한 존재)'로 언급한 중학생의 범행 이후, 중학생이나 고등학생이 나이프로 살상하는 흉악한 일이 급증하자 유행하게 된 말이다. 타인을 향한 충동적인 감정으로 화가 나는 기분을 참을 수 없게 될 때 행동으로 치닫는 것을 말한다.

한국

IMF—
한파, 스트레스,
가격, 세일,
무풍지대,
모델, 자살

1997년 말부터 지속되는 IMF 체제하에서 이와 관련된 수많은 유행어가 생겼다. 'IMF 한파, IMF 스트레스, IMF 가격, IMF 세일, IMF 무풍지대, IMF 모델, IMF 자살' 등이 이에 해당된다. 그 외에도 아래에 나오는 여러 가지 유행어가 생겨났다.

—족 시리즈
캥거루족,
잠수족, 해녀족

IMF 유행어이다. '캥거루족'은 졸업 자체를 미루거나 학업을 마친 후에도 부모에게 의지하거나 아르바이트 등을 생계 수단으로 삼아 대학가 주변에 머무는 사람을 말하고, '잠수족'은 취업 빙하기를 견디다 못해 외부와 연락을 끊고 외출마저 삼가게 된 취업 준비생으로,

남들의 시선을 의식하여 아예 수면하에서만 활동한다
고 하여 붙인 말이다. '해녀족'은 '여자 잠수족'을 가리
키는 말이다.

복지뇌동　IMF 유행어의 하나이다. 월급쟁이들이 납작 엎드린 채
해고당하지 않기 위해 머리만 굴린다는 뜻이다. 1994
년 이후 IMF 체제로 인하여 다시 등장하였다.

신토불이　역시 IMF 유행어인데, 몸과 땅이 하나가 될 정도로 납
작 엎드려 어수선한 세월을 견딘다는 의미로 변질되
어 사용되었다. 이 말 역시 1994년에 나타난 이후 IMF
체제로 인하여 다시 등장하였다.

3풍
병풍, 세풍, 총풍

당시의 여당인 국민회의가 판문점 총격 요청사건을
계기로 야당인 한나라당 이회창 총재와 관련된 3가지
사건을 '3풍(風)' 사건이라 명명한 것이다. 15대 대선 당
시 제기된 이 총재 아들의 병역기피사건을 병풍(兵風),
국세청을 동원한 대선자금 모금사건을 세풍(稅風), 판문
점 총격요청사건을 총풍(銃風)으로 규정하고 이 총재의
사과를 거듭 촉구함으로써 여야 간에 설선이 벌어졌다.

몽니 신드롬　'몽니'란 '심술궂게 욕심부리는 성질'이라는 뜻의 순우
리말이다. DJP연합으로 총리에 오른 김종필 씨가 1998

년 12월 15일 국민회의와의 내각제 합의 실천 문제를 거론하며 "하다가 안될 때는 몽니를 부리는 것이다."라고 말해 '몽니' 신드롬을 일으켰다.[2] 그러나 끝내 뜻을 관철시키지 못하고 내각제 개헌 유보를 선택할 수밖에 없었다.

햇볕정책　'햇볕정책'은 김대중 정부에 의해 수립된, 북한에 대한 한국의 대외 정책이다. 이 용어는 바람이 벗기지 못한 사람의 외투를 따스함으로 벗긴 태양에 관한 이솝우화에서 비롯된 비유법의 상징어로, 대북포용정책 또는 포용정책으로도 불리며, 공식적인 명칭은 대북화해협력정책이다. 여러 가지 면에서 1970년대 서독의 동방 정책에 기초한 것이다.

이 정책으로 금강산 관광과 이산가족 상봉, 개성공단 조성 등의 성과를 이루기도 했으나, 1999년 6월 서해 연평도 인근에서 북한 경비정의 NLL 침범으로 인한 제1차 연평해전이 발발하여 햇볕정책의 실질적 성과에 대한 논란이 생겼다.[3]

---

2 조선, 1998.12.23 조선닷컴 입력 〈[송년특집] 98 말말말…IMF한파에 썰렁한 '사오정' 한몫〉 김태훈 주간부 기자.
3 "햇볕정책" 위키백과, . 8 3 2013, 14:15 UTC, 10 3 2013, 12:38 〈http://ko.wikipedia.org/w/index.php?title=%ED%96%87%EB%B3%95%EC%A0%95%EC%B1%85&oldid=10317099〉.

**사오정
시리즈**

중국의 4대 기서 가운데 하나인『서유기』의 등장인물인 사오정은 손오공, 저팔계와 함께 삼장법사를 모시고 인도로 불경을 얻으러 가게 된다. 저팔계보다 영리하고 나름대로 분별력도 있는 '물귀신'으로 기록되지만, 이 시리즈의 사오정은 허영만 화백의 만화 〈날아라 슈퍼보드〉4에 등장하는, 가는귀를 먹어서(정확히는 머릿살의 주름에 귀가 파묻혀 있다) 주름을 걷고 귀에 대고 이야기를 하지 않으면 전혀 엉뚱하게 알아듣는 캐릭터이다. 이렇게 만들어진 캐릭터가 의외로 큰 인기를 끌자 이를 패러디한 사오정 시리즈가 등장하게 되었는데, 이 시리즈의 내용은 〈날아라 슈퍼보드〉에 나오는 사오정의 캐릭터와 같이, 상대방의 말을 전혀 엉뚱하게 받아들여서 생기는 해프닝을 주 소재로 하고 있다.5 1998년 최고로 히트한 사오정 만담 시리즈는 IMF 시대를 사는 우리의 모습을 투영하고 있다. 엉뚱하게 딴소리만 하는 사오정은 남이 하는 말에 귀를 막아버리고 이웃에 대한 배려보다는 자기 몫을 챙기기에 바쁜 각박한 현실, 즉 민초들의 원성에 귀를 막고 정쟁이나 일삼는 정치가들, 구조조정보다는 살아남기에만 바쁜 한국 기업들의 모습인 것이다. 시리즈의 대표적인 예

4 1990년부터 KBS 1TV 어린이 만화영화 〈날아라 슈퍼보드〉로 방영.
5 "사오정." 위키백과, . 1 2 2013, 03:51 UTC. 12 3 2013, 06:22 〈http://ko.wikipedia.org/w/index.php?title=%EC%82%AC%EC%98%A4%EC%A0%95&oldid=10119037〉.

는 다음과 같다.6

　　　〈사오정 카페〉
　　　사오정1 : 우유 주세요.
　　　사오정2 : 그럼 난 우유.
　　　사오정3 : 그럼 나도 콜라.
　　　사오정4 : 그럼 사이다 네 잔 주세요.
　　　웨이터 사오정 : 죄송합니다. 저희 카페엔 율무차가 없는데요.

왕−, 왕따　청소년 사이에서 집단 따돌림을 뜻하는 왕따 현상이 심각해지고, 일반 사회에서도 이런 현상이 확산되면서 널리 쓰이게 되었다. 이로 인해 왕통큰바(롯데), 왕시모나(해태), 왕붕어싸만코(빙그레) 등과 같은 빙과 이름도 나타나게 되었다. '왕−'은 청소년들이 강조의 접두사로 유행어처럼 쓰고 있는 '왕'으로, '왕따', '왕 재수 없다' 등의 속어가 유행처럼 나돌았다.7 1992년 이후에도 롱런하는 유행어이다.

남존여비　IMF 유행어이다. IMF 이후 여성들이 해고되는 비율이 월등히 높아지자 나온 말로, '남자는 남고(存) 여자는 해고의 슬픔(悲)을 겪는다', '남자가 존재하는 한 여자는 비극의 주인공이 될 수밖에 없다'는 등 다양한 뜻으로

---

6 조선, 1998.12.23 조선닷컴 입력 〈[송년특집] 98 말말말…IMF한파에 썰렁한 '사오정' 한몫〉 김태훈 주간부 기자.
7 조선, 1998.10.19, 35면 〈30초 경영학 유행어에 민감한 빙과 이름〉 임형균 기자.

통용되었다.

명퇴, 황퇴, 조퇴

'명퇴'는 '명예퇴직'의 줄임말로, 1996년 8~9월의 명예 퇴직이 계기가 되어 등장하기 시작했고,[8] 1997년 한 해 가장 유행한 말의 하나이다. 경제가 어려워지자 여러 회사에 이 제도가 도입되어 1998년까지 지속, 이제는 아예 하나의 용어로 굳어졌다. '황퇴', '조퇴'는 '명퇴' 후에 나타난 유행어로, 각각 '황당하게 당한 퇴직', '조기 퇴직'의 준말이다.

일등감자, 불량감자

오리온 스낵 포카칩은 1988년 출시되었는데, 출시 10주년을 맞이하는 1998년 8월 〈감자들의 이야기〉(영화배우 엄앵란, 탤런트 김진 출연)를 TV CF로 내놓으면서 만들어진 유행어이다. '일등 감자들만이 포카칩이 될 수 있다는 현실이 너무 슬퍼'라는 말을 응용해 'ㅇㅇ만이 ㅇㅇ이 되는 현실이 슬퍼'라면서 현실을 한탄할 때에 적절하게 사용하였다.

짜장면 시키신 분

1997년부터 1998년까지 이어진 신세기통신 파워디지털 PCS 017 광고 카피이다. '전파의 힘이 강하다'라는 콘셉트를 설정한 신세기통신은 어디서나 전파가 잘

---

8 조선, 1996.12.18 조선닷컴 입력 〈[96 결산/유행어] 공주병에 빠떼루 줘야 한다!〉 이용연 주간부 기자.

터진다는 것을, 어디서나 자장면 배달을 시킬 수 있다는 재미있는 방식으로 묘사하여 전국에 이 유행어를 퍼트렸다.[9] 방송인 이창명은 이 CF로 CF킹으로 떠올라 12개의 CF에 나오게 되었고, 자장면을 주문하는 배경으로 마라도 앞바다가 나오면서 마라도에 관광객이 급증했다. 더불어 중국 음식점도 잇따라 생기면서 호황을 누리게 되었다.

**국물이
끝내줘요**

탤런트 김현주가 농심 생생우동 CF에서 한 말이다.[10]

**무늬만 나무
아니에요**

나무나라 바닥재 광고에서 탤런트 이의정이 말한 카피로, '무늬만 호남'처럼 겉 다르고 속 다른 세태를 꼬집거나 표리부동한 인물에게 쓰이면서 1998년 CF가 만들어낸 최고의 유행어로 자리 잡았다.[11]

한 미모 한다

'예쁘다'를 '한 미모 한다'는 식으로 말 앞에 '한'을 붙이는 말투는 처음 FM라디오 프로그램에서 시작되어, TV 오락 프로그램에서 연예인들이 앞다투어 사용하면서 일반인들에게 확산되었다. '팔뚝이 굵다'는 '한 팔뚝 한

---

9 강준만·전상민(2007) 『광고, 욕망의 연금술』 인물과 사상사, p.300.
10 경향신문, 1998.12.29, 25면 〈방송·CF·영화계 유행어 '바람'〉 이무경 기자.
11 경향신문, 1998.12.29, 25면 〈방송·CF·영화계 유행어 '바람'〉 이무경 기자.

다', '수다스럽다'는 '한 수다 한다'는 식인데, 올바른 국
문법과는 동떨어진 표현이다.[12]

---

12 경향신문, 1998.12.29, 25면 〈방송·CF·영화계 유행어 '바람'〉 이
무경 기자.

10. 1999년

雑草魂
잡초 혼

1999년은 유행어 대상작 세 개 중 두 개가 프로야구 신인 투수들과 관련된 유행어인데, 그중의 하나이다. 1999년의 퍼시픽 리그에 마쓰자카 다이스케[松坂大輔]가 있다면 센트럴 리그에는 우에하라 고지[上原浩治]가 있었다. 연일 투수 기록을 갱신한 대형 신인이었다. 그러나 화려하게 데뷔한 마쓰자카에 비하면 고교 시절에는 예비 투수였고 팀도 고시엔[甲子園]과는 인연이 없었다. 매스컴은 착실히 올라온 새로운 히어로의 기상을 '잡초 혼'이라고 표현하였다.

リベンジ
revenge,
리벤지, 복수

위의 유행어와 같은 속성의 말이다. 요란한 선전과 함께 세이부 라이온즈[西武ライオンズ]에 입단한 슈퍼 루키 마쓰자카 다이스케는 150킬로의 속구와 능란한 슬라이더로 16승 5패, 방어율 2.60의 고졸 신인 최다승 기록을 수립한 '헤이세이[平成]의 괴물'이었다. 성격이 강하고 유달리 지기를 싫어했던 그가 패전한 시합 후에는 "다음 게임에는 꼭 리벤지하겠다."라고 한 말에서

나왔다. '복수, 앙갚음'의 의미로, 항간에서도 빈번하게 사용되었는데, '리벤지'는 격투기 K-1에서 이전부터 사용되고 있던 말이다.

ブッチホン
붓치폰

1999년 유행어 대상작이다. 돌연 "여보세요, 게이조입니다."라고 수상 관저에서 전화가 온다. '장난이겠지'하고 모두가 의심하며 대한다. 그런데 전화의 주인공은 실제로 오부치 게이조[小渕惠三] 수상이다. 그것도 장관이나 국회의원, 대기업 사장 등 공인 상대라면 이해가 되는데, 잡지의 필자나 수상에게 전자메일을 보낸 일반인에게까지 직접 전화가 간다. '식은 피자', '진공총리', '인품의 오부치' 등 단기간에 오부치 수상만큼 별명이 늘어난 예도 드물다. '붓치폰'은 스스로가 명명한 것이다.

学校(級)
崩壊
학교(학급) 붕괴

쇼킹한 타이틀로 학교교육의 위기에 일대 경종을 울린 가와카미 료이치[河上亮一]의 베스트셀러『学校崩壊』가 그대로 유행어가 되었다. "교사의 개인적인 노력으로는 도저히 할 수 없는 학급의 위기 사태는, 어린이의 자유와 인권을 주장하는 사람들에 의하여 박차가 가해졌다. 그들은 교사가 필사적으로 어떻게든 하려고 하고 있을 때에 교사들을 비난하여, 교사들은 꼼짝할 수 없게 되었다. 이것이 학교의 교육력을 저하시켜 학교 그 자체를 붕괴시켜 가게 되었다…."

カリスマ
카리스마

카리스마(charisma)는 대중을 심복시켜 따르게 하는 능력이나 자질을 뜻하는데, 이 당시 일본에서는 인기가 많다는 의미로 사용되었다. 그 상징이 '카리스마 점원'으로 불리던 초인기 판매원인 마네킹 걸들이었다. 당시 여고생이 동경하는 직업 제1위가 패션숍의 점원이었는데, 그녀들은 매상도 높지만, 패션 리더의 역할도 하여 그 코디네이트나 메이크가 그대로 젊은 여성의 트렌드가 되었다. 이 말은 1999년의 키워드로, '카리스마 미용사' '카리스마 호스트' 등이 연이어 나타났다.

ミッチー
・サッチー
밋치 · 삿치

'삿치', 즉 노무라 사치요[野村沙知代]를 둘러싼 소동이 연일 와이드 쇼를 요란하게 하였다. 계기를 만든 사람은 그 후에 '밋치'라는 애칭으로 친숙해진 아사카 미쓰요[浅香光代]였다. 그는 라디오 프로그램의 레귤러 출연 최종회에서 삿치의 방자함과 예의 없음을 비판하였다. 이를 계기로 삿치에게 피해를 입었다는 사람들이 연달아 등장히여 그의 악행·의혹이 줄줄이 발각되는 무시무시한 삿치 때리기가 시작되었다. 최대의 논점은 참의원 선거 출마 시 '컬럼비아대학 졸' 학력 사칭 및 노무라 가쓰야[野村克也] 감독과의 결혼 일정 사칭이 공직선거법 위반이 아닌가 하는 것이었다. 시효를 앞두고 밋치가 도쿄지검에 고소하였지만, 증거 확인 불가로 불기소되었다.

**西暦2000年
問題**
서기 2000년
문제

영어권에서는 'Y2k(year two kilo)'라고 한다. 초기 컴퓨터의 용량이 작았을 때의 프로그램이, 메모리를 아끼고자 연도 표시를 두 자리로 하였기 때문에 2000년이 된 것을 판별하지 못하여 오작동에 의한 사고의 우려가 있다는 문제이다.

**だんご
3兄弟**
경단 3형제

1999년 1월, NHK 교육 TV 〈엄마와 함께[おかあさんといっしょ]〉에서 불린 코믹송이다. 이 노래에 돌연 붐이 일어나 CD의 예약 판매가 쇄도하여 발매 초기에는 손에 넣기 어려울 정도였다. 심플한 가사와 멜로디, 탱고의 현란한 리듬으로 유아부터 노인까지 같이 부를 수 있는 국민가요가 되었다. 그 인기 덕을 보려고 항간에서는 수많은 '○○ 3형제' 상품이 태어났다.

癒し
치유

버블 경기가 한창이었던 1989년에 '24시간 싸울 수 있어요?[24時間タタカエマスカ]'라는 카피로 대히트한 드링크제 리게인[リゲイン]의 새로운 CM 'energy flow'가 등장했다. 사카모토 류이치[坂本竜一]의 피아노 솔로와 함께 "이 곡을 모든 피곤한 사람들에게"라는 카피 메시지를 보내는 등, '치유'는 이미 국민적인 테마가 되었다. 영어 'ヒーリング(healing, 힐링)'으로 표현하기도 하였다.

i モ—ド
i 모드

1999년은 소문자인 'i'를 앞에 붙인 상품이 속속 등장하였다. 'i'는 'internet(인터넷)'의 'i'이며, 'information(정보)', 'integrated(통합)'의 'i'라고도 한다. 1998년에 발매된 애플사의 iMac이 그 시초이며, 다음 해 일본에서는 카메라나 책 등 인터넷과 직접 관계가 없는 상품에서도 일대 'i'붐이 일었다. 여기에 불을 붙인 것이 NTT 도코모가 시작한, 인터넷에 접속 가능한 휴대전화의 새로운 서비스 'i 모드'의 히트였다.

不審船
괴선박

'괴선박'이란, 일반적으로 수상한 행동을 하는 모든 선박을 가리키는 말이지만, 일본에서는 일본 근해에서 때때로 목격되는 북한의 공작선이나, 폭력 조직과 연결되어 밀어(密漁)·밀수를 하는 배로 의심되는 선박을 가리키는 경우가 많다. 1999년 3월 23일 노토 반도(能登半島) 앞바다에서 괴선박 사건이 발생하여 자위대 최초의 해상경비행동이 빌렁되었다.

한국

**밀레니엄,
밀레니엄
베이비**

밀레니엄(millennium)은 연도를 1,000년 단위로 끊은 것으로, 첫 번째 밀레니엄은 1~1000년, 두 번째 밀레니엄은 1001~2000년, 세 번째 밀레니엄은 2001~3000년이다. 그러나 2000년을 밀레니엄의 첫해로 보는 인식이 확산되어 그렇게 받아들임으로써 1년 전인 1999년부터 '밀레니엄'이라는 말이 빈번히 사용되었다.

밀레니엄 베이비는 새 천 년의 출발점인 2000년 1월 1일 0시에 태어난 아기를 가리키는데, 이를 행운의 징조로 여겨 여기에 맞추어 출산하려는 사람도 나타났다.

**밀레니엄
버그**
millennium bug

Y2k 문제
year two kilo

밀레니엄 버그란 컴퓨터가 2000년 이후의 연도를 제대로 인식하지 못하는 결함을 말한다. 컴퓨터가 1999년 당시까지 인식하고 있는 연도 표기는 두 자리로, 2000년을 00년으로 인식하게 되면 컴퓨터를 사용하는 모든 일이 마비되어 커다란 사고로 이어질 수 있었다. 은행 등 금융권의 이자 계산부터 모든 연산 결과가 왜곡될 수 있고, 또 세금 계산, 계약 만기일 등 날짜와 관련된 일을 비롯해 모든 일상 업무에 일대 혼란이 일어나게 된다. 밀레니엄 버그를 'Y2k 문제'라고도 하는데, Y는 연도(year)의 첫 글자를 딴 것이고 k는 1000(kilo)에서 온 것으로, 2000년을 가리킨다.

그러나 필요한 조치를 취하여 실제로는 이러한 혼란이 거의 일어나지 않았다.

**아줌마가
바로 서야
나라가 바로
선다**

온 나라를 떠들썩하게 만든 고급 옷 로비 사건에 이어
그림 로비설이 큰 파문을 일으키자, '청년이 바로 서야
나라가 바로 선다'는 표현을 패러디하여 만든 말이다.
두 사건 모두 상류층 부인들이 깊이 관련되었기에 이
들의 사치와 허영을 날카롭게 비판한 것이다.

**스타크,
스타크 증후군**

스타크는 1998년 4월 미국의 벤처기업 블리자드(Blizzard)
엔터테인먼트에서 출시한 실시간 전략 시뮬레이션 게
임인 스타크래프트[Star Craft]를 줄인 말이다. 인터넷을
통한 대전 방식으로 세계시장을 석권하였는데, 가정
용 게임기로 혼자서 게임을 즐기는 것을 좋아하는 미
국인이나 일본인과 달리, 대결을 좋아하는 한국인의
특성상, 한국에서 특히 인기가 높아¹ 게임방인 PC방이
전국적으로 유행하는 데에 큰 역할을 하였다. 인기의
상승에 따라 '이스포츠(e-sports, electronic sports)'라는 장르
의 탄생에 기여하였고, 이 부문의 대표적인 게임이
되었다. 1998년과 1999년에 KPGL과 PKO라는 프로게
임 리그가 생기고 케이블 방송을 통해 중계되면서 임
요한과 같은 연봉 2억 이상의 인기 스타 프로게이머

1 2009년 2월 28일까지 전 세계에서 1,100만 장 이상이 팔린 것으로
집계되었는데, 그중 한국에서 약 64%인 700만 장이 팔렸다고 한
다("스타크래프트" 위키백과, . 21 3 2013, 00:50 UTC. 25 3 2013, 00:51
〈http://ko.wikipedia.org/w/index.php?title=%EC%8A%A4%ED%
83%80%ED%81%AC%EB%9E%98%ED%94%84%ED%8A%B8&oldi
d=10526698〉).

(Progamer)가 등장하기도 하고, 공군에 팀이 생기기도 하였다. 2010년에는 3D 형식의 스타크래프트2가 출시되었다.

'스타크 증후군'이란 위와 같은 스타크 게임에 빠져 인간관계와 학업, 사회생활에 지장을 초래하는 현상을 말한다.

당근이지

'당연하지, 물론이지'라는 뜻으로, SBS TV 〈LA 아리랑〉의 이영범이 대표적으로 사용하였다. 어느 조사에서 인터넷 유행어 2위에 오르기도 하였으며2, 일반 대화에서도 많이 사용되었다.

묻지 마, 다쳐!

배우 김정은이 차태현과 함께 출연한 한솔 PCS 원샷 018 투넘버 CF에서 말한 카피로, 1999년 한 해 가장 사랑받았던 유행어이다. 국가정보원의 불법 도·감청 의혹 사건이나, 정치, 연예계의 고급 옷 로비 사건, O양 비디오 파문 등 대형 사건이 많은 시기였던 만큼 대중에게 크게 어필하였으며, '길게 쓰지 마, 다쳐'(PC통신용), '실패하지 마, 다쳐' 등 '~하지 마, 다쳐' 시리즈를 양산하였다.3

---

2 경향신문(1998.12.29, 25면 〈방송·CF·영화계 유행어 '바람'〉 이무경 기자)에는 1998년 유행어로 되어 있다.
3 주간조선, 1999.12.30. [1584회] 〈돌아본 99년] 키워드 "주식"…끝없는 말…말…말…〉 황성혜 주간부 기자.

미안합니다, 몸이 아파서 ……	3월에 KBS 개그맨 14기로 데뷔한 김영철이 8월 KBS 2TV 〈개그콘서트〉에서, 당시 TV에서 늘 비추던 옷 로비 청문회 증인인 전 통일부 장관 부인 배정숙 씨의 말투를 흉내 낸 것이다. 이것이 크게 유행[4]하게 되어 김영철은 단기간에 스타덤에 올랐다.[5]
감 잡았어	SBS TV 오락 프로그램 〈좋은 친구들〉의 〈심리학개론 흑과 백〉 코너에서 정웅인이 유행시킨 말이다.
386세대	당시 30대이면서, 80년대 학번으로, 60년대생인 젊은 세대를 가리킨다. 이 세대가 사회 각 분야에 개혁적 엘리트로 정착하여 제 목소리를 내기 시작한 90년대 중반부터 이 호칭이 언론에 오르내리기 시작하였으며, 1999년부터는 그 빈도수가 더욱 높아지게 되었다. 2000년 4월 제16대 국회의원 선거에서는 정치 초년병인 386세대가 기성 정치인을 물리치고 국회의원에 당선됨으로써 더욱 기세를 떨치게 되었다
오버하지 마	SBS TV 〈김혜수의 플러스유〉, KBS 2TV 〈서세원 쇼〉에서 나온 말이다. 서세원은 '토크 박스' 코너에서 초대

---

4 한국경제신문(1999.12.30, 29면 〈'99 말 말 말…〉)은 1999년 최고의 유행어로 꼽고 있다.
5 조선, 2000.7.5, 40면 〈[스타와 함께] 개그 열전 (4) 김영철〉 한현우 기자.

손님이 지나치게 과장된 이야기를 하거나 동작을 하면 "오버하지 마"라며 벌점을 주기 일쑤였고, 김혜수는 초대 손님의 말에 자주 끼어드는 바람에 출연자들에게서 '오버한다'는 핀잔을 들었다.[6]

쏜다　1999년 연말에 유행한 말로, 송년회 모임이나 회식, 친구들 간의 약속이 잦아지면서 자주 사용되었다. '쏜다'는 '한턱내다', '자리를 책임지다' 등의 의미인데, MBC TV 드라마 〈안녕 내 사랑〉에 출현했던 정준호가 토크쇼에 출연해 무게를 잡고 "오늘은 내가 쏜다."라고 말하는 등 연예인들의 입을 통해 유행하게 되었다.[7]

---

6 경향신문, 1999.12.3, 31면 〈올 최고의 유행어는? '묻지마, 다쳐' '도·감청 의혹사건' 풍자〉 김희연 기자.
7 경향신문, 1999.12.3, 31면 〈올 최고의 유행어는? '묻지마, 다쳐' '도·감청 의혹사건' 풍자〉 김희연 기자.

11. 분 석

1990년부터 1999년까지 10년간의 양국 유행어를 정치, 경제, 사회·생활, 문화·연예, IT·과학, 스포츠의 6개 분야로 나누어 보면 다음과 같다.

일본

일본의 경우, 이 기간의 유행어로 1990년 14개, 1991년 14개, 1992년 17개, 1993년 17개, 1994년 14개, 1995년 10개, 1996년 13개, 1997년 11개, 1998년 13개, 1999년 11개의 총 134개를 취급하였다.

정치와 관련된 말은 1990년 2개("ブッシュ"ホン/スペシャルゲスト), 1991년 2개(八月革命/重大な決意), 1992년 3개(ほめ殺し/上申書/PKO), 1993년 2개(新·○○/天の声), 1994년 2개(新·新党/人にやさしい政治), 1995년 2개(無党派/官官接待), 1996년 4개(友愛/排除の論理/閉塞感(打開)/不作為責任), 1997년 2개(時のアセス/郵政3事業), 1998년 4개(「凡人·軍人·変人」/「冷めたピザ」/スマイリング·コミュニスト/ボキャ貧), 1999년 2개(ブッチホン/不審船)로, 총 25개이다.

이 중에서 수상과 관련된 유행어는 9개로, 가이후 2개("ブッシュ"ホン/重大な決意), 다케시타 노보루(竹下登) 전 수

상 1개(ほめ殺し), 무라야마 1개(人にやさしい政治), 하토야마1
2개(友愛/排除の論理), 오부치 3개(「冷めたピザ」/ボキャ貧/ブッチホ
ン)이다.

경제와 관련된 말은 1990년 4개(ファジィ/バブル経済/一番
搾り/パスポートサイズ), 1991년 2개(「ひとめぼれ」/損失補填), 1992년
5개(カード破産/もつ鍋/複合不況/9Ｋ/謝長悔長), 1993년 2개(規制緩
和/2,500円スーツ), 1994년 4개(価格破壊/契約スチュワーデス/関空/就
職氷河期), 1995년 1개(「変わらなきゃ」), 1996년 0개, 1997년 2
개(たまごっち/日本版ビッグ・バン), 1998년 3개(貸し渋り/モラル・ハザー
ド/日本列島総不況), 1999년 0개로, 총 23개이다.

경제 분야를 보면 1980년대와 달리, 버블 경제와
관련된 말이 대부분을 차지하고 있다. 80년대의 '100ド
ルショッピング(1985)와 같은 활황의 기세는 간데없고, 불
황으로 연결되는 거품경제를 나타내는 말이 'バブル経
済(1990)를 비롯하여 '損失補填/カード破産/もつ鍋/複合
不況/謝長悔長/2,500円スーツ/価格破壊/契約スチュ
ワーデス/就職氷河期/貸し渋り/モラル・ハザード/日本列
島総不況'과 같이 끊임없이 등장하여 일본 경제의 '失
われた10年(잃어버린 10년)'(2000)을 그대로 보여주고 있다.

사회・생활과 관련된 말은 1990년 2개(アッシーくん/「気
象観測史上(はじめての…)」), 1991년 4개(火砕流/地球にやさしい V/組ブ

---

1 당시는 민주당 대표였고, 2009-2010년에 수상을 역임하였다.

レ/チャネリング), 1992년 0개, 1993년 1개(清貧), 1994년 1개(X世代), 1995년 3개(「がんばろうKOBE」/ライフライン/安全神話), 1996년 1개(援助交際), 1997년 4개(失楽園(する)/ガーデニング/透明な存在/パパラッチ), 1998년 3개(環境ホルモン/老人力/キレる), 1999년 3개(学校(級)崩壊/カリスマ/癒し)로, 총 22개이다.

사회·생활 분야를 보면, 천재지변을 비롯한 환경과 관련된 말(「気象観測史上(はじめての…)」/火砕流/地球にやさしい V/「がんばろうKOBE」/ライフライン/安全神話/ガーデニング/環境ホルモン)이 많이 나타나고 있고, 부적절한 남녀의 교제를 나타내는 표현(援助交際/失楽園(する))도 보이고 있다.

문화·연예와 관련된 말은 1990년 5개(オヤジギャル/ちびまる子ちゃん(現象)/愛される理由//バラドル/ティラミス), 1991년 4개(「…じゃあ~りませんか」/「僕は死にましぇ~ん」/「ダダーン ボヨヨン ボヨヨン」/ダンス甲子園), 1992년 8개(きんさん・ぎんさん/「うれしいような, かなしいような」/「はだかのおつきあい」/冬彦さん/「ねェ, チューして」/歌手の小金沢クン/ツインピークス/.ルパン), 1993년 6개(「聞いてないよォ」/お立ち台²/ウゴウゴ・ルーガ/たま・ひよ(族)/コギャル/ブルセラ(ショップ)), 1994년 6개(「すったもんだがありました」/「同情するならカネをくれ」/ヤンママ/大往生/ゴーマニズム/Jポップ), 1995년 2개(「だ・よ・ね(DA・YO・NE) ま、いっか(MAICCA)」/「見た目で選んで何が悪いの！」), 1996년 5개(ルーズ

---

2 お立ち台, コギャル, ブルセラ(ショップ)은 '사회·생활'로도 분류가 가능하나, 젊은이들의 문화로 보았다. 이하 비슷한 내용도 마찬가지이다.

ソックス/チョベリバ・チョベリグ/アムラー/へそ出しルック/シネコン), 1997년 3개(もののけ(姫)/マイブーム/ポケモン), 1998년 2개(「だっちゅーの」/ショムニ), 1999년 2개(ミッチー・サッチー/だんご3兄弟)로, 총 43개이다.

　문화·연예 분야에서는 신세대 문화를 나타내는 말(オヤジギャル/パラドル/ダンス甲子園/「ねェ, チューして」/お立ち台/コギャル/ブルセラ(ショップ)/ヤンママ/ルーズソックス/チョベリバ・チョベリグ/アムラー/へそ出しルック)이 가장 많이 나타나고 있는데, 대부분은 여성과 관련된 표현이다.

　또 드라마 속의 이름이든 실제 이름이든 사람의 이름이 들어간 표현(冬彦さん/歌手の小金沢クン/ミッチー・サッチー)이 등장하고 있고, 한국 문화가 일본에 전해진 것을 나타내는 'ノレバン(노래방)'도 보이고 있다.

　IT·과학과 관련된 말은 1990년 0개, 1991년 0개, 1992년 1개(宇宙授業), 1993년 0개, 1994년 0개, 1995년 1개(インターネット), 1996년 1개(「ガンと闘うな」(がんもどき理論)), 1997년 0개, 1998년 0개, 1999년 2개(西暦2000年問題/iモード)로, 총 5개인데, 일본인 최초의 우주비행사가 탄생한 것을 엿볼 수 있는 '宇宙授業'이 포함되어 있다.

스포츠와 관련된 말은 1990년 1개(昭和生まれの明治男), 1991년 2개(川崎劇場/若貴), 1992년 0개, 1993년 6개(Jリーグ/サポーター/FA(フリーエージェント)/親分/「悪妻は夫をのばす」/ドーハの悲劇), 1994년 1개(イチロー(効果)), 1995년 1개(NOMO), 1996년 2개(「自分で自分をほめたい」/メークドラマ), 1997년 0개, 1998년 1개(ハマ

の大魔神), 1999년 2개(雑草魂/リベンジ)로, 총 16개이다.

스포츠 관련 유행어 16개를 종목별로 구분하면, 야구가 11개(昭和生まれの明治男/川崎劇場/FA(フリーエージェント)/親分/「悪妻は夫をのばす」/イチロー(効果)/NOMO/メークドラマ/ハマの大魔神/雑草魂/リベンジ)로 압도적이다. 역시 일본에서 가장 인기가 높은 국민 스포츠임을 입증하는 것이라고 생각한다.

그 외에 축구 3개(Jリーグ/サポーター/ドーハの悲劇), 마라톤 1개(「自分で自分をほめたい」), 씨름 1개(若貴)가 있다. 축구에 속하는 말 중에서 'ドーハの悲劇'은 한국과 관계가 깊은 말인데, 일본이 경기에서 10초를 버티지 못하고 비김으로써 한국이 월드컵 출전을 하게 된 상황을 가리키는 말이기도 하다.

한국

한국의 경우, 이 기간의 유행어로 1990년 17개, 1991년 8개, 1992년 12개, 1993년 16개, 1994년 11개, 1995년 15개, 1996년 10개, 1997년 10개, 1998년 16개, 1999년 11개의 총 126개를 취급하였다.

정치와 관련된 말은 1990년 0개, 1991년 1개(국회의원의 절반은 바보가 아니다), 1992년 2개(Yes I can…그래 난 깡통이다, Love is long—사랑하지롱/우리가 남이가?), **1993년 5개**(놀랬지?/토사구팽/집사람이 한 일이라 나는 모른다/누가 누구에게 돌을 던지느냐?/우째 이런 일이……), **1994년 2개**(세계화, 국제화/인사가 망사), **1995년 6개**(비자금[3], 통치자금/○○가 기가 막혀(태우가 기가 막혀, 전 씨가 기가 막혀)/유전유죄 무전무죄[4]/봉황털/방랑하는 전삿갓/나가리), **1996년 3개**(DJP/백배 천배 (보복)/독불장군에게는 미래가 없다), **1997년 3개**(깃털, 몸채몸통/정치 9단/준비된 ○○○), **1998년 3개**(3풍(병풍, 세풍, 총풍)/몽니 신드롬/햇볕정책), **1999년 1개**(386세대)로, 총 26개이다.

이 중에서 대통령과 관련된 유행어는 **12개**[5]로, 전두환 전 대통령 **2개**(Yes I can—그래 난 깡통이다, Love is long—사랑하지롱/전 씨가 기가 막혀), **노태우 3개**(태우가 기가 막혀/유전유죄 무전무죄/봉황털), **김영삼 5개**(Yes I can—그래 난 깡통이다, Love is long—사랑하지롱/놀랬지?/우째 이런 일이……/독불장군에게는 미래가 없다/정치 9단), **김대중 4개**(DJP/정치 9단/준비된 ○○○/햇볕정책)이다. 이 중에서 당사자가 직접 발언한 말로는 김영삼 대통령의 '놀랬지?/우째 이런 일이……/독불장군에게는 미래가 없다'가 해당된다.

---

3 똑같은 말이지만, 1987년의 '비자금'은 경제로 분류하였다.
4 1993년의 똑같은 말인 '유전유죄 무전무죄'는 사회·생활로 분류하였다.
5 두 명 이상의 대통령에 해당되는 말인 'Yes I can－그래 난 깡통이다, Love is long－사랑하지롱'(전두환, 김영삼), '○○가 기가 막혀(태우가 기가 막혀, 전 씨가 기가 막혀)'(전두환, 노태우), '정치 9단'(김영삼, 김대중)은 총계에서는 3개로 취급하여, 개인별 숫자의 합(6개)과는 일치하지 않는다.

또한 정치와 관련된 말은 김영삼 대통령 재직 시 (1993~1997)에 주로 생겼음을 알 수 있는데, 기간은 절반 가량이지만 전체 26개 중에 19개(약 73%)를 차지하고 있다. '문민정부'라는 기치를 내걸었던 만큼, 정치적으로 논란이 많았던 시기임을 나타내는 것이라고 생각한다.

경제와 관련된 말은 1990년 0개, 1991년 0개, 1992년 0개, 1993년 1개(마누라와 자식만 빼고 다 바꿔보자), 1994년 0개, 1995년 1개(○○파괴6(가격파괴, 학력파괴, 인사파괴)), 1996년 1개(3째), 1997년 5개(머슴이 뭘 알아/IMF 시대/IMF 용어 : I'm fired, I'm finished, I'm fine, I'm F, I'm forgetting, I'm a fly, I'm fool, I'm falling in love/밤새 안녕하십니까?/펀더멘틀은 좋은데……), 1998년 6개(IMF-(한파, 스트레스, 가격, 세일, 무풍지대, 모델, 자살/-족 시리즈(캥거루족, 잠수족, 해녀족)/복지뇌동7/신토불이8/남존여비/명퇴, 황퇴, 조퇴), 1999년 0개로, 총 14개이다.

경제 부문 총 14개 중, IMF 체제의 2년간(1997, 1998)에 생겨난 말이 12개로, 86%를 차지하고 있음을 알 수 있다. 역시 유행어라는 것이 일상적인 상황보다 극단적이고, 변화가 심한 상황에서 잘 생겨남을 보여주는 예라고 생각한다.

6 '가격파괴'에서 시작되어 확산된 말들이라서 경제로 분류.
7 1994년의 '복지뇌동'은 사회·생활로 분류하였는데, 여기서는 경제로 분류하였다.
8 1992년의 '신토불이'는 문화·연예로, 1994년의 '신토불이'는 사회·생활로 분류하였는데, 여기서는 경제로 분류하였다.

또한 내용 면에서도, 당연한 결과이겠지만, 경기 불황, IMF 체제와 관련된 말(○○파괴―가격파괴/3빼/IMF 시대/IMF 용어/밤새 안녕하십니까?/펀더멘틀은 좋은데……/IMF 한파, ……/―족 시리즈/신토불이/남존여비/명퇴, 황퇴, 조퇴)이 역시 대부분을 차지하고 있다.

사회·생활과 관련된 말은 1990년 0개, 1991년 3개(넌 5억짜리야 차 조심해/아이구 내 돈 떨어지네/임마 아까 그건 모델하우스야), 1992년 3개(방콕 갔다 왔다/신의 아들, 제왕의 아들, 장군의 아들, 사람의 아들, 어둠의 자식/나 휴거되고 싶어, 휴거됐다. 밥 많이 먹으면 무거워서 휴거되기 힘들다), 1993년 5개(동방불패/턱 하니 억/유전유죄 무전무죄/행복은 재산순이 아니잖아요/엄마, 나 오리 맞아? 그럼. 그런데 난 왜 이렇게 닭살이 돋지?("엄마, 나 ―맞아? 시리즈)), 1994년 7개(내가 그랜저를 타는 것은 능력이 있어서 그런 거고, 네가 그랜저를 타는 것은 주제넘은 짓이다(나 너 시리즈)/성희롱/복지부동, 복지안동, 복지수동, 복지뇌동/신토불이/X세대/미시족/대학에 붙으면 주사파 떨어지면 지존파), 1995년 6개(장난이 아니야/쉰(50) 세대/삼풍 고스톱/머피의 법칙/무서워[버] 시리즈/간 큰 ○○ 시리즈), 1996년 3개(공주병 신드롬(공주병 시리즈)/막가파/지둘리), 1997년 0개, 1998년 2개(사오정 시리즈/왕―, 왕따[9]), 1999년 2개(밀레니엄, 밀레니엄 베이비/아줌마가 바로서야 나라가 바로 선다)로, 총 31개이다.

---

9 1992년의 '왕―'은 문화·연예로 분류하였는데, 여기서는 사회·생활로 분류하였다.

사회·생활 분야를 보면, 전체적으로는 부정이나 거짓에 대한 풍자 등, 마이너스 평가의 표현이 많이 나타나고 있다.

내용 면에서는 재산 공개 관련 유행어(턱 하니 억/유전 유죄 무전무죄/행복은 재산순이 아니잖아요/복지부동, 복지안동, 복지 수동, 복지뇌동/신토불이)가 가장 많고, 대학 입시 부정과 관련된 말(넌 5억짜리야 차 조심해/아이구 내 돈 떨어지네), 젊은 남성들에게 가장 민감한 병역 문제와 관련된 말(신의 아들, 제왕의 아들, 장군의 아들, 사람의 아들, 어둠의 자식)이 있다. 또한 사이비 종교와 관련된 표현(나 휴거되고 싶어, 휴거됐다, 밥 많이 먹으면 무거워서 휴거되기 힘들다), 이념과 관련된 말(대학에 붙으면 주사파 떨어지면 지존파), 사투리가 나타나는 경우(지둘리)가 있음을 알 수 있다.

문화·연예와 관련된 말은 1990년 17개(희망사항/싫다 싫어/앗, 나의 실수, 거의 나의 독무대, 심하다, 심해!, 거의 환상적/따봉/ 남편 퇴근 시간은 여자 하기 ㅣ 름, 남편 사랑은 가끔 확인해 봐야 돼요/ 그래, 이 맛이야/저도 사실은 부드러운 여자예요/영양가 없는 소리/지 가요⋯⋯걸랑요/여러분의 시선을 모아모아/됐네, 됐어, 영숙이 숙제 했어?/자네는 들어봤나, ○○를?/뻥이야/아, 실수/짜장면은 싫어, 난 짬뽕/ 난 목에 칼이 들어와도 리바이벌은 안 해!/물론 있지요), 1991년 4개 (저요, 저요!/실례합니다∼/그러면 지구는 누가 지키지?(최불암 시리즈)/ 이게 뭡니까?, 이래서야 되갔습네까?, 안 그렇습네까?, 이거 참 큰일입 네다(김동길 시리즈),[10] 1992년 6개(네가 나를 모르는데 난들 너를 알겠느냐/신토불이/우리 것은 소중한 것이여(야)/오렌지족, 감귤족, 낑깡족, 야타족(오렌지족 시리즈)/웬 --[웬 빵?, 웬 돈?]/왕 --[왕 비싸다, 왕 크다, 왕 멋있다)), **1993년 5개**(8틀었슈?, 파토냈슈?, 팥들었슈?(파트라슈 시리즈)/아니, 그렇게 심한 말을? 아니, 그렇게 깊은 뜻이?/롱다리, 숏다리/뭘 보나? 갱재(경제)를 살리자는데/아 글쎄), **1994년 2개**(서울 대전 대구 부산 찍고/썰렁하다), **1995년 2개**(모래시계=귀가시계/나 (지금) 떨고 있냐?), **1996년 2개**(젖소부인 바람났네/오늘은 왠지……), **1997년 1개**(참으로 대단한 양심입니다), **1998년 5개**(일등감자, 불량감자/짜장면 시키신 분/국물이 끝내 줘요/무늬만 나무 아니에요/한 미모한다), **1999년 6개**(당근이지/묻지마, 다쳐('~하지마, 다쳐' 시리즈)/미안합니다, 몸이 아파서……/감 잡았어/오버하지 마/쏜다)로, 총 50개이다.

　문화·연예 분야 유행어가 전체에서 차지하는 비율은 약 40%(126개 중 50개)이며, 1990년은 유행어 전체(17개)가 문화·연예 분야와 관련된 유행어만으로 구성되는 특이한 현상을 보이고 있다.

　또 내용을 보면 오렌지족 시리즈(오렌지족, 감귤족, 낑깡족, 야타족) 1개만이 문화라고 할 수 있고, 나머지는 모두가 노래 제목, CF, (TV)방송에서 등장한 것이나 방송과 관련된 것, 즉 연예 부문에 속한 유행어로, 지나치게 한쪽에 편중되어 있음을 알 수 있다.

---

10 '－시리즈'는 1개로 취급.

　　IT·과학과 관련된 말은 1990년 0개, 1991년 0개, 1992년 1개(입력은 잘되는데 출력이 시원찮아, 파일이 지워졌다), 1993년 0개, 1994년 0개, 1995년 0개, 1996년 0개, 1997년 0개, 1998년 0개, 1999년 2개(밀레니엄 버그, Y2k 문제/스타크, 스타크 증후군)로, 총 3개이며, 한국 젊은이들 사이에서의 스타크 열기를 나타내는 유행어가 포함되어 있음을 볼 수 있다.

　　스포츠와 관련된 말은 1990년 0개, 1991년 0개, 1992년 0개, 1993년 0개, 1994년 0개, 1995년 0개, 1996년 1개(빠떼루 줘야 함다(합니다)), 1997년 1개(붉은 악마), 1998년 0개, 1999년 0개로 총 2개이다. 종목은 레슬링 1개(빠떼루 줘야 함다(합니다)), 축구 1개(붉은 악마)이다. 전체에서 보면 아주 적은 숫자인데, 그중 한국에서 축구와 더불어 2대 인기 종목으로 꼽히는 야구 관련 유행어가 하나도 없음이 특이하다.

　　이것을 표로 만들어 정리하면 다음과 같다.

〈표2 : 일본의 연도별·분야별 유행어 수〉

분야 \ 연도	1990	1991	1992	1993	1994	1995	1996	1997	1998	1999	계
정치	2	2	3	2	2	2	4	2	4	2	25
경제	4	2	5	2	4	1	0	2	3	0	23
사회·생활	2	4	0	1	1	3	1	4	3	3	22
문화·연예	5	4	8	6	6	2	5	3	2	2	43
IT·과학	0	0	1	0	0	1	1	0	0	2	5
스포츠	1	2	0	6	1	1	2	0	1	2	16
계	14	14	17	17	14	10	13	11	13	11	134

〈표3 : 한국의 연도별·분야별 유행어 수〉

분야＼연도	1990	1991	1992	1993	1994	1995	1996	1997	1998	1999	계
정치	0	1	2	5	2	6	3	3	3	1	26
경제	0	0	0	1	0	1	1	5	6	0	14
사회·생활	0	3	3	5	7	6	3	0	2	2	31
문화·연예	17	4	6	5	2	2	2	1	5	6	50
IT·과학	0	0	1	0	0	0	0	0	0	2	3
스포츠	0	0	0	0	0	0	1	1	0	0	2
계	17	8	12	16	11	15	10	10	16	11	126

양국 비교

먼저 양국 유행어의 부문별 경향을 보기로 한다. 표로 만들면 다음과 같다.

〈표4 : 1990~1999년의 양국의 분야별 유행어 수〉

국가＼부문	정치	경제	사회·생활	문화·연예	IT·과학	스포츠	계
일 본	25(18.7)	23(17.2)	22(16.4)	43(32.1)	5(3.7)	16(11.9)	134(100)
한 국	26(20.6)	14(11.1)	31(24.6)	50(39.7)	3(2.4)	2(1.6)	126(100)

표에서 가장 차이가 나타나는 것은 일본의 경우 스포츠 관련 유행어가 4개 종목(야구, 축구, 마라톤, 씨름)에 걸쳐 16개로, 11.9%를 차지하는 데 비하여, 한국의 경우는 겨우 2개 종목(축구, 레슬링) 2개로, 1.6%에 불과하다는 것이다. 그만큼 한국은 일부 종목의 스포츠만이 인기가 있고, 그중에서도 올림픽이나 월드컵과 관련된 경기에만 관심이 집중되기 때문이라고 생각한다. 그에

비하여 일본의 경우는 일반적인 팬층이 두꺼워 이러
한 결과에 영향을 미쳤다고 본다.

반면 사회·생활 분야의 경우는 한국이 일본보다
높음을 알 수 있는데, 이는 일본보다 민주화가 비교적
늦은 한국에서 민주화가 정착되는 과정, 생활 면에서
선진국으로 진입하기 위한 과정을 나타내는 현상이라
고 생각한다.

정치나 문화·연예 분야는 양국이 비슷한 경향을
보인다. 1980년대와 마찬가지로 문화·연예 분야에서
일본은 도서명 전체 또는 일부가 유행어가 된 경우가
상당히 많다. 'ちびまる子ちゃん(現象)(1990), 愛される理
由(1990), 複合不況(1992), 淸貧の思想(1993), 悪妻は夫を
のばす(1993), 大往生(1994), ゴーマニズム宣言(1994), X世
代(1994), 援助交際(1996), 失楽園(する)(1997), ショムニ(1998),
学校崩壊(1999)'가 이에 해당한다. 한국의 경우는 'X세
대'(1994) 하나뿐인데, 이 역시 일본의 경우와 마찬가지
로 외국 서적을 번역한 도서명에서 온 것이다.

유행어 형태 면에서 한국의 경우는 '~시리즈', 즉
최불암 시리즈, 김동길 시리즈, -족 시리즈, 파트라슈
시리즈, '엄마, 나 ~맞아?' 시리즈, 나 너 시리즈, 무서
워[베] 시리즈, 간 큰 ○○ 시리즈, 공주병 시리즈, 사오
정 시리즈, '~하지마 다쳐' 시리즈와 같이 수없이 응용
이 가능한 시리즈물이 많은 데 비하여, 일본에는 그러

한 예가 없다.

또한 한국의 경우는 '비자금'(1987, 1995), '유전유죄 무전무죄'(1993, 1995), '복지뇌동'(1994, 1998), '신토불이'(1992, 1994, 1998)와 같이 예전의 유행어가 다시 유행하는 경우가 있는데, 일본에는 그러한 예를 볼 수 없다.

언어 표현 면에 있어서 젊은이들의 특징인 강조를 나타내는 접두어 사용이 양국 모두에 나타나고 있다. 한국어의 '왕一[왕 비싸다, 왕 크다, 왕 멋있다(1992)/왕따, 왕 재수 없다(1998)]'과 일본어의 'チョー[チョベリバ・チョベリグ(1996)]'가 이에 해당하며, '최고, 최저, 최악' 등의 의미로 사용된다.

일본의 경우, 1980년대의 'DODAする'(1989)와 같은 맥락의 '失楽園する'(1997)라는 표현이 나타나고 있는데, 이는 소설명인 '失楽園'에 동사 'する'가 결합한 형태로, 뜻은 소설의 주 내용을 나타내는 '불륜하다, 불륜을 저지르다'이다.

또 일본의 경우 '謝長悔長'(1992)과 같이, 같은 발음의 다른 의미인 '社長会長'을 응용한 일본식의 언어유희적 표현도 나타나고 있다.

한국의 경우에도 드물게 비슷한 맥락의 '쉰(50) 세대'(1995)라는 유행어가 나타나는데, '50(세)'를 의미하는 '쉰'과, '신(新)'의 반대 개념으로 맛이 갔다는 뜻의 '쉰'을 동시에 나타내는 표현이다.

또 한국의 경우, '한 미모 한다'(1998)와 같이 '한 ~한
다'(1998)는 표현이 등장하는데, 사실 이는 올바른 어법
이 아니며, '당근이지'(1999) 또한 바른 말이 아니다.

개별적인 유행어를 보면, 일본의 'ルパン'(1992)은
한국에서 건너간 말로, 한국의 '노래방'이 일본의 'カラ
オケ ボックス(가라오케 박스)'를 도입, 발전시킨 점을 생각
하면, 한국인의 빛나는 창의성 및 응용력을 알 수 있다.

일본 경제 분야의 '価格破壊'(1994)는 바로 다음 해
인 1995년에 한국에서 동일하게 '가격 파괴'라는 말로
등장한다.

'X世代'(1994)는 한국에서도 그대로 'X세대'(1994)라고
표현한다.

문화·연예 분야의 'ヤンママ'(1994)는 한국에서는 '미
시족'(1994)에 해당하지만, 그 내용은 다르다.

IT·과학 분야의 '西暦2000年問題'(1999)는 한국의
'밀레니엄 버그, Y2k 문제'(1999)와 같은 의미를 나타내
는 표현이며, 한국의 '밀레니엄, 밀레니엄 베이비'(1999)
와 더불어 새로운 시기인 2000년대를 앞둔 전 세계적
상황을 반영하는 말이다. 일본에서는 'ミレニアム(밀레니
엄)'이 2000년의 유행어로 나타나고 있다.

스포츠 분야의 'ドーハの悲劇'(1993)은 한국과 깊이
관련된 말이다. 동시에 진행된 1994년 월드컵 아시아
지역 최종 예선 마지막 경기에서 한국은 북한을 3:0으

로 이겼지만, 일본은 이라크에 2:1로 앞선 채 추가시간 3분이 주어졌고, 그것도 거의 다 지나 30초 정도를 남기고 얻은 이라크의 코너킥이 골로 연결되어 무승부가 됨으로써 일본 대신 한국이 월드컵에 출전하게 된 것이다. 일본으로서는 '도하의 비극'이 되었지만, 한국에게는 '도하의 기적'이 된 것이다.

'シネコン'(1996)이 일본에 처음 등장한 것은 1984년이었으며, 한국에서는 1997년에 서울극장이 7개관으로 개관한 것이 최초이다[11]. 등장한 연도만 보면 약 13년의 차이가 난다.

일본의 '不審船'(1999)은 북한과 관련된 말이다.

한국의 '성희롱'(1994)은 일본에서는 1989년에 유행어로 나타난 말로, 그만큼 이 부분에서 일본의 의식이 빨랐음을 나타내고 있다.

'세계화, 국제화'(1994)는 1987년 일본에서 유행한 "국제"국가'와 같은 맥락의 표현으로, 일본의 영향을 받은 것이라 추측할 수 있다.

'나가리'(1995)는 일본어의 '流れ(나가레)'를 잘못 발음한 말이고, '빠떼루 줘야 함다'(1996)의 '빠떼루' 역시 일본어 'パーテール(파아테에루)'를 한국식으로, 단음의 된소

---

11 진정한 의미의 멀티플렉스는 1998년 4월 4일 CGV 강변11의 개관으로 보는 것이 일반적이며, 메가박스는 2년 후인 2000년 5월 13일 서울 코엑스점에서 첫 멀티플렉스 영화관을 개관하였다.

리로 발음한 말이다.

  '왕따'(1998)는 일본어의 'いじめ(이지메, 집단 따돌림)'[12]와 같은 말인데, 일본의 경우 'いじめ'가 1980년 〈世相語 ベストテン(베스트 텐)〉의 6위에 'いじめられっ子(집단 따돌림 아이)'의 형태로 나타나고 있다.[13] 한국과는 18년 차이가 난다. 역시 그만큼 일본에서 이 문제가 먼저 발생하였음을 알 수 있다. 일본에서는 이로 인하여 1986년 중학생 자살이 잇따르기도 하였다. 다른 자료의 1994년 유행어에는 'いじめ自殺(집단 따돌림 자살)'이라는 말도 나오고 있다.[14]

12 1985년 4월 5일에, 일본 문부성의 〈이지메대책 검토회의〉가 발족되기도 하였다.
13 榊原昭二(1983)『'80年代 世相語ガイド』上 朝日新聞社, p.2.
14 稲垣吉彦(1999)『平成・新語×流行語 小辞典』講談社現代新書 1449, p.167.

04

2000년대

한국과 일본의 유행어 분석

이 시기에 대한 이해를 돕기 위하여 기간 중에 일
어난 주요 사건을 세계, 일본, 한국으로 분류하여 간단
히 살펴보기로 한다.

〈표5 : 2000~2009년의 주요 사건〉

구분 연도	세 계	일 본	한 국
2000	· 시드니 올림픽	· 미야케지마 분화	· 16대 국회의원 선거 · 남북정상회담 · 남북 이산가족 상봉
2001	· 미국, 동시다발테러 사건(9 · 11테러) · 아프가니스탄전쟁 개 전	· 광우병 발생	· 인천국제공항 개항
2002	· 한일 월드컵 · 솔트레이크시티 동계 올림픽	· 자위대 동티모르 파병 · 김정일 위원장과 평 양에서 정상회담	· 제2차 연평해전 · 대통령 선거
2003	· 이라크전쟁 개전 · SARS 유행	· 중의원에서 민주당 약진	· 노무현 대통령 취임 · 대구 지하철 참사
2004	· 아테네 올림픽	· 니가타 현 주에쓰 지진 · 자위대 이라크 파병	· 17대 국회의원 선거 · 노무현 대통령 탄핵 소추안 국회 통과
2005	· 런던 연쇄폭탄테러사 건(7 · 7테러) · AI 공포 전 세계 확산	· 고이즈미 중의원 선 서 압승	· 황우석 논문 조작 · 청계천 복원
2006	· 독일 월드컵 · 토리노 동계올림픽	· 아베 정권 발족	· 북한 지하핵실험
2007	· 미 서브프라임 문제	· 참의원 선거에서 자 민당의 역사적 참패	· 제2차 남북정상회담 · 대통령 선거
2008	· 베이징 올림픽 · 글로벌 경제 위기	· 후쿠다 수상 문책 가 결 · 미국발 금융 위기로 주가 급락	· 이명박 대통령 취임 · 18대 국회의원 선거 · 광우병 촛불시위
2009	· 신종 인플루엔자 유행 · 북한 장거리 탄도미사 일 발사	· 중의원 선거에서 민 주당 압승	· 노무현, 김대중 대통 령 서거 · 용산 참사

일본과 관련 있는 사건이 세계적인 사건이 된 경우는 2002년의 한일 월드컵으로, 이는 한국에도 그대로 적용되는 내용이다.

한국 관련 사건이 세계적인 것이 된 경우는 2009년의 북한의 장거리 탄도미사일 발사를 들 수 있다.

일본의 경우, 이 시기의 수상은 모두 7명으로, 오부치 게이조[小渕恵三](1998.7.30.─2000.4.5.), 모리 요시로[森喜朗](2000.4.5.─2001.4.26.), 고이즈미 준이치로[小泉純一郎](2001.4.26.─2006.9.26.), 아베 신조[安倍晋三](2006.9.26.─2007.9.26.), 후쿠다 야스오[福田康夫](2007.9.26.─2008.9.24.), 아소 다로[麻生太郎](2008.9.24.─2009.9.16.), 하토야마 유키오[鳩山由紀夫](2009.9.16.─2010.6.8.)이 그들이다. 오부치 수상은 1990년대에 취임해 2000년대는 재임 기간이 짧은(약 3개월) 관계로, 실제로는 모리 수상부터 시작되었다고 해도 무방할 것이다.

한국은 5년 단임 대통령제인 만큼, 일본에 비하여 이 시기에 해당하는 국가 정상의 숫자가 훨씬 적다. 김대중(1998.2.25.─2003.2.24.), 노무현(2003.2.25.─2008.2.24.), 이명박(2008.2.25.─2013.2.24.) 3명뿐이다.

1. 2000년

「おっはー」
옷하―

2000년 유행어 대상작 두 개 중의 하나로, 아침 인사 '오하요'의 단축형이다. 본래 TV도쿄 계열의 어린이 프로그램 〈오하스튜(오하요 스튜디오)〉에서 사용한 '오―하―'를, 캐릭터 '신고 마마[慎吾ママ](SMAP의 가토리 신고[香取慎吾] 분)가 후지TV 계열의 인기 프로그램 〈사타 스마[サタ★スマ]〉에서 사용함으로써 인기를 얻었다. '옷하―'가 들어간 노래 〈신고 마마의 오하롯쿠[慎吾ママのおはロック]〉도 크게 히트하였다. 남녀와 세대의 차이를 초월한 국민적인 유행어가 되었다.

IT革命
IT 혁명

2000년 유행어 대상작의 하나이다. 정보 기술(Information Technology) 분야에서의 혁명이 경제의 새로운 성장을 담당함과 동시에 국가·사회·기업 등의 조직을 변화시켜 가는 현상을 말한다. 컴퓨터의 고성능화, 저가격화와 통신의 대용량화, 고속화를 두 기둥으로 하는 IT 혁명은 인터넷 이용을 급속히 확산시켜 전자상거래의 비중을 크게 높였으며, 기업 간 및 기업·소비자 간의 직접거래를 증가시키고 있다. 한편, IT 혁명의 물결을 탄 자와 이 물결에 뒤처진 자의 정보격차(디지털 디바이드 [digital divide])가 문제가 되고 있다.

「最高で金 最低でも金」
잘해서 금
못해도 금

다무라 료코[田村亮子] 선수는 세계유도선수권, 후쿠오카[福岡] 국제여자유도 등에서 연패[連覇]를 거듭하는 선수이지만, 1992년의 바르셀로나, 1996년의 애틀랜타, 2회의 올림픽에서는 은메달에 머물렀다. 이 때문에 2000년의 시드니 올림픽을 앞두고 다무라 선수가 오로지 금메달만이 목표라는 뜻으로 한 말이다. 넘치는 자신감과 굳은 결심을 나타낸 표현인데, '계속 기대된 10년'이라는 부담을 스스로의 실력으로 깔끔히 해소하고 마침내 'YAWARA'[1]는 숙원의 금메달을 획득하였다.

Q ちゃん
Q짱

시드니 올림픽에서 일본 육상계의 비원[悲願]이었던 여자 마라톤 금메달을 획득한 다카하시 나오코[高橋尙子] 선수의 닉네임이다. 신입부원 환영회에서 〈도깨비 Q 타로[オバケのQ太郎]〉의 연기를 펼쳐 얻은 애칭이다. Q짱이 시드니에서 '아주 즐거운 42킬로'를 주파한 후 TV 앞에서 대기하고 있던 일본인의 귀에 들어온 '제일성'

1 다무라 료코 선수의 애칭.

은 "감독님이……"라고 감독인 고이데 요시오[小出義雄]를 찾는 소리였다. 고이데 감독은 다카하시 선수와의 만남에서 '천성적으로 달리기를 좋아한다'고 그 자질을 직감하여, '너라면 할 수 있다'고 계속해서 격려했다고 한다.

ジコチュー
(ジコ虫)
자기중심적인
사람.
이기적인 사람

자기중심(自己中心)을 말한다. 사단법인 '공공광고기구'에서는 공공 매너의 캠페인으로 '지코추[自己中]'를 '지코추[自己虫]' 로 바꾸어, 여러 유형의 자기중심적인 사람(벌레)들을 소개하는 TV 스폿을 내보냈다. 여기에는 전차 내에서 휴대전화로 계속 이야기하는 '24시간 벌레[四六時虫]', 아무 데나 차를 주차시키는 '도로 벌레', 밤중에 몰래 쓰레기를 놓고 사라지는 '무단 투기 벌레', 걸으면서 담배를 피우는 '한 대 피우기 벌레' 등이 등장한다.

一七歳
17세

아이치 현[愛知県] 도요카와 시[豊川市] 주부 살해사건, 후쿠오카[福岡]에서 히로시마[広島]에 걸친 고속버스 납치사건, 오카야마[岡山]의 배트를 사용한 어머니 구타살해사건 등, 2000년에 일어난 이 흉악한 사건들은 모두 범인의 연령이 17세이고 범행 동기 또한 이해하기 어려운 것이었다. 이러한 점에서 '17세'가 키워드가 되어, 소년법의 개정론과 함께 그 심리 문제가 많은 미디어에서 이러쿵저러쿵 보도되었다. 인간관계의 거부, 사

회 참가 거부 등의 특징을 가진 '히키코모리[引きこもり, 은둔형 외톨이]' 현상도 주목되었다.

パラパラ²
파라파라

1970년대의 디스코에서 유행한 집단 댄스가 부활하였다. 도쿄 신주쿠 구[新宿区] 가구라자카[神楽坂]의 디스코장 〈트윈스타[ツインスター]〉는 파라파라 댄스의 전당이었다. 시부야[渋谷]의 공원에서는 매주 '선생님'을 두고 파라파라 교실이 열렸으며, 연습용 비디오까지 분배되었다.

「めっちゃ悔し～い」
엄청 분하다

시드니 올림픽 여자 수영 400미터 개인 혼계영 은메달리스트인 다지마 야스코[田島寧子] 선수가 풀에서 올라온 직후에 발한 제일성이다. 필시 TV 앞에 있던 많은 일본인들은 '잘했어, 은메달!'이라며 박수갈채를 보냈겠지만, 상대를 이기기 위하여 싸운 이 은메달리스트의 마음은 이와 달리 '엄청 분했던' 것이다.

「ワタシ(私)的には…」
개인적으로는…

길거리에서 "이 말의 사용자로 가장 어울리는 유명인은?"이라는 질문에서 압도적으로 많이 지목된 이기 여자 탤런트 이이지마 아이[飯島愛]이다. 문화청의 '국어에 관한 여론조사'에 의하면, 2000년 당시 젊은이는 '개인

---

2 20세기 말에 일본에서 시작된 댄스의 일종.

적으로는', '화물 쪽', '~라든가', '~같은' 등으로 대표되는 '얼버무리는 말'을 다용한다고 한다. 단정을 피하는 애매한 말은 자신의 입장을 지키면서 상대방의 반응을 살피거나 상대방과 적당한 거리를 유지하고자 하는 것이다.

「官」対「民」
'관' 대 '민'

나가노 현[長野県]에서는 2000년 10월의 지사 선거에서 시민 활동에 적극적으로 참가하는 것으로 잘 알려진 다나카 야스오[田中康夫] 지사가 전 부지사들을 물리치고 당선되었다. 그 선거 구도는 신문, TV 등의 미디어에서 "관' 대 '민"이라는 말로 클로즈업되었다. 그리고 11월에는 도치기 현[栃木県] 지사 선거에서 무당파인 후쿠다 아키오[福田昭夫] 지사가 6개 당이 공동 추천한 현직 지사를 물리치고 당선되었다. 둘 다 '풀뿌리 운동' 선거 활동을 통해 민중이 조직을 이긴 선거로 주목받았다.

失われた10年
잃어버린 10년

어떤 국가 또는 지역의 경제가 10년 이상 장기간에 걸쳐 불황과 정체에 빠진 시대를 가리키는 말로,[3] 일본의 경우는 버블 경기 붕괴 후의 1990년대를 가리킨다. 정확히는 1991년 3월부터 2002년 1월까지의 약 11년

---

3 영국에서는 2차대전 후의 1946~1955년, 라틴아메리카에서는 1980년대를 가리키며, 한국에서는 한나라당이 김대중·노무현 양 정권(1998~2008)에 대해 비판적인 의미를 담아서 부르는 말이다(フリー百科事典『ウィキペディア(Wikipedia)』, 2011.11.29. 검색).

간이며, 경제적으로도 사회적으로도 폐색감이 강해진 10년이었기에 흔히 이렇게 일컬어진다. 헤이세이[平成] 불황이나 복합불황이라고도 한다.

ミレニアム
밀레니엄

한국의 경우와 마찬가지로 새로운 1,000년을 의미하는 말로 수없이 등장한다. '밀레니엄 베이비', '밀레니엄 결혼'과 같은 표현도 그 예에 속한다.

한국

**삼행시
시리즈**

2000년에 온 국민을 '삼행시인'으로 만들 만큼 유행한 유머 시리즈로, TV를 켜도 삼행시, 인터넷에도 삼행시, 길에 나가도 삼행시일 정도였다.[4] 1998년에 등장한 사오정 시리즈와 마찬가지로 썰렁 시리즈의 일종이다. 대표적인 '해파리'의 예를 들어보면 다음과 같다.

> 해 : 해파리야!
> 파 : 파리가 널 사랑한대.
> 리 : 리얼리?

4 청와대에서조차 2000년 4월에 인터넷 홈페이지에서 '청와대'로 삼행시를 지은 3,400여 초등생 중 20명을 뽑아 어린이날에 초대했다고 한다(조선, 2000.6.13, 40면 〈프리즘 2000 〈19〉 삼행시 열풍 어디까지〉 한현우 기자).

이와 같이 전혀 관계가 없는 해파리와 파리를 사용하여 유머를 생산하고 있는데, 문맥의 연관성이나 논리 전개가 무시된 만큼 마지막까지 아무런 결론을 찾을 수 없다.

엽기 신드롬
엽기-(토끼, 메일, 커플……), 엽기적이다

'엽기'라는 용어가 각종 검색 사이트의 검색어 빈도 1위를 차지하였는데,[5] 이는 1990년대 일본의 '료키(獵奇, 기괴하고 끔찍스럽다)'에 상당한 영향을 받은 것이다. 그러나 일본의 료키가 외설, 호러, 폭력, 필로폰 등등과 나란히 묶이는 일종의 변태 문화라면, 한국의 엽기는 코믹, 황당한 블랙 유머와 관련이 깊다. 즉 한국의 경우에는 뭔가 기발하고 황당하고 웃기면 곧 엽기인 것이다. 이로부터 '엽기즌(엽기를 좋아하는 네티즌)', '엽기 토끼(사소한 일에 폭력적으로 돌변)' 등의 용어가 탄생하였고,[6] 영화 〈엽기적인 그녀〉가 나오기도 하였다.

내 꿈꿔 시리즈
잘 자, 내 꿈꿔[7]

위의 삼행시 시리즈와 마찬가지로 신세대들이 즐기는 유머 시리즈의 하나이며, 원본인 KTF 016 휴대폰 광고(가수 조성모, 이정현) 문구 '잘 자, 내 꿈꿔'를 응용한 유머

5 MBC TV 〈21세기 위원회〉의 '올해의 유행어' 조사 결과, 2000년 최고의 유행어로 선정되었다(조선, 2000.12.10. 조선닷컴 입력 〈올 최고 유행어 '엽기'〉 스포츠조선 송원섭 기자).
6 조선, 2000.12.28, 21면 〈키워드로 본 문화 2000 2.엽기〉 김명환 기자.
7 위 각주5의 조사에서 3위를 차지한 유행어이다.

이다. 즉, 이것이 폼 잡는 최민수 버전이 되면 '자~알 자라, 니 꿈은 내가 꾼다'가 되고, 혀 짧은 최지우 버전이 되면 '달다, 내 끈꺼'가 된다. 이같이 다양한 형식의 시리즈물을 낳을 정도로 큰 인기를 끌었다.

대박 신드롬   IMF 이후 평생직장 개념이 바뀌면서 확산된 불안감이 대박 신드롬을 낳게 되었는데, 일반 대중이 활동한 무대는 주식시장, 경마장을 비롯한 장외 매장, 경륜장을 비롯한 장외발매소, 정선 카지노 그리고 복권 판매소 등이었다. 이것을 부추긴 것은 벤처 신화로, 주식 가치로 수백, 수천억을 벌게 된 20, 30대의 젊은 벤처사업가 등이었다. 때마침 탤런트 손지창이 미국 라스베이거스 호텔 카지노에서 104억 원의 대박을 터뜨린 것도 일조하게 된다.

그리하여 신문 기사나 광고에 '하이틴 스타 ○○○ CF 대박', '인기 가수 ○○○ 4집 100만 장 대박', '중국집 종업원 우연히 주운 복권 대박', '인터넷 사이트 경품 대박', '대박 꿈꾸는 묻지마 투자', '대박 사진관', '대박 생고깃집'과 같이 '대박'이라는 사전에도 없는 용어가 지면을 도배하게 되었다.[8] 이 말은 현재까지도 많이 사용되는 유행어로 굳어졌다.

8 조선, 2000.12.30, 23면 〈키워드로 본 문화 2000 4.대박〉 노수웅 기자 참조.

안티 신드롬
안티―(포스코,
메디컬, 스쿨,
수능인플레이션,
몰카,
미스코리아,
청와대, 조선,
코리아……)

'안티'는 2000년 문화의 한 단면을 생생하게 내비치는 시대어이며, 지배 문화, 기성 문화, 기득권 문화에 대한 저항으로 태동했다고 볼 수 있다. 이미 몇 년 전부터 시작된 '안티'는 인터넷의 확산과 더불어 2000년 들어 각 방면으로 급속히 진출하면서 그 꽃을 피우게 되었다. 그리하여 병원에서 부당 대우를 받은 사람들의 모임인 '안티메디컬', 교수와 학교에 대항하는 '안티스쿨' 등과 같은 사이트가 넘쳐나게 되었다.[9]

아버지, 난 누구예요?

이동통신회사 KTF 016 휴대폰 광고에서 박용진이 한 말이다.[10]

사랑은 움직이는 거야

이동통신회사 한솔 엠닷컴 018 CF의 문구로, 차태현이 김민희의 배신을 지켜보며 돌아오길 바란다는 내용이다.[11]

개인기

1999년부터 방송가에서 유행하기 시작하였다. 개그맨 심현섭이 KBS 2TV 〈시사터치 코미디 파일〉에서 김대중 대통령의 성대 묘사 등으로 큰 인기를 끌게 되었는데, 2000년 연초가 되자 '둘이 모이면 삼행시, 셋이 모

---

9 조선, 2000.12.29, 21면 〈키워드로 본 문화 2000 3.안티〉 김광일 기자.
10 위 각주5의 조사에서 2위를 차지한 유행어이다.
11 위 각주5의 조사에서 4위를 차지한 유행어이다.

이면 개인기'라는 말이 나올 정도로 크게 유행하였다.

반갑습네다   남북정상회담 성사로 '반~갑~습네다. 반갑습~네다'
라는 북한 어린이들의 노래가 방송 전파를 타면서 유
행한 말이다.[12]

바꿔   가수 이정현의 히트곡 〈바꿔〉는 4월 총선을 앞두고 총
선시민연대의 낙선운동 로고송으로 불리면서 정치권
에 '바꿔 열풍'을 가져왔다.[13]

---

12 동아, 2000.12.30, A24면 〈올 한해를 수놓은 말말말〉 정용관 기자.
13 동아, 2000.12.30, A24면, 〈올 한해를 수놓은 말말말〉 정용관 기자.

2. 2001년

米百俵
쌀 백 섬

聖域なき
改革
성역 없는 개혁

恐れず
怯まず
捉われず
겁내지 않고
기죽지 않고
얽매이지 않고

骨太の方針
대범한 방침

ワイドショー
内閣
와이드 쇼 내각

改革の「痛み」
개혁의 '고통'

2001년 유행어 연간대상을 받은 말이다. 소신 표명 연설에서 사용된 '쌀 백 섬'[1], '겁내지 않고 기죽지 않고 얽매이지 않고', 수상의 슬로건이기도 한 '성역 없는 개혁', 이에 수반하는 '개혁'의 '고통', 수상을 의장으로 하는 경제재정자문회의의 '대범한 방침', 고이즈미 정권에 붙여진 '와이드 쇼 내각' 등, 모두 고이즈미 수상과 관련된 유행어이다. 2001년 4월에 제87대 총리가 된 고이즈미 준이치로[小泉純一郎] 수상은 공전의 국민 지지를 배경으로, 설득력 있는 캐치프레이즈를 구사함으로써 2001년 '유행어 탄생의 어버이'가 되었다.

---

1 1868년의 호쿠에쓰전쟁[北越戦争]에서 패한 나가오카 번[長岡藩]은 봉록이 7만 4천 섬에서 2만 4천 섬으로 줄게 되었다. 관리들은 그날의 끼니까지 걱정할 정도였다. 이를 보다못해 나가오카 번의 지번(支藩)인 미네야마 번[三根山藩]에서 백 섬의 쌀을 보내왔다. 관리들은 이것으로 생활이 조금이라도 편해지리라고 기뻐했지만, 번의 고위직에 있던 고바야시 도라사부로[小林虎三郎]는 이 쌀을 관리들에게 분배하지 않고 매각하여 학교 설립 비용으로 쓸 것을 결정한다. 번의 관리들이 달려와 항의하자, 도라사부로는 "백 섬의 쌀도 먹으면 금방 없어지지만, 교육에 쓰면 내일의 만 섬, 백만 섬이 된다."라고 훈계하고, 자신의 정책을 관철시켜 인재 양성 학교를 설립하게 된다. 이 일화는 현재의 인내가 장래의 이익이 됨을 상징하는 이야기로 종종 인용된다(フリー百科事典『ウィキペディア(Wikipedia)』, 2011.11.29. 검색).

「**明日が あるさ**」
내일이 있지

아오시마 유키오[青島幸男] 작사, 나카무라 하치다이[中村 八大] 작곡의 30년 전 노래가 캔 커피 CM으로 부활하였 다. 그런데 가수는 고[故] 사카모토 큐[坂本九]가 아니라 다운타운[ダウンタウン]² 의 하마다[浜田]를 비롯한 요시모토 흥행[吉本興行] 기획사의 면면들로 바뀌었다. 원노래의 가사는 젊은 남녀의 연애 감정을 노래한 것이었는데, 이 커버곡³에서는 구조조정 시대의 샐러리맨이 주인 공이다. 세태를 반영한 가사로써 불황감에 의욕을 잃 은 일본인에게 '내일'에 대한 희망을 상기시켜 큰 붐을 일으켰다.

e－ ポリティックス
e－폴리틱스

인터넷을 이용한 정치를 말한다. 2001년 6월에 창간한 고이즈미 내각의 메일 매거진에는 창간 시 합계 100만 건 이상의 신청이 쇄도하였다. 전자투표, 전자정부 등 의 구상도 있듯이, 정치 세계에서도 인터넷은 대단히 중요한 도구가 되고 있다. 선거 후보자의 인터넷을 이 용한 선거운동은 현재 인정되고 있지 않지만, 2001년 지바 현[千葉県] 지사 선거에서는 응원하는 후보자에 대 한 지지, 옹립 호소 등에서 인터넷을 활용한 시민 그룹 이 주목을 끌어, 도모토 아키코[堂本暁子] 신[新]지사 탄생

---

2 DOWN TOWN. 요시모토흥행 소속의 하마다 마사토시[浜田雅功] 와 마쓰모토 히토시[松本人志]의 두 사람으로 구성된 만담 콤비.
3 히트한 곡을 오리지널 가수나 연주자가 아닌, 다른 사람에 의한 노래 또는 연주로 취입한 곡.

의 계기가 되었다.

狂牛病
광우병

1986년에 영국에서 처음 확인된 광우병이 마침내 일본에 상륙하였다. 광우병은 체내단백질 프리온(prion)이 이상형으로 변하여 뇌가 스펀지 상태가 되어 기립불능에 빠지고, 2주간~반년 안에 사망에 이르는 병으로, 잠복 기간은 2~8년이다. 국민들의 쇠고기 기피 현상이 일어났다.

塩爺(しおじい)
시오 할아버지

고이즈미 내각 발족과 동시에 입각한 시오카와 마사주로[塩川正十郎] 재무장관의 닉네임이다. 조각(組閣) 기자회견 석상에서 "이제 됐지, 호, 호, 호"라고 웃고서 자리를 뜨는 모습이 묘하게 유머러스해서, 긴장된 각료들만 있는 가운데에서 국민들을 안심시켜주었다. 1921년생으로, 결코 경제에 강하다는 허세를 부리지 않고 조용히 일본부도칸[武道館] 회장을 맡은 실력자이다. 인터넷의 '힘내라! 시오 할아버지[「FORZA(がんばれ)！塩爺」]' 사이트에서 탄생하였다.

ショー・ザ・フラッグ
깃발을 보여라,
show the flag

미국 동시다발 테러 후에 탈레반에 대한 보복 공격을 가하려는 미국의 아미티지(Armitage) 국무부 장관이 야나이 순지[柳井俊二] 주미 대사에게 요구했다고 전해지는 말이다. 일본의 일부 미디어에서는 '(일본) 깃발을 보

여라'는 의미로 보도되었는데, '기치를 선명하게 하라'
는 영어 표현임이 판명되었다. 그 해석을 둘러싸고 국
회에서도 이러쿵저러쿵하여 주목을 받았다.

生物兵器
(BC兵器)
생물무기

인원 등에 감염·증식하는 병원성 미생물·독소 등의
생물제, 또는 이를 충전한 각종 포탄·미사일 등의 총
칭이다. 생물무기를 만드는 비용은 핵무기를 만드는
비용의 극히 일부에 지나지 않으며, 게다가 고도의 과
학기술을 필요로 하지 않기 때문에, 화학무기와 더불
어 '빈자(貧者)의 핵무기'라고도 불린다. 2001년, 세계무
역센터 빌딩 여객기 돌입으로 시작된 일련의 테러 중
에서 하얀 분말인 '탄저균'에 의한 테러가 발생하여 사
람들을 공포에 빠뜨렸다.

抵抗勢力
저항 세력

고이즈미 내각이 추진하는 '성역 없는 개혁'에 저항하
는 세력을 말한다. 도로족이나 우정족, 의료족과 같은
'족의원(族議員)'은 자신이 관계된 관청의 영향력이 저하
될 우려가 있는 개혁에는 강하게 저항하는 경향이 있
기 때문에, 각종 개혁이나 規제완화의 징애기 되는 경
우가 많다. 지금까지의 족의원형, 이익유도형의 정치
는 한계에 와 있다고 하지만, 종래의 자민당 내각과는
정반대의 방향을 지향하는 '고이즈미 개혁'에 저항하

는 세력인 '기득권익파'는 여전히 많다.

**ドメスティック
・バイオレンス
(DV)**
domestic
violence,
가정 내 폭력

남편의 아내에 대한, 또는 연인 등 친밀한 관계에서 남성의 여성에 대한 폭력을 가리킨다. '남편의 폭력(battered wife)' 문제는, 구미에서는 1970년대의 페미니즘 운동을 계기로 사회문제가 되어 제도적·법적 대응, 상담이나 셸터(shelter, 일시 피난소) 활동도 행해지고 있다. 2001년 4월에는 이른바 'DV 방지법'이 성립되어 같은 해 10월부터 시행되었다. 피해를 입은 여성의 보호, 보호 명령 위반의 가해자 처벌, 3년 후의 재검토 규정 등을 정하고 있다.

ブロードバンド
broadband,
광대역

광대역통신망을 말하며, 고속으로 대용량의 정보를 송수신 가능한 회선이다. 1초당 1메가 정도를 전송할 수 있는 전송로를 가리키는데, 이 수치에 정의(定義)가 있는 것은 아니다. 이 부류에 들어갈 수 있는 것은 '광섬유', 기존의 동선(銅線)을 사용하여 교환기를 경유하지 않고 인터넷망에 접속 가능한 'ADSL', 케이블 TV 회선을 이용한 통신 등을 들 수 있다.

**「ヤだねったら、
ヤだね」**
싫다면
싫은 거야

2000년 엔카 가수 히카와 기요시[氷川きよし]가 부른 〈하코네 8리의 한지로[箱根八里の半次郎]〉의 가사에서 나온 유행어이다. 엔카가 쇠퇴하는 경향을 보이는 가운데,

〈손자(孫子)〉 이래로 이 곡이 클린 히트가 된 것은 완전실업률, 기밀비, 아동 학대, 탄저균, 악성 디플레(deflationary spiral), 불량 채권, 복마전, 정년 파괴, 스팸 메일, 자폭 테러, 3월 위기, 9월 위기 등과 같은 '불쾌어', 즉 '싫은' 유행어가 범람한 2001년의 세태에 잘 들어맞았기 때문이다.

「人間て、なかなか死なないもんだ」
인간이라는 게 좀처럼 죽지 않는 존재이다

'먼바다에 나와 엔진을 껐더니 (그 후로는 엔진이) 걸리지 않게 되었다'는 연락을 마지막으로, 나가사키 현[長崎県] 먼바다에서 행방불명이 된 어선 〈번영호[繁栄丸]〉의 선장 다케치 미쓰시게[武智三繁] 씨가 약 1개월 후에 지바 현 조시 시 이누보사키[千葉県銚子市犬吠埼] 동쪽으로 약 800킬로 떨어진 태평양상에서 발견, 구조되어 육지에 올라온 후 술회한 말이다. 표류 1개월 후의 생환에 전 일본이 놀라고, 또 이 철학적 함축이 풍부한 한마디가 화제가 되었다.

「ファンの皆さま本当に日本一、おめでとうございます」
팬 여러분, 일본 제일이 된 것을 정말로 축하드립니다

2001년 프로야구 센트럴리그의 페넌트 레이스를 제패한 야쿠르트 스왈로즈[ヤクルト・スワローズ]의 와카마쓰 쓰토무[若松勉] 감독이 리그 우승 직후 인터뷰에서 한 말로, 의표를 찌른 이 기쁨의 제일성은 스탠드의 팬들까지 기쁘게 하였다. 이어진 일본시리즈에서도 '해치워[いてまえ] 타선'의 오사카 긴테쓰 버팔로즈[近鉄バッファロー

기를 물리치고 4년 만에 다섯 번째의 일본 최고가 되었는데, 그 인터뷰에서도 리그 우승 때를 흉내 내어 이렇게 대답하여 화제가 되었다.

Kポップ
K−POP,
한국대중가요

일본에서는 1988년경부터 일본 대중음악에 J−POP이라는 말이 쓰이기 시작하였고, 이 표현이 정착된 1990년대 전반경부터는 한국의 대중가요를 가리켜 K−POP이라는 말이 사용되기 시작하였다. 2001년에는 보아(BoA)를 비롯한 가수들을 통하여 'K−POP'이 연이어 일본에 상륙하였다. 이후 한일 공동개최 월드컵이나 한국 영화의 히트도 곁들어져 한국인 가수의 CD 발매나 내일(来日) 공연이 잇따랐다.

한국

**저희
옌벤에서는
말임다**

1996년 SBS 공채 5기로, 프로그램 〈웃음을 찾는 사람들〉의 〈비둘기 합창단〉, 〈형님뉴스〉 등의 코너에 출연한 무명 개그맨 강성범을 일약 스타덤에 오르게 한 효자 유행어이다. KBS 2TV 〈개그콘서트〉의 〈2001 봉

4 오사카 긴테쓰 버팔로즈 타선에 붙은 애칭. 'いてまえ'는 오사카 사투리로 'やっちまえ(해치워)'를 의미한다.

숭아학당〉 코너에서 연변 총각으로 나와서 한 말이다.

○○○게이트, 게이트 공화국

'게이트'란 얽힌 사건을 지칭하는 용어인데, 한국디지털라인(KDL) 사장인 정현준 씨의 동방상호신용금고 횡령 과정에 정치인, 금융감독원, 검찰 간부 등이 개입됐다는 이른바 정현준 게이트(2010년 10월 발발), MCI코리아 진승현 부회장의 불법 대출 사건인 진승현 게이트(2010년 11월 발발)에 이어, 2001년 9월에 G&G그룹 이용호 회장의 비자금 조성과, 정·관계 유력 인사와 검찰 고위 간부에 대한 불법 로비와 관련된 이용호 게이트가 발생함으로써 '○○○게이트'라는 말이 사람들의 입에 빈번히 오르내리게 됐다. 이는 (주)미래환경도시 부사장인 최규선 씨가 체육복표사업 등 각종 이권에 개입하여 사업자 선정 로비를 했다는 의혹인 2002년 3월의 최규선 게이트로 이어져, '게이트 공화국'이라는 말도 같이 유행하였다.

뭬야-?

2001년은 사극 열풍의 해였다. SBS TV 사극 〈여인천하〉에서 후궁 경빈 박씨 역의 도지원이 핏대를 세우고 눈꼬리를 치켜올리며 외쳤던 말이다. 짧은 2음절로 임팩트가 강한 만큼 강렬한 인상을 주었다. 드라마가 2002년까지 계속된 만큼 이 유행어는 2002년에 다시 살아나기도 하였다.

**내가 니
시다바리가?**

**고마해라,
마이 묵었다
아이가**

조폭(조직폭력배) 신드롬을 낳은 영화 〈친구〉에 나오는 장동건의 대사로, 유치원 아이들도 입에 올릴 만큼 최고의 유행어로 등극했다. '시다바리'는 일본어의 '시타[下](아랫사람, 부하)에 '군바리', '쪽바리'와 같이 남을 얕잡아 부르는 속어 접미어 '−바리'가 결합한 말이다. 곽경택 감독의 이 영화는 전국적으로 810만이라는 당시 사상 최대의 관객을 동원하여 한국 영화사의 새 장을 엶과 동시에, 어린이들이 장래 희망으로 조폭을 꼽는 웃지 못할 현상이 일어났고, 〈신라의 달밤〉, 〈조폭마누라〉, 〈달마야 놀자〉, 〈두사부일체〉 등과 같은 조폭 영화의 양산을 가져오기도 하였다.[5]

**작업에
들어가다**

MBC TV 드라마 〈세 친구〉에서 윤다훈이 여자에게 접근할 때 쓰는 말로, '여자를 사귀기 시작하다'라는 의미이다. 신년 초부터 유행어 붐을 주도하였고, 한 해 내내 사람들이 입에 오르내렸다.

**나 완전히
새 됐어**

연초에 혜성같이 등장한 가수 싸이는 그 캐릭터가 독특하여 이해하기 어렵지만, 열정적인 춤과 유머로 단숨에 스타가 되었다. 그의 1집 타이틀곡인 〈새〉의 가사 중 한 구절로, '졸지에 별 볼 일 없게 되었다'는 자조적인 뜻을 나타내는 표현이다. 특히 청소년들 사이에

5 조선, 2001.12.12, 40면 〈2001년 문화이슈 7〉 문화부.

서 유행하였는데, 그들에게는 '완전히 망가졌다'는 뜻의 은어인 '×됐다'의 대체어로 인기를 끌었다.[6]

너 딱 걸렸어 MBC TV 청춘 시트콤 〈뉴 논스톱〉의 박경림에 의해 유행이 된 말인데, 약속에 늦거나 회식 후에 돈 내기를 망설이는 경우에도 자주 사용되었다.

꽃미남 조폭에 대한 일각의 동경, 영화 〈조폭 마누라〉의 여자 조폭을 선두로 하는 터프걸 등이 화제가 되는 가운데, 새로운 남성상이 각광 받게 되는데 이것이 바로 '꽃미남'[7]으로, 깨끗한 피부와 호리호리한 몸매를 가진 예쁜 남자를 가리킨다. 이로써 2001년은 일부이기는 하지만 여성들은 남성화되고, 남성들은 여성화되는 전환점이 된 해라고도 할 수 있다. 대표적인 '꽃미남'으로 남성 가요 그룹 NRG의 멤버와 영화배우 원빈을 들 수 있다.
이후 2002년에는 월드컵에서 맹활약한 안정환과 탤런트 김재원, 조인성 등으로 꽃미남 계보가 이어졌으며, 현재까지도 이 말은 많이 쓰이고 있다.

---

6 주간조선, 2001.12.27 [1684회] 〈아듀! 2001〕 말—말—말/2001의 키워드는 '조폭'〉 정장열 주간조선 기자.
7 "이 표현은 일본 만화 『꽃보다 남자』, 혹은 『오렌지 보이』에 나오는 아름다운 네 남자를 지칭하는 F4(여기서 F는 Flower를 뜻함)에서 연유했다고 한다"(김다은, 2006, 『발칙한 신조어와 문화 현상』 작가, p.60).

3. 2002년

일본

タマちゃん
다마짱

2002년 유행어 연간대상 두 개 중의 하나이다. 북극권에 서식하는 턱수염바다표범이 홋카이도 근해에 유빙과 함께 내려오는 일은 종종 있었지만, 혼슈[本州], 그것도 도쿄 근방까지 오는 일은 극히 드물다. 이 때문에 8월 7일에 도쿄와 가나가와 현[神奈川県]의 경계인 다마가와 마루코다리[多摩川丸子橋] 부근에서 돌연 발견된 바다표범 '다마짱'에게, 수많은 관람객이 몰려들어 2002년 여름 최고의 화제가 되었다.

W杯
월드컵

2002년 유행어 연간대상작으로, 정식 명칭은 '2002 FIFA 월드컵 한국/일본(2002 FIFA World Cup Korea/Japan)'이다. 32개 팀이 참가한 가운데, 5월 31일 서울 개막전으로 시작하여, 6월 30일 요코하마[横浜]에서의 결승전으로 성공리에 끝났다. 관객 동원은 일본 143만 8,637명, 한국 126만 6,560명으로, 계 270만 5,197명이었다. 대회 전에 우려되었던 테러, 훌리건의 소동도 없이 FIFA를 비롯하여 관계자 모두로부터 '완벽한 조직·운영'이라는 칭찬을 받았고, 블래터 FIFA 회장으로부터는 '미소대회'라고 명명되었다.

貸し剝がし
대출 강제 회수

경기도 침체된 상태이고, 은행의 불량 채권 회수도 진척이 없는 가운데 BIS 규제에 의한 자기자본비율을 일정 수준 이상으로 유지하기 위해서는 보다 리스크가 큰 중소 영세기업에 대한 신규 자금 대출을 억제하고, 이전에 대출해준 곳으로부터는 '잡아떼듯이 강제'로 자금을 회수해야만 했다. 변제가 밀린 상대로부터 성급하게 원금을 회수하려고 하거나 추가 담보를 요구하는 등의 '대출 강제 회수'가 일본 경제의 활성화를 더욱더 저해하고 있다.

声に出して 読みたい 日本語
소리 내어 읽고 싶은 일본어

1999년 오노 스스무[大野晋]의 『일본어연습장[日本語練習帳]』에서 시작되어 2001년부터 본격적으로 유행한 일본어·일본어 도서 붐 속에서 유달리 뛰어난 저서가 250만 부 이상 팔린 사이토 다카시[斎藤孝]의 베스트셀러 『소리 내어 읽고 싶은 일본어』이나. 일본의 국어교육에서 사라지고 있는 명문(名文)·음독(소리 내어 읽기)·암송을 권유한다.

真珠夫人
진주 부인

후지TV 계열·도카이[東海]TV 제작의 낮 시간대 멜로 드라마 중 히트작이다. 전후의 혼란기를 무대로 구화족(華族) 아가씨의 파란만장한 생애를 그려 주부층을 중심으로 진주 부인 붐을 일으켰다. 붐은 〈진주 부인 완결편〉의 골든타임 방영, 기쿠치 간[菊池寬]의 원작 소설 복간, 비디오 렌털 개시, DVD 발매 등으로 확대되었다.

ダブル受賞
더블 수상

고시바 마사토시[小柴昌俊][1], 다나카 고이치[田中耕一][2] 두 사람은 일본인으로서는 3년 연속의 11번째, 12번째 노벨상 수상자로, 두 명의 일본인이 같은 해에 수상한 것은 처음이었다.

内部告発
내부 고발

식품의 안전·표시 사건, 리콜 사건, 의료과실 사건, 가짜 쇠고기 사건, 원자력발전소 트러블 은폐사건 등, 일련의 기업 불상사를 밝히는 계기가 된 '내부 고발'이 주목받았다. 미국에서는 내부의 부패 등을 고발하는 내부 고발자(whistleblower)를 보호하는 법률을 앞장서서 제정하고 있고, 영국에서도 1998년에 공익정보공개법(Public Interest Disclosure Act 1998)이 제정되었다. 일본에서도 국민생활심의회 소비자정책부회(部會)의 '소비자에게 신

---

1 2002년 노벨 물리학상 수상. 도쿄대학 명예교수.
2 2002년 노벨 화학상 수상. 시마즈[島津]제작소 연구원(fellow).

뢰받는 사업자가 되기 위하여－자주행동 기준지침'(2002
년 4월)에서 '공익 통보자 보호제도'에 관하여 언급하고
있다.

ベッカム様
베컴사마

2002 FIFA 월드컵에서 일본인, 특히 일본 여성들 사이
에서 가장 인기가 높았던 잉글랜드 선수이다. 사령탑
이라고 하는 7번 포지션에서 정확한 크로스로 정평이
나 있었는데, 1998년 프랑스 월드컵에서 분을 참지 못
해 퇴장당함으로써 팀이 패배하여 국적(國賊) 취급을 받
았다. 그러나 그러한 사실과 전혀 관계없이 일본 여
성들은 그 외모에 매혹되었고, 베킹검 궁전으로 불리
는 호화로운 저택이나 스파이스 걸스(Spice Girls) 전 멤버
인 부인을 소중히 여기는 모습이 사진집의 판매에 박
차를 가했다.

ムネオハウス
무네오 하우스,
우호의 집

알선 수뢰, 수탁 수뢰, 의원 증언법 위반, 정치자금규
정법등의 용의로 체포, 기소, 추가 기소되어 있는 스즈
키 무네오(鈴木宗男) 전 홋카이도오키나와개발청 장관은
'의혹 백화점'으로 불렸다. 북방 4개 도서 지원 사업에
얽힌 '우호의 집'[ムネオハウス] 건설의 부정 입찰 문제를
비롯하여 디젤발전소 부정 입찰 문제, 국유림을 무단
벌채한 제재회사 '야마린'[やまりん]으로부터의 수뢰 등

이루 헤아릴 수 없다. 스즈키 의원이 보도나 외부 사람
뿐만 아니라 지원이나 이익을 받고 있는 측으로부터
도 성(姓)인 '鈴木'가 아니라 이름, 그것도 가타카나 표
기 'ムネオ'가 사용되는 것은, 강제적인 이권 유도·금
권정치라는 스타일이 이미 조금은 옛날 방식이라는
것, 소행·행동이 조금 우스꽝스러운 인상을 주기 때
문일 것이다.

拉致
납치

'납치'는 사전적으로 '억지로 데리고 가는 것'이라는 뜻
인데, 2002년에는 오로지 '북한 공작원에 의한 일본인
납치 문제'만을 의미한다.

2002년 9월 17일 평양에서 행해진 고이즈미[小泉]·김
[김정일] 회담 직전에 북한은 일본이 요구하고 있던 납치
피해자의 안부와 관련된 리스트를 제시하였다. 지금
까지 부정하고 있던 '납치'를 인정한 것이다. 일본 측이
수색을 의뢰한 8건 11명에 대하여 생존자가 5명, 사망
자가 8명이라고 북한은 설명하였으며, 그중 요코다 메
구미[横田めぐみ] 씨는 딸이 평양 시내에서 살고 있음이
밝혀졌다. 생존자 5명은 2002년 10월 15일에 일본에
일시 귀국하였다.

이외에도 경찰청에 의하면, 수십 명이 이같이 납치당
했을 것이라는 의혹이 있다.

Godzilla
고지라

1993년부터 2002년 시즌까지 요미우리 교진[読売巨人]에서 주로 4번 타자로 활약한 마쓰이 히데키[松井秀喜] 선수는 홈런왕 3회, 타점왕 3회, 수위타자 1회를 기록하였으며, 시즌 후에 FA 자격을 획득하여 다음 시즌부터 미 메이저리그에서 플레이할 의향을 표명하였다. 애칭인 고지라는 고교 시절부터 불려왔던 것으로, 이 이름은 '고지라=Godzilla'[3]라는 1954년 도호[東宝] 제작의 특수촬영 영화로 미국에도 수출되어 히트를 침으로써 미국인들에게도 널리 알려졌다. 이번에 49년 만에 '수출되는' '고지라'도 일본과 공통의 'Godzilla'라는 닉네임으로 불리며 활약할 것이다.[4]

한국

**부~ 자
되세요**

2001년 말 탤런트 김정은이 BC카드회사 광고 카피에서 한 말로, 물욕 앞에 솔직한 당시 사람들의 정서에

---

3 영화명이자, 주인공인 가공(架空)의 괴수 이름. 비키니환초 근처에 태곳적부터 잠들어 있던 생물이 수소폭탄 실험의 방사능으로 거대화되어, 일본을 습격하는 스토리. 신장 50미터, 체중 2만 톤, 무기는 방사능 화염.
4 2003~2009년 뉴욕 양키스에서 맹활약(2004년 4번 타자, 2009년 동양인 최초 월드 시리즈 MVP)한 후, 2012년 시즌을 끝으로 은퇴. 프로야구계에서는 이전의 王貞治(1977), 기누가사 사치오[衣笠祥雄](1987)(1987년 유행어 '鉄人' 참조)에 이어 나가시마 시게오[長嶋茂雄]와 같이 2013년에 국민영예상(国民栄誉賞) 수상.

딱 맞아, 새해 및 설날 인사말이 되었고, 인터넷 사이
트 초기 화면, 휴대전화 액정 화면까지 휩쓰는 등 연초
의 최고 유행어가 되었다. 그러나 한편으로는 황금만
능의 가치관을 부추기는 듯해 씁쓸하다는 반응도 있
었다.[5]

**오노스럽다,
오노 같은 놈,
오노 액션,
할리우드 액션**

미국 솔트레이크시티에서 열린 동계올림픽 쇼트트랙
남자 1,500m 결승전에서 김동성이 가장 먼저 들어왔
는데도 미국의 안톤 오노의 과장된 몸짓 플레이로 실
격되고 오노가 금메달을 따자, '정상적이지 못한 술수
를 쓰는 행위'를 '오노스럽다'고 표현하였고, 그에 더하
여 각종 나쁜 일에 오노의 이름을 붙여 표현했다.

몽준스럽다

대통령 선거 투표를 몇 시간 남기지 않고 노무현 대통
령 후보와의 공조를 파기한 국민통합21 정몽준 대표
의 행동을 빗대서 한 말, 즉 친구 사이에 약속을 깬
경우에 사용하는 말이 '몽준스럽다'이다.

**인제 됐다,
몽준 됐다**

이인제 새천년민주당 대통령 후보와 정몽준 국민통합
21 대표의 행동을 빗댄 표현으로, 막판에 헛발질하는
경우, 즉 선택의 기로에서 잘못된 선택을 했을 때 사용

---

5 조선, 2002.12.23, C8면 〈컬처토피애 2002년 휩쓴 유행어〉 김명
  환 기자.

하는 말이다.

대~ 한민국

2002년 월드컵에서 4강 신화를 이루는 데 큰 역할을 한 것은 '붉은 악마'를 비롯한 온 국민의 응원이다. 이 응원의 중심에 선 구호가 바로 우리나라의 정식 국호인 대한민국에 리듬을 붙여 표현한 '대~한민국'이다. 한국의 월드컵 공식 응원 구호인 동시에 2002년 최고의 유행어가 되었다.

오~ 필승 코리아

유럽에 널리 퍼진, 특히 스페인의 레알 마드리드에서 응원가로 사용하는 노래를 대한민국의 부천 SK 서포터가 새로이 가사를 붙여 응원가로 만들었고, 이를 '붉은 악마'가 1998년 FIFA 월드컵을 앞두고 현재 알려진 가사로 개사해서 국가대표팀 응원가로 처음 사용하였다. 이후 2002년 FIFA 월드컵에서 '붉은 악마'의 공식 응원가로 채택된 윤도현 밴드 버전이 월드컵 거리 응원 열풍과 맞물리면서 대한민국의 대표적인 축구 국가대표팀 응원가가 되었고, 윤도현 밴드는 이 노래로 국민가수 반열에 올랐다.[6]

---

6 "오 필승 코리아." 위키백과, . 23 2 2013, 16:02 UTC. 12 3 2013, 07:53 ⟨http://ko.wikipedia.org/w/index.php?title=%EC%98%A4_%ED%95%84%EC%8A%B9_%EC%BD%94%EB%A6%AC%EC%95%84&oldid=10253406⟩

**꿈★은
이루어진다**

월드컵 한국과 독일 대표팀의 준결승전이 벌어졌던 대구 월드컵 경기장에서 '붉은 악마'들이 카드섹션으로 펼쳐보인 표현으로, 이 역시 크게 유행하였다. 이 말은 SBS '스타도네이션 꿈은 이루어진다', MBC '일요일 일요일 밤에-박수홍의 꿈은 이루어진다' 등 방송 프로그램의 타이틀로도 사용되었다.[7]

**나는 아직도
배가 고프다**
I'm still hungry

월드컵 축구에서 한국 국가 대표팀의 거스 히딩크 감독이 이탈리아와의 16강전을 앞두고 가진 기자회견에서 한 말로, 온 국민의 가슴에 승리를 향한 집념의 불을 질렀고, 결국 한국의 4강 신화를 만들었다.

**당신의
능력을
보여 주세요**

월드컵에서 한국의 4강 신화를 만든 국가 대표팀의 히딩크 감독을 모델로 한 삼성카드 CF의 문구이다. 이 말 역시 폭발적인 반응을 나타냈고, 여말의 대선까지 이어지며 유행하였다.

**열심히 일한
당신, 떠나라**

현대카드의 광고에 사용된 카피로, 정계와 직장 등에서 여러 가지 변형된 표현으로 유행하였다.

7 동아, 2002.12.11, C6면 〈올 방송 연예계 유행어〉 김수경 기자.

니들이 게 맛을 알아? →니들이 ~ (개 맛, ……) 을 알아?	롯데리아 햄버거(크랩버거) 광고에서 탤런트 신구가 〈노인과 바다〉의 한 장면처럼 배를 타면서 내뱉은 말인데, '니들이 ~을 알아?'의 형식으로 다양하게 응용되어 사용되었다.
종로는 긴또깡이 접수한다 →○○지역은 내가 접수한다	지난해 조폭 신드롬을 낳은 영화 〈친구〉의 바통을 이어받은 것이 김두한(일본어 발음 '긴또깡')을 주인공으로 한 〈야인시대〉라는 SBS의 조폭 드라마인데, 여기에 나오는 김두한의 대사이다. 종로라는 지역명 대신에 다른 지역을 넣어 '○○지역은 내가 접수한다'와 같이 응용되기도 하였다. 이 드라마의 영향으로 '깡패놀이'를 하는 어린이들이 증가하였고, 어린이나 청소년들이 조직폭력배를 선망하는 경향이 더욱 심해졌다.
무사는 곁불을 쬐지 않는다	성역 없는 수사를 천명했던 이명재(李明載) 검찰총장이 취임사에서 한 말이다.
홍삼트리오	김대중 대통령의 막내와 둘째 아들인 홍걸·홍업 씨 형제가 뇌물 수수 혐의로 차례로 구속되면서 사회적인 파장이 일자, 여기에 역시 각종 설에 휘말린 장남 홍일 씨를 더하여 세 아들의 돌림자를 따서 유행한 신조어이다.

**담배
맛있습니까?
그거
독약입니다**

8월에 폐암으로 사망한 코미디언 이주일 씨가 4월부터 방영된 TV 금연 공익광고에 출연하여 한 말이다. 이에 영향을 받아 금연 운동이 확산되어 성인 남성 흡연자 중 253만 명(한국갤럽 조사)이 동참했다고 한다.[8]

**내 알(아를)
낳아도!**
내 아이를
낳아줘

KBS 2TV 〈개그콘서트〉의 〈생활 사투리 코너〉에서 나온 개그로, '결혼하자', '나는 당신을 사랑합니다'를 경상도 사투리 버전으로 옮긴 것이다.[9]

8 동아, 2002.12.11, C6면 〈올 방송 연예계 유행어〉 김수경 기자.
9 동아, 2002.12.11, C6면 〈올 방송 연예계 유행어〉 김수경 기자.

4. 2003년

毒まんじゅう[1]
독만두

2003년 유행어 연간대상은 세 개인데 그중의 하나로, 2003년 9월의 자민당 총재 선거에서 정계 은퇴를 결의한 노나카 히로무[野中広務] 전 간사장[幹事長]이 고이즈미 수상 지지로 돌아선 일부 정치가를 비난할 때 사용한 말이다. 구체적으로는 고이즈미 재선 후에 밀약된 포스트를 가리키며, 그 자리를 맡은 사람을 향하여 "(고이즈미의) 독만두를 먹었다."라고 비난하여, 자신의 공리에 분주한 정치가의 실태에 경종을 울렸다.

なんでだろう
~
왜일까

2003년 유행어 연간대상을 수상한 말이다. 저지(jersey) 모습으로 몸을 감싸고, 벌린 손을 얼굴 주변에서 흔들어 돌리면서 노래하는 '데쓰 and 도모[テツandトモ]'가 히

---

1 1611년의 도쿠가와 이에야스[德川家康]와 도요토미 히데요리[豊臣秀頼]의 니조 성[二条城]에서의 회견 직후, 회견장에서 히데요리를 호위했던 가토 기요마사[加藤淸正]가 급사함에 따라 그럴듯한 「독만두 암살설」이 항간에 퍼지게 되었고, 후에 가부키[歌舞伎]의 소재가 되기도 하였다. 현대 일본의 정계 은어로는 '반대 진영으로부터의 뇌물'을 가리킨다.

트를 친 개그이다. 모든 것이 해설되는 TV 안에서 일
상생활의 사소한 것에 숨어있는 모순을 지적한 콩트
는 정통적이라고도 할 수 있으며, 하이 스피디한 춤이
가져오는 개방감도 독특하였다. TV 애니메이션 〈이쪽
은 가쓰시카구 가메아리[葛飾区亀有]공원 앞 파출소〉의
엔딩 테마 '왜일까~이쪽 가메 버전~[なんでだろう こち亀
バージョン]'으로 어린이들에게 크게 호평을 받아 여러
세대에 폭넓게 수용되었다.

マニフェスト
manifesto,
매니페스토

2003년 유행어 연간대상작의 하나이다. 통상 '정권공
약', '대국민 정책계약'이라고 번역되는데, 기한, 재원,
수치 목표, 프로세스 등이 밝혀진 구체적인 공약을 말
한다. '확실히 제시한다'는 라틴어에 그 어원이 있다.
영국의 총선에서 행해지고 있고, 서점 등에서도 관련
서적이 팔리고 있다. 일본에서도 2003년 봄의 통일지
방선거에서 낳은 후보자가 유권자에게 제시하였고,
같은 해 가을의 중의원 선거에서 각 정당이 책자를 작
성하여 '매니페스토 선거'라고도 불렸다.

勝ちたいんや!
이기고 싶어!

등 번호 77번을 달고 감독 취임 4시즌 연속 최하위였
던 한신을 2003년 리그 우승으로 이끌었던 한신 타이
거즈[阪神タイガース] 호시노 센이치[星野仙一] 감독이 한 말
이다. 오사카 미나미2의 도톤보리 강[道頓堀川]에서는 우

승 이후 늘 그랬듯이 팬들이 연이어 '도톤보리 다이빙'
을 하였는데, 그 수가 무려 5,000명을 넘었다.

コメ泥棒
쌀 도둑

배, 멜론, 아스파라거스, 포도 등의 농작물 도난이 잇
따르고 있는 가운데, 여름 냉해로 인한 흉작으로 값이
오른 쌀을 노린 도난 사건이 다수 발생하였다. '나야나
야[おれ おれ] 사기'3와 더불어 2003년 기묘한 범죄의 대
표 격이 되었다.

SARS
사스

앞의 주요 사건 표에서 본 바와 같이, 전 세계적으로
유행한 중증 급성 호흡기증후군(Severe Acute Respiratory
Syndrome)을 말한다.

年収
300万円
연수입 300만 엔

지금 전직하면 즉시 연수입 300만 엔, 전직하지 않더
라도 서서히 임금이 삭감되어 300만 엔으로 낙착되는
시대이다. 2003년 3월, 일본경제신문이 경영자들을 대
상으로 한 앙케트에서도 '앞으로도 정기 승급을 유보
한다'고 회답한 사람이 18%였다.

---

2 오사카 부 오사카 시 주오 구[大阪府大阪市中央区]와 나니와 구
[浪速区]에 걸친 광대한 면적을 자랑하는 일본 최대 면적의 번화
가의 총칭.
3 젊은 사람의 목소리로 고령자에게 전화를 걸어 아들이나 손자인
양 "나야, 나야."라고 하면서 돈이 필요하다고 하여 사기를 치는
수법을 말한다. 한국의 '전화 사기', '보이스 피싱'과 같다.

バカの壁
바보의 벽

2003년 서점에는 '바보' 책이 죽 진열되었다. 구레 도모 후사[吳智英]의 『바보에게 바르는 약[バカにつける薬]』, 고야 노 돈[小谷野敦]의 『바보를 위한 독서술[バカのための読書術]』, 다치바나 다카시[立花隆]의 『도쿄대 학생은 바보가 되었 는가[東大生はバカになったか]』, 세코 고지[勢古浩爾]의 『드물 게 보는 바보[まれにみるバカ]』, 가쓰야 마사히코[勝谷誠彦]의 『바보의 싸움[バカとの鬪い]』 등인데, 물론 '바보' 책이라고 하더라도 내용은 진지하고 다양하다.

**ビフォー
アフター**
전과 후,
before after

원래는 미용 약·기구의 광고에 사용된 말인데, ABC 방송(TV아사히[朝日] 계열)의 〈대개조! 극적인 전과 후[大改 造!! 劇的ビフォーアフター]〉에서 개량 용어로 사용되었다. 기 존의 내 집을 개량해서 사는 생활 트렌드 가운데, 이 프로그램에서 건축가를 가리키는 '장[匠]'이라는 말이나 해설자의 "어떻게 된 것일까요[なんということでしょう！]"와 같은 질제하는 듯한 놀람의 표현 등이 일상의 대화에 서 사용되게 되었다.

へえ〜
헤〜

후지TV의 인기 프로그램 〈트리비아의 샘[トリビアの泉]〉 에서 나온 말이다. 〈트리비아의 샘〉은 시청자가 보낸 의외의 기삿거리를 프로그램 사회자(presenter)인 다카하 시 가쓰미[高橋克実]와 야시마 노리토[八嶋智人]가 소개하 고, 다모리[タモリ]를 회장으로 하는 5인의 품평회원이

그에 대한 감명도를 '헤~'를 단위로 평가(20헤~ /5=100헤 ~가 만점)한다는, 잡학 버라이어티쇼이다. 심야 시간대에 인기를 얻어 골든타임으로 진출하였고, 2003년을 대표하는 히트 버라이어티쇼가 되었다. 프로그램에서 사용하는 '헤 버튼'은 상품화되어 거리의 커피숍 등에서도 대화 중에 '헤~' 라고 하면서 버튼을 두드리는 동작을 하는 사람이 속출했다.

한국

검사스럽다

2003년 3월 9일 노무현 대통령과의 대화에서 보여준 검사들의 태도를 풍자한 말로, '안하무인이며 논리 없이 자기 주장만 되풀이한다'는 뜻이다. 이전에도 지난해의 '오노스럽다', '몽준스럽다'와 같이 '-스럽다'라는 표현이 있기는 했지만, '검사스럽다'라는 유행어 이후 거의 모든 명사와 이름에 접미사 '-스럽다'를 붙여 표현하는 '-스럽다' 신드롬을 낳게 되었다.
그리하여 '부시스럽다4', '놈현스럽다5' 등으로 이어지게 된다.

4 자기 마음대로 악을 선이라 우기고 선을 악으로 몰아세운다.
5 상식과 원칙을 말하고 실제로 실천하기도 하다가 결정적인 순간에 뒤통수를 치다, 자기 편이 아니면 모두 적으로 간주하다.

이 '—스럽다' 란 말은 보통 마이너스 평가의 표현인데, 그중 '검사스럽다'는 후에 검찰이 기업 비자금, 대선 자금 수사에서 단호한 모습을 보이면서 '소신 있다, 멋지다'와 같이 플러스 평가의 뜻으로 바뀌기도 하였다.

이쯤 되면 막가자는 거지요?

2003년 3월 9일 전국 평검사들과의 대화에서 수원지검 김영종 검사가 '대통령도 취임 전에 부산 동부지청에 청탁 전화를 하지 않았느냐'고 따지듯이 물어본 데 대하여 노무현 대통령이 한 말이다.[6]

대통령직 못 해먹겠다

2003년 5월 21일, 노무현 대통령이 광주5.18행사추진위 간부들과의 청와대 간담회 석상에서 "이러다 대통령직을 못 해먹겠다는 생각이, 위기감이 든다."라고 한 말에서 나온 유행어이다.

맞습니다, 맞고요~

개그맨 김상태 씨가 노무현 대통령의 말투와 표정을 패러디하면서 유행어가 되어, 일상생활에서도 많이 사용되었다.

---

6 기사에 따라 약간씩 표현이 다르다. 즉 '이쯤 되면 막가자는 거지요?'(동아 2003.5.24, A5면/조선 2003.11.17, A11면) 외에, '이 정도면 막 하자는 거지요?'(조선 2003.5.28, A5면/조선 2003.3.14, D5면), '이쯤 하면 막 하자는 것이죠?'(조선2003.12.29, A14면)가 있다.

**이태백,
삼팔선,
사오정,
오륙도,
육이오**

경기 침체로 취업난이 극심해지자, 퇴직과 취직에 관한 각종 신조어가 등장하였으며, 특히 연령과 관련된 말이 유행하였다.

이태백 : 20대 태반이 백수라는 뜻으로, 20대의 반수 이상이 직장을 잡지 못함을 비유적으로 이르는 말.

삼팔선 : 38세쯤이면 명퇴 여부를 선택해야 한다는 뜻으로, 직장에서 내몰리는 30대를 비유적으로 이르는 말.

사오정 : 45세가 정년이라는 뜻으로, 정년이 아닌데도 직장에서 내몰리는 40대를 비유적으로 이르는 말.

오륙도 : 56세까지 남아있으면 도둑이라는 뜻으로, 정년을 채우지 못하고 직장에서 내몰리는 50대를 비유적으로 이르는 말.

육이오 : 62세까지 직장에 남아있으면 5적(五賊)이라는 뜻으로, 오랫동안 남아 있어도 아랫사람의 눈치를 보아야 하는 60대를 비유적으로 일컫는 말.

얼짱 신드롬
인터넷 얼짱,
학교 얼짱,
동네 얼짱
……

'얼짱'[7]이라는 말은 '얼굴 짱' 즉 '얼굴이 최고'라는 뜻이다. 네티즌들이 인터넷에서 '얼짱'으로 인정한 박한별, 구혜선, 남상미, 임수정 등이 영화와 드라마, CF에 데뷔하면서 인터넷이 스타 등용문 구실을 하기도 하였고, 일반 사회에서도 널리 사용되면서 '학교 얼짱', '동네 얼짱' 등으로 확대, 유행되었다.

7 2003년 인터넷에서 가장 유행한 말로, 포털사이트 네이버가 선정한 '2003년 인터넷 유행어' 1위와 다음의 '화제의 검색어' 3위를 차지하였다(김기란 · 최기호, 2009, 『대중문화사전 −300개의 키워드로 읽는 한국 대중문화 20년』 현실문화연구 p.179).

나아가 '얼짱'에 그치지 않고, '몸짱, 노래짱, 주먹짱' 등과 그 분야의 최고를 가리키거나, 그 사람 자체가 최고라는 뜻을 나타내는 '노짱(노무현 대통령), 안짱(안대희 대검 중수부장)' 등과 같이 '-짱'을 붙인 말이 유행함으로써 대한민국을 '-짱 공화국'이라는 말로까지 표현하게 되었다. 최고라는 의미의 '-짱'의 유래에 대해서는 학교장, 교장처럼 가장 높은 직급을 나타내는 '장(長)'에서 유래했다는 설, 장기에서 "장(將)이야!"라고 외치는 소리에서 유래했다는 설, 일본의 나이 어린 사람의 이름 뒤에 붙이는 '-짱(ちゃん)'에서 왔다는 설이 있다고 한다.[8] '장'이 '짱'이 된 것은 한국인의 발음 습관 중 하나인 경음화 현상에 의한 것이다.

다모 폐인[9] '폐인'이란 어떤 것에 중독되어 일상생활에 심각한 지장을 받는 사람을 비유적으로 이르는 말이며, 〈대장금〉, 〈올인〉에 이어 2003년 최고의 드라마 중 하나인 MBC TV의 신세대 사극 〈조선 여형사 다모〉에 중독되어 일상생활에 심각한 지장을 받을 정도로 열정적인

---

8 김다은(2006) 『발칙한 신조어와 문화 현상』 작가, p.174.
9 폐인(廢人)은 원래 '아무것도 못할 정도로 망가진 사람'이라는 뜻으로 쓰였으나, 최근에는 컴퓨터나 인터넷과 관련된 취미, 커뮤니티, 온라인 게임, 일, 기타 등등에 대해 극단적으로 심취한 사람을 이르는 말로도 쓰인다("폐인." 위키백과, . 8 3 2013, 15:58 UTC. 10 3 2013, 09:18 〈http://ko.wikipedia.org/w/index.php?title=%ED%8F%90%EC%9D%B8&oldid=10319529〉.).

시청자들을 가리켜 '다모 폐인'이라 한다. 시청률은 20%를 오르내리는 수준이었지만, 인터넷을 통한 폭발적인 반응을 보이는 '폐인'들이 시청자의 한 축을 이루었다. '폐인'이라는 유행어는 '폐인 신드롬'[10]을 낳아, 이후에도 '디카 폐인, 도박 폐인, 여인의 향기 폐인'과 같이 폭넓게 사용되었다.

아프냐?
나도 아프다

MBC TV 드라마 〈조선 여형사 다모〉에서 사랑하는 여인(다모 채옥, 하지원 분)의 팔의 상처를 치료하면서 남자(황보종사관, 이서진 분)의 찢어지는 마음을 압축하여 던진 대사이다.

통하였느냐?

영화 〈스캔들-조선남녀상열지사〉(배용준, 전도연, 이미숙 주연)의 대사 가운데 '정녕 내 형수와 통하였더냐?'에서 따온 영화광고 카피로, 남녀 간의 통정(通情)을 비유적으로 표현한 말이다. 정치에서는 노무현 대통령의 측근 비리를 공격하는 야당에 의해 '뭔가 뒷거래가 있었는가?'라는 중의적 의미로 패러디되는 등 유행어가 되었다.

---

10 '디카 신드롬'과 더불어 디시인사이드(www.dcincide.com)에서 발생하였다(주간조선, 2003.12.25 [1784회] 〈'신드롬' 우리 사회 강타!〉). 서일호 주간조선기자.

거시기(하다)	영화 〈황산벌〉(박중훈, 정진영 주연)에서 나온 전라도 사투리로, 다용도로 사용되었다. 영화에서는 신라의 군사들이, 백제군들이 중요한 대목마다 꺼내는 정체 모를 '거시기'라는 단어 때문에 공포에 떤다. 뿌리 깊은 지역 갈등을 상징하면서, 정확성과 구체성에 숨 막히는 현대인들에게 '모호함'의 쾌감을 던져 주었다.[11]
코드	노무현 정권에서 '-스럽다'에 못지않은 인기를 얻은 유행어로, 사전적으로는 데이터 코드, 기능 코드, 오류를 검사하기 위한 검사 코드 등과 같이 컴퓨터 정보를 나타내는 기호 체계를 의미하지만, 정치적으로는 '같은 생각'이나 '정서적 공감대'를 뜻하는 말로 쓰였다. 따라서 이 시점에서 코드가 맞는다는 말은 좋게 표현하면 말없이 통한다는 뜻이고, 노 대통령 어법을 빌려 '톡 까놓고 이야기'하면 기존, 기성(旣成)을 어떻게든 욕보이고 내몰아보자는 데 의견을 같이한다는 뜻이다.[12] 노 정권 인사에서 가장 중요한 고려 요소가 되었으며, 2013년의 박근혜 정부에서 말하는 '국정철학 공유'도 같은 개념의 용어이다.

11 동아, 2003.12.30, C6면 〈올해 유행어 – 배경 총정리〉 이승재 기자.
12 조선, 2003.5.6, A30면 〈[태평로] '코드'란 말의 오만함〉 이한우 논설위원.

5. 2004년

**チョー
気持ちいい**
엄청
기분이 좋다

2004년 유행어 연간대상작으로, 8월 15일의 아테네 올림픽 2일째에 남자 100미터 평영에서 금메달을 획득한 기타지마 고스케[北島康介] 선수가 풀에서 올라와 한 말이다. 우승이 확실시되었던 프레셔로부터의 해방감을 솔직하게 내뱉은 것인데, 골인 직후에는 1위인지 아닌지 몰라서 "응원석의 열렬한 격려 모습을 보고서 우선 승리한 기쁨의 포즈를 취했다."라고 비화를 밝히기도 하였다.

気合だー！
기합이다ー!
[アニマル浜口]

전 프로레슬링 선수이자 보디빌더인 애니멀 하마구치[アニマル浜口] 씨는 보디빌딩 포즈로 앞으로 허리를 숙이는 자세를 취하고, 얼굴에 주름을 잡으면서(열심인 느낌) 속으로 '기합이다' 하고 소리친다. 역시 레슬링 선수인 딸 하마구치 교코[浜口京子]를 아테네 올림픽에 보낼 때, 나리타공항[成田空港]에서 이 말을 10회 연속하여 외쳤다. 이는 수년 전부터 이미 하마구치 씨의 트레이드마크였다.

サプライズ
서프라이즈

영어 'surprise'는 '깜짝 놀라게 하다'의 의미인데, 고이즈미 수상에 한해서는 단순한 '서비스'의 의미로 사용된다. 제1차 내각부터 다나카 마키코[田中眞紀子] 외무장관 등, 조각(組閣)에 임하여 의외인 여성을 기용하였다. 2004년 7월의 참의원 선거 전에 돌연 북한을 방문하여 젠킨스[Charles Robert Jenkins][1] 씨를 돌려보내라고 김정일 총서기에게 압박을 가한 행동 등도 고이즈미류의 서프라이즈였다. 같은 해 9월의 제2차 조각에서는 마침내 '노 서프라이즈'로 실망을 안겨준 꼴이 되었다.

自己責任
자기 책임

본래는 리스크를 택하여 행동한 자가 스스로 '결과의 책임'을 지는 것을 말하는데, 최근에는 책임을 전가할 때에 종종 사용되고 있다. 특히 자기 책임이라는 말이 빈번하게 사용된 것은 2004년 4월, 전투가 계속되던 이라크에서 무장 그룹에 의해 발생한 일본인 인질 사건 때였다. 3명의 일본인 인질에 대하여 자기 책임이라는 비난이 날아간 것이다. 정부의 권고를 무시하고 이라크로 향한 것이므로, 자업자득이라는 논란이었다. 그들이 다하고자 했던 이라크 어린이에 대한 지원이나 진실 보도라는 귀중한 목적은 무시되고 정부에 폐를 끼친 사실만이 클로즈업되었다.

---

1 한국 주둔 미8군에서 복무 중, 1965년에 북한으로 도주하였다가 2004년 7월에 일본에 입국, 2005년에 불명예 제대하였다.

新規参入 신규 참가	긴테쓰·오릭스[近鉄·オリックス]의 합병으로 5개 구단이 된 퍼시픽리그에 새로이 라이브도어[ライブドア, livedoor]와 라쿠텐[楽天]이 참가를 표명하였는데, 업종은 둘 다 IT 관련의 정보산업이었다. 게다가 라이브도어가 센다이·미야기구장[仙台·宮城球場]을 본거지로 정한 데 이어 라쿠텐도 같은 구장을 지명했기 때문에 NPB 측은 받아들일 1개 회사를 결정하지 않으면 안 되었고, 공청회를 열어 선정을 서둘렀다. 결과는 2004년 11월 2일의 오너회의에서 라쿠텐으로 결정되었다.
セカチュー 세카(이)추, 世界 中(心)	2001년 4월에 발매된 가타야마 교이치[片山恭一]의 소설 『세계의 중심에서 사랑을 외치다[世界の中心で愛をさけぶ]』가 무라카미 하루키[村上春樹]의 『노르웨이의 숲[ノルウェイの森]』의 238만 부를 돌파하여 소설사상 최다 부수 판매가 되었다. 2004년 6월 시점에서 306만 부였다. 이 소설은 영화화되었을 뿐 아니라 7월에 TBS에서 드라마로 방영되었다.
中二階 중2층, 1층과 2층의 중간에 만든 방	차기 리더의 포지션에 있으면서 아직 조금 존재감이 약한 자민당의 유력자, 구체적으로는 히라누마 다케오[平沼赳夫] 전 경제산업성 장관, 고가 마코토[古賀誠] 전 간사장, 다카무라 마사히코[高村正彦] 전 외무장관, 아소 다로[麻生太郎] 총무성장관의 미묘한 위치를 표현한 말인데, 고이즈미 수상이 사용하여 각광을 받았다.

**って言うじゃ
ない…
/○○斬り!
/…残念!!**
…라고 하지
않아…
/○○비판/…유감!

'…라고 하지 않아'라는 말은 '기타(를 든) 사무라이', 즉 하타 요쿠[波田陽区]가 개그를 바꿀 때 중간에 하는 말이다. 평소 차림으로 기타 교본을 들고 나타난 하타 가 우수에 젖은 눈으로 유행을 화제로 들며, 욘사마[2]에 관해 '…라고 하지 않아'라고 노래부르다가 이어서 '유 감!'이라고 반박한다. 예를 들면 '욘사마와 결혼하면 성 이 '배'로 바뀌므로 유감!'이라고 사정없이 비판한다. '유감!'이라는 말 역시 하타가 만담의 단락이나 매듭 부분에 사용하는 상투어로서 인기를 얻은 말인데, '유 감!'의 대상이 되는 것은 신랄한 토크에서 '비판받은' 인물이다.

負け犬
패배자

'30대, 미혼, 무자식'을 여자 '패배자'로 정의한 칼럼니 스트 사카이 준코[酒井順子]의 베스트셀러 『패배자의 뒷 전 욕설[負け犬の遠吠え]』에서 온 말이다.

冬ソナ
겨울연가

2002년 1월부터 3월까지 한국 KBS TV에서 방송된 인 기 드라마 〈겨울연가〉는 일본에서도 2003년 4월부터 NHK BS2에서 방영되어 호평을 받았다. 그 때문에 2004년 4월부터는 NHK 종합TV에서도 방영되어 최고 15%의 시청률을 기록하였다. 순애보 이야기나 영상의

---

2 배용준.

아름다움이 중년 여성층의 강한 지지를 받아, 같은 해 6월에는 일본경제신문사가 〈히트상품 랭킹〉 '서쪽 편의 오제키[大関]' 등급에 주연인 '욘사마(배용준)'를 선정하였다. 드라마에 삽입된 노래는 일본어로 번역되고, 드라마의 무대가 한국 관광의 목적지가 되었으며, '욘사마'가 방일했을 때는 하네다[羽田]공항에 7,000명이나 되는 팬이 몰려드는 등, 일종의 사회현상이 되었다. 배용준에 더하여 이병헌, 장동근, 원빈은 '사대천왕'으로 불리며, '한류(韓流)'3의 상징적인 존재가 되었다.

한국

- 풍
탄핵풍, 헌풍,
역풍, 박풍, 노풍

2004년 정치권의 유행어이다. '탄핵풍'은 신(新)행정수도 이전과 관련하여 국회가 노무현 대통령을 탄핵함으로써 일어난 바람으로, 17대 국회의원 선거인 4.15 총선에서 열린우리당은 많은 '탄돌이'4들을 포함하여 과반이 넘는 152석을 차지하였다.

---

3 중국어. '한류'라고 발음. 1990년대 말, 중국어권에서는 한국제의 드라마나 영화, 음악이 유행하여 이렇게 불렸다. 일본에서는 영화 〈쉬리〉(1999)에 이어 〈겨울연가〉, BoA 등 한국 가수의 히트와 더불어 붐이 일었다.
4 탄핵풍 덕택에 그럴 만한 인물도 아닌데 얼떨결에 국회의원이 된 사람을 얕잡아 이르는 말.

'헌풍'은 헌법재판소가 신행정수도 건설특별법에 대해 내린 위헌 결정으로 일어난 바람이고, '역풍'은 '탄핵풍'을 일으킨 한나라당 입장에서 본 바람으로, 한나라당은 이 '역풍'을 맞아 총선에서 121석을 차지하는 데 그쳤고, 민주당과 자민련도 참패하였다. '박풍'은 '탄핵풍'과 그에 의한 '역풍' 속에서도 총선에서 일으킨 한나라당 박근혜 대표의 바람몰이를 가리키는데, '박풍'이 없었다면 한나라당은 더욱 큰 참패를 당했을 것이다. '노풍'은 총선 유세에서 열린우리당 정동영 전 의장이 '60, 70대는 집에서 쉬셔도 된다'는 요지의 돌출 발언을 했다가 노인들의 반발로 생긴 바람으로, 결국 선대위원장직을 사퇴하고 비례대표직을 반납하는 등의 시련을 겪게 했다.

몸짱, 쌈짱, 엉짱, 겜짱

지난해 유행했던 '얼짱'이라는 신조어가 다른 분야로 확산되어 생긴 유행어이다. 근육질 몸매가 최고인 사람을 '몸짱', 싸움을 잘하는 사람은 '쌈짱', 엉덩이가 잘생긴 사람은 '엉짱', 게임을 잘하는 사람은 '겜짱'이라고 부르는 식이다.

이 안에 너 있다

애기야, 가자

2004년 최고의 시청률(56.3%)을 기록한 SBS TV 드라마 〈파리의 연인〉에서 수혁(이동건)이 자기 가슴을 가리키며 태영(김정은)에게 말한 '이 안에 너 있다'는 최고의 로

맨틱한 표현으로 크게 유행하였고 다양한 형태로 패러디되었다.

또 같은 드라마에서 기주(박신양)가 태영에게 말한 '애기야, 가자'는 보호받고 싶은 여성의 본능을 자극한 닭살 표현으로 역시 크게 유행하였다.

그런 거야?   SBS TV 〈웃음을 찾는 사람들(웃찾사)〉에서 군대 상급 병사가 하급 병사의 말꼬리를 잡으며 괴롭히는 상황에서 쓰는 말로, 포털사이트 네이트닷컴의 '올해 최고의 유행어' 설문 조사에서도 1위를 차지하였다. 예를 들면 "군대 생활이 어렵지?"(상급자), "아닙니다. 괜찮습니다."(하급자), "요즘 군대 생활 편한 거야, 그런 거야?"(상급자) 하는 식으로 무슨 말을 하여도 말꼬리를 잡는 이 말은 상대를 미심쩍어 하는 불신 풍조를 반영하였다.[5]

그때그때 달라요   SBS TV 〈웃음을 찾는 사람들(웃찾사)〉의 폭소 영어 강좌 〈그때그때 달라요〉 코너에서 개그 듀오 〈컬투〉(정찬우, 김태균)가 엉터리 영어 해석을 하다가 말문이 막힐 때 쓰는 표현으로, 어느 상황에서나 써먹을 수 있는 것이 장점인데, 원칙 없이 흔들리는 정치권과 사회를 비아냥거리는 의미로도 통하였다.[6]

---

5 동아, 2004.12.31, A18면 〈2004 방송연예계 뒤흔든 말말말〉 서정보 기자.

아자 아자 파이팅!

KBS 2TV 드라마 〈풀하우스〉에서 지은(송혜교)이 애교 있게 외쳤던 말인데, 최악의 경기 불황과 급증하는 실업으로 고통받는 서민들에게 힘을 내라는 뜻으로 받아들여졌다.[7]

아빠 힘내세요 우리가 있잖아요

'아빠 힘내세요'라는 노래는 1997년 MBC 창작동요제에서 입상곡으로 뽑혀, 때마침 닥친 IMF 금융 위기 때 유행했던 노래이다. BC카드에서 송혜교가 CM송으로 불러 선풍적인 인기를 끌게 되었다.

사랑은 돌아오는 거야

2003년 말부터 2004년 초까지 방송된 SBS TV 드라마 〈천국의 계단〉에서 차송주 역의 권상우가 부르짖은 말이다.

오타쿠

2004년 인터넷 유행어 1위를 차지한 유행어로, 일본어 'おたく'[8]에서 온 말이다. '병적으로 무언가 한 가지 분야

---

6 동아, 2004.12.31, A18면 〈2004 방송연예계 뒤흔든 말말말〉 서정보 기자.

7 동아, 2004.12.31, A18면 〈2004 방송연예계 뒤흔든 말말말〉 서정보 기자.

8 1989년에 일본에서 연속 유아유괴살인사건이 발생하였는데, 범인 미야자키 쓰토무(宮崎勤)는 약 6,000개의 비디오 테이프와 만화로 파묻힌 방에서 지내고 있었다. 이후로 이 말이 언론에 많이 등장하게 되었다. 본래는 애니메이션 동료끼리 사용하던 말인데, TV 게임이나 비디오 등에 빠져들어 다른 것에는 흥미를 보이지 않아 대인관계가 극히 희박하고 서투르며, 동료끼리 상대방을 'あなた(당신)'라든가 'おまえ(너)'가 아니라, 거리를 둔 'おたく(댁)'이라는 말로 부른다. 2004년 오타쿠인 전차남(電車男) 청년의 연애 성공

에 빠진 사람'이라는 뜻이지만, 애니메이션을 좋아하는 사람 또는 여자들에게 간접적으로 접근하거나 혼자 변태같이 좋아하는 사람에게 쓰이는 말로 변질되었다.

스토리가 사회적 반향을 일으켜, 오타쿠에 대한 시선이 긍정적으로 변하기도 하였다.

6. 2005년

小泉劇場
고이즈미 극장

2005년 유행어 연간대상작의 하나이다. 2005년 9월의 중의원 선거는 고이즈미 수상이 의도했든 안 했든 '반란', '자객', '여성 후보'의 등장, 우정 민영화 문제로 압축된 단순한 쟁점 등에 의하여, 마치 '고이즈미 극장'과 같은 모습을 나타냈는데, 그 결과는 '고이즈미 단독 승리'였다.

想定内(外)
예상 범위 내(외),
이미 예상하고
있었던(예상할 수
없었던)

'想定内' 역시 2005년에 유행어 연간대상을 받은 말로, 일본 방송 후지TV의 매수를 노리는 라이브도어 호리에 다카후미[堀江貴文] 사장이, 후지TV 측이 취한 대항책에 대해 코멘트를 요청받고 한 말이다. 즉, 몇 개의 예상되는 사태를 모두 자신의 머릿속에 그리고 있어, 자신의 행동에 대한 반응이나 반격, 나아가 그에 대해서 취할 수 있는 대책 등을 당초부터 예상하고 있었다는 것이다. 간단한 말로 번역하면 '그런 일쯤 모두 미리 알고 있어요'라는 뜻인데, 호리에 씨의 자신에 찬 언동이 어필도가 높았다. '想定外'는 반대로 예상하지 못한 경우를 말한다.

クールビズ
쿨 비즈,
시원 차림,
cool biz

2005년 여름에 정부가 주도한 가벼운 옷차림 운동을 말하며, 이는 웃옷을 벗음으로써 냉방 온도 설정을 높이기 위한 목적이었다. 넥타이 업자를 배려한 때문인지 초가을부터는 웜(warm) 비즈가 제창되었다. Cool biz는 일본식 조어로, cool과 biz(business의 단축형)를 결합한 것이다.

刺客
자객

2005년 9월의 중의원 선거에서 고이즈미 수상은 우정 반란그룹의 자민당 후보자에 대하여, 반란을 이유로 공인을 주지 않고 대립 후보를 세웠으며, 유력 후보들에게 대항마로 세워진 강력 후보는 '자객'으로 불렸다.

**ちょい
モテオヤジ**
조금 인기 있는
아저씨

기시다 이치로[岸田一郎] 편집장이 이끄는 월간 패션 잡지『LEON』이 투입하는 카피(copy) 그룹과 그 주변 문화를 가리킨다. 2002년에 특집으로 나온 '인기 있는 아저씨를 만드는 법'을 시작으로 30~50대 남성을 대상으로 '조금 불량한 아저씨' 등의 표현구가 계속 양산되고 있다.

フォー!
호―!

코미디언 콤비인 레이저 라몬(스미타니 마사키[住谷正樹]와 이즈부치 마코토[出渕誠])의 스미타니가 하드 게이로 분하여 레이저 라몬 HG[1]로 TV에 등장하자 이것이 대히트를 쳤다. 그 독특한 허리 움직임을 흉내 내다가 부모에게 머리를 맞는 어린이가 속출하였는데, 이때 어린이의 대답은 'OK 알았습니다. 호--!'였다. '호-'(정확히는 '후-')는 스미타니의 장기이다.

富裕層
부유층

'부자'라는 명칭에 탐욕스러운 어감이 들어 '고액소득자'로 바뀌었다가, 다시 어감을 부드럽게 하여 '부유층'이 되었다.

ブログ
블로그

웹 로그(Web-log)의 약칭이다. 종전보다 훨씬 쉽게 또 저비용(때로 무료)으로 개인이 웹상에 일기나 사진 등을 공개·갱신할 수 있어서 큰 인기를 끌었다.

ボビー マジック
바비 매직

2005년 프로야구 일본 제일에 빛나는 지바 롯데 미린즈[千葉ロッテ·マリーンズ]의 바비 발렌타인[Robert John "Bobby" Valentine] 감독의 지휘, 선수 기용 등에 대한 찬사이다. 롯데 나인(특히 전임 때에 육성된 선수나 금번에 발탁된 젊은 층)을 가리켜 바비-칠드런이라고도 한다.

萌え~
모에~,
인기~, 취향~

오타쿠 문화에 있어서의 속어로는 주로 애니메이션·

---

1 이즈부치 마코토는 레이저 라몬 RG.

만화·게임 소프트 등에 등장하는 캐릭터에 대한 일종의 강한 호의 등을 나타내는 말로 사용되었는데, 2005년에는 오타쿠 세계를 넘어 상당히 일반화되었다. 인기 업계[萌え業界],[2] 인기 브랜드[萌え銘柄], 모에탄[もえたん],[3] 인기 주식 책[萌え株本], 취향[萌え属性] 등 가지각색의 용법으로 쓰이고 있다.

한국

**너나
잘하세요**

2005년 청룡영화상 최우수작품상을 수상한 박찬욱 감독의 영화 〈친절한 금자씨〉에서 주인공 이금자(이영애 분)가 교도소에서 나오며, 자신을 선도하려는 목사에게 한 말인데, 이영애와 어울리지 않는 이미지에 독특하면서도 까칠한 말투로 크게 유행하였다.

**그까~ 이 꺼
뭐 대~충**

KBS 2TV 〈개그콘서트〉의 〈봉숭아학당〉 코너에서 개그맨 장동민이 뭐든지 대충대충 하는 한국 사회의 관행을 비꼬며 충청도 사투리로 한 말이다. 복잡다단한

---

2 인기 업계, 인기 브랜드는 음악이나 영상, 출판 등에 있어서 애니메이션, 게임, 코믹 계열의 인기가 있는 업계, 브랜드를 말한다.
3 2003년 11월에 발간된 『萌える英単語 ～もえたん～』을 말하는데, 영어 학습과 2차원(애니메이션풍) 미소녀를 조합한 영어 참고서이다.

일상생활에서 탈출하여 스트레스 받지 않고 대충 살아
가고 싶은 대중의 희망을 나타내는 표현이기도 하다.

**초원이
다리는?
백만불짜리
다리**

조승우가 주연한 영화 〈말아톤〉에 나오는 '초원이 다
리는?'(엄마), '백만불짜리 다리'(초원)라는 마라톤 출발 전
의 모자 간의 대화로, 초원이가 자폐증에 걸린 자신에
게 거는 주문이기도 하다.

경포대

손학규 경기도 지사가 7월 12일 박근혜 한나라당 대표
와의 만남에서, 대통령이 경제를 챙기지 않는다며,
"'경포대'라는 신조어를 아느냐. 경제를 포기한 대통령
이라는 뜻이다."라고 한 데서 나온 말이다. 이에 열린
우리당 서영교 부대변인이 손학규 지사의 경포대 발
언에 대하여, "'경포대'는 경기도민들도 포기한 대권병
자"라는 뜻이라고 비판하였다.[4]

**살아도 사는
게 아니다**

영화배우 이은주가 2월 22일 스스로 목을 매기 전에
남긴 유서에서 한 말인데, 이후로 상황이 아주 좋지
않을 경우에 많이 사용되었다.

**됐거든! 너도
똑같거든!**

SBS TV 〈웃음을 찾는 사람들(웃찾사)〉 프로그램의 〈1학
년 3반〉 코너에서, 초등학교 1학년 학생이 화가 나서

---

4 조선, 2005.7.13, A6면 〈경포대(경제 포기한 대통령) 논란〉 김봉기
  기자.

친구들을 무시할 때 쓰는 말이다.

**아버지는
말하셨지
인생을
즐겨라~**

현대카드 W의 TV 광고 CM송(W송) 가사에서 나온 말로, 인생에 대한 달관된 모습을 나타내는 표현으로 긍정적으로 받아들여졌다. W송은 쉽게 따라 할 수 있는 멜로디와 코믹한 가사로 큰 인기를 얻었다.[5]

**이거 웬
황당한
시추에이션**

MBC TV 시트콤 〈안녕 프란체스카〉에서 안성댁 역의 개그우먼 박희진이 외쳤던 대사로, 어이없는 상황을 나타내는 표현이다.

간지 (난다)

2005년 인터넷 유행어 1위를 차지한 말로, 일본어 '感じ'에서 온 표현이다. '멋지다', '폼 난다', '느낌이 좋다'고 할 때에 사용되고 있다. '간지 난다'는 일본어 '感じが出る'에 해당하는 표현이다. 이 말은 2006년까지도 여전히 젊은이들 사이에서 유행했다.[6]

---

5 조선, 2005.10.26, B10면 〈ICAA 제42회 조선일보 광고대상최우수 광고주상…현대카드 정태영 사장〉 신지은 기자.
6 주간조선, 2006.12.4. [1932호] 〈선우정의 곤니치와, 도쿄 국경을 넘나드는 한국말과 일본말〉 선우정 조선일보 특파원 참조.

7. 2006년

イナバウアー
Ina Bauer,
이나 바우어

2006년 유행어 연간대상 두 개 중의 하나로, 토리노 올림픽의 피겨스케이팅 금메달리스트인 아라카와 시즈카[荒川静香]의 장기를 말한다. 상체를 뒤로 젖힌 독특한 포즈를 취하는 것이 화제가 되기도 했다. 본래는 양발의 발끝을 바깥쪽으로 크게 벌려 미끄러지는 기술로, 구서독의 피겨 선수인 Ina Bauer의 이름에서 나온 명칭이다.

品格
품격

2006년 유행어 연간대상작인데, 후지와라 마사히코[藤原正彦]의 저서 『국가의 품격[国家の品格]』의 폭발적인 판매와 함께 널리 알려졌다. 저자는 '논리보다도 정서를'이라며, 일본인이 갖추어야 할 품격에 대해 논하여, '돈만 번다면 어떤 것이라도 괜찮다'는 머니게임 전성시대에 파문을 일으켰다.

**エロカッコイイ
(エロカワイイ)**
관능적이고
멋있다
(관능적이고
귀엽다)

본디지(bondage)[1]에 버니 걸(bunny girl), 속옷 등, 아슬아슬한 의상으로 단숨에 인기인이 된 가수 고다 구미[倖田来未]의 섹시한 의상이나 스타일이 '멋있는, 귀여운' 패션으로 인지되어, 피부를 노출하는 여성이 증가하였다.

格差社会
격차 사회

지금까지의 '1억 모두가 중류'가 무너지고, 소득이나 교육, 직업 등 각종 분야에서 격차가 벌어져 양극화가 진행되었다고 한다. 시장원리를 중시하여, 개혁·규제 완화를 추진한 고이즈미 정치의 마이너스 측면이라는 지적도 있다.

**シンジラレナ
～イ**
믿을 수 없어

2006년의 퍼시픽리그를 제패했을 때 일본햄파이터즈의 힐만(Thomas Brad "Trey" Hillman) 감독이 단상에서 부르짖은 말이다. 그 후 일본시리즈에서 우승하여 일본 제일이 되었을 때도 역시 인터뷰에서 이렇게 말했으며, 스탠드의 팬들은 크게 열광하였다.

**たらこ·たらこ
·たらこ**
명란젓·명란젓
·명란젓

주식회사 큐피(Kewpie)의 CM에 등장하는 '명란젓 큐피'는 약간 기분 나쁜 캐릭터이면서도 인기를 모았다. 초등학생 콤비인 키구루미[キグルミ][2]가 부르는 CM송은

---

1 가죽이나 PVC제로 된 의복.
2 초등학교 4학년인 하루카[ハルカ]와 6학년인 레나[レナ]로 구성된 여자아이 2인조 그룹.

CD로 발매되어, 음악 랭킹인 오리콘 차트 첫 등장에서 2위에 오르는 히트곡이 되었다.

脳トレ
뇌 트레이닝

간단한 계산이나 음악 등으로 뇌의 활성화를 꾀하는 트레이닝법의 통칭이다. '뇌를 단련하다'라는 말과 함께 보급되었고, 뇌 트레이닝 결과, 자신의 뇌 연령이 몇 살이 되었는지를 안다는 게임 감각이 먹혀들었다. 'トレ'는 'トレーニング(training)'의 준말이다.

ハンカチ王子
손수건 왕자

2006년 여름의 고시엔[甲子園] 대회를 들끓게 한 와세다 실업[早稲田実業]의 사이토 유키[斎藤佑樹] 투수의 통칭이다. 가지고 있던 파란 손수건(핸드 타올)으로 땀을 닦는 모습과 시원시원함이 일본 여성들을 포로로 만들었고, 그 후 손수건으로 땀을 닦는 퍼포먼스가 유행하였다.

ミクシィ
mixi, 믹시

일본에서 최대 회원을 획득(2006년 9월 시점에서 70만)한 SNS(소셜 네트워크 서비스)를 말한다. 또한 그 회사의 가사하라 겐지[笠原健治] 회장을 비롯하여, 하테나[はてな]의 곤도 준야[近藤淳也] 사장들은 IT계의 신세대라는 뜻으로 '76세대'[3]라고 불리고 있다.

3 1976년 전후에 태어난 네트워크 업계의 기업가들.

| メタボリックシ
ンドローム
(メタボ)
메타볼릭 신드롬,
matabolic
syndrome | 대사증후군, 내장지방증후군이라고도 한다. 비만에 고혈압, 고지방증 등이 중복하여 발병한 상태로, 심근경색이나 뇌경색이 되기 쉽다. 배꼽 둘레가 남성은 85cm, 여성은 90cm 이상인 경우 내장비만이 의심된다. |

한국

| 된장녀 | '된장녀'는 2006년 야후코리아가 조사한 인터넷 신조어와 유행어 1위에 오른 말로,[4] 비싼 명품을 즐기는 여성들 중, 스스로의 능력으로 소비 활동을 하지 않고 다른 사람(애인, 부모 등)에게 의존하는 여성들을 비하하는 속어이다. 그러나 이 본래의 개념에 머무르지 않고 그 의미가 계속 확대 재생산되어, 현재는 주로 남성들이 생각하는 모든 부정적인 여성상들을 광범위하게 지칭하는 대명사가 되었다.
된장녀란 단어의 어원에 관해서는 여러 가지 설이 있는데, '젠장→된장'의 변화를 통해 된장녀로 불리게 되었다는 설, 똥과 된장을 구별 못한다는 의미에서 된장녀라 불리게 되었다는 설, 그들이 즐겨 들고 다니는 |

4 김기란·최기호(2009) 『대중문화사전 -300개의 키워드로 읽는 한국 대중문화 20년』 현실문화연구, p.199.

스타벅스 커피를 희화화시킨 것이라는 설 등이 있으나 어느 것이 맞는지는 확실치 않다.

된장녀 논란의 본격적 시작은 2005년 경향신문의 주간지 〈주간 경향〉에 스타벅스 커피 전문점에 빠진 2, 30대 여성들에 대한 특집 기사가 실리고 나서부터이다. 초기 된장녀 논쟁에는 수입을 상회하는 호화 상품 선호 여성들에게 국한되어 이 용어가 사용되었지만, 점차 여성이라는 이유로 보호 받고 배려 받아야 한다는 입장을 악용해 남성들에게 과도하게 의지하며 살려고 하는 여성을 통칭하는 것으로 용례가 확장되었다.[5]

꼭짓점 댄스[6]

2006년 인터넷 유행어 2위로 뽑힌 말이다. 영화배우 김수로가 1월 31일 KBS 2TV 〈상상플러스〉에서 선보인 댄스로, 2006년 독일 월드컵 공식 응원 댄스로 만들자는 서명운동이 일어났고, 이를 계기로 '오 필승 코리아 버전'이 따로 나왔다. 이후에도 마돈나의 꼭짓점 댄스 등과 같이 다양한 패러디물이 만들어졌다. 김수로

---

5 "된장녀." 위키백과, . 9 3 2013, 19:39 UTC. 10 3 2013, 12:39 〈http://ko.wikipedia.org/w/index.php?title=%EB%90%9C%EC%9E%A5%EB%85%80&oldid=10344309〉.
6 여러 사람이 삼각형 대열로 서서 맨 앞에 선 사람의 춤 동작을 따라 추는 춤으로, 맨 앞에 선 사람이 삼각형의 꼭짓점 자리에 서게 되는 것에 유추하여 붙여진 이름이다(국립국어원, 2007, 『사전에 없는 말 신조어』 태학사, p.50).

가 춤을 추면서 "제가 피라미드의 꼭짓점이 되었다."라고 말한 데서 이 이름이 붙여졌다.[7]

**김기사,
운전해,
어서~**

MBC TV 〈개그야〉 프로그램의 〈사모님〉 코너에서 사모님으로 나오는 신인 개그맨 김미려가 운전기사인 김철민에게 한 말이다. 2006년 가장 화제가 된 유행어로, 억양이 가져다주는 독특한 뉘앙스는 TV 광고나 영화 시상식에서도 패러디되는 등 큰 인기를 끌었다. 김미려는 〈사모님〉의 인기에 힘입어 2006년 MBC 연예대상에서 개그 부문 신인상을 수상하였다.

~안 되겠니?

KBS 2TV 〈개그콘서트〉의 〈현대생활백수〉 코너에서 집 안에 틀어박혀 얼토당토않게 물건 값을 깎는 백수 고혜성이 전화로 '일구야, ~안 되겠니?'란 말로 강일구를 끊임없이 괴롭히는 데서 나온 말이다. 끝이 독특한 말투로 유행이 되었다.

**남자가
남자다워야
남자지,
뉴스가
뉴스다워야
뉴스지**

'남자가 남자다워야 남자지'는 SBS TV 〈웃음을 찾는 사람들(웃찾사)〉의 〈형님뉴스〉 코너에서 강성범을 비롯한 형님들이 한 말인데, 네티즌들이 '뉴스가 뉴스다워

---

7 "꼭짓점 댄스." 위키백과, . 8 5 2010, 08:12 UTC. 12 3 2013, 08:16 〈http://ko.wikipedia.org/w/index.php?title=%EA%BC%AD%EC%A7%93%EC%A0%90_%EB%8C%84%EC%8A%A4&oldid=5052374〉.

야 뉴스지'라는 댓글로 답한 것이 새로운 유행어가 되어 다시 방송을 타게 되었다. 강성범은 이 코너의 인기로 〈SBS 2006 코미디대상〉에서 대상을 수상하였고, 2007년에는 신설된 〈SBS 방송연예대상〉에서 코미디 부문 최우수상을 수상하였다.

이건 아니잖아~ 이건 아니잖아
SBS TV 〈웃찾사〉의 〈이건 아니잖아〉 코너에서 이상준, 예재형이 특이한 동작과 함께 잘못된 상황에 괴로워하며 하는 말이다.

꼬라지 하고는
MBC TV 주말드라마 〈환상의 커플〉에서 천방지축 무개념 재벌녀 '안나 조' 역의 한예슬이 톡 쏘는 억양으로 내뱉는 말로, 많은 시청자들을 〈환상의 커플〉에 중독시켰으며, 일상생활에서도 무언가 마음에 들지 않을 때 많이 사용하였나. 이 말은 1989년의 유행어 '잘났어, 정말!' 이후 최고의 드라마 유행어로 떴다.[8]

이런 한심한 놈
2006년 가장 인기 있었던 MBC TV 드라마 〈주몽〉에서 대소왕자인 김승수가 화제의 캐릭터인 영포왕자(원기준 분)에게 내뱉은 말이다. 영포왕자 역시 부하들이 실수할 때마다 뺨을 때리며 이 말을 외쳐댔다.

8 조선, 2006.12.22, A24면 〈인기≠시청률? 소리없이 강했던 드라마들〉 최승현 기자.

돌리고 돌리고	시청률 40%를 넘나들던 KBS 2TV 주말연속극 〈소문난 칠공주〉에서 남달구 역 나문희의 트레이드마크가 된 흥얼거림으로, 남녀노소를 불문하고 즐겨 사용하는 유행어가 되었다.
나 이대 나온 여자야	영화 〈타짜〉에서 도박 중개인 정 마담으로 분한 여배우 김혜수가 고스톱 현장을 급습한 경찰에게 체포되는 장면에서 내뱉은 "이거 왜 이래, 나 이대 나온 여자야."라는 말에서 나온 유행어이다. 대한민국 사회의 학벌주의와 개인의 허영심을 잘 나타내는 표현이다.

8. 2007년

일본

**(宮崎を)どげんか
せんといかん**
(미야자키를)
어떻게든 하지
않으면 안 된다

2007년 유행어 연간대상작의 하나로, 히가시코쿠바루
히데오[東国原英夫] 미야자키 현[宮崎県] 지사가 현 의회에
서의 소신 표명에서 "정체의 근원이 된 낡은 굴레로부
터의 해방이 필요하다."라고 사투리를 섞어가면서 한
말이다. 또한 "적당주의로는 지역 간 경쟁에서 살아남
을 수 없다."라고도 말했다.

**ハニカミ
王子**
수줍음 왕자

2007년 유행어 연간대상을 받은 말로, 일본 남자 프로
골프 투이에서 15세 8개월의 세계 최연소 기록으로 우
승한 스기나미[杉並]학원고교 1학년 이시카와 료[石川遼][1]
선수의 애칭이다.

(消えた)年金
(사라진) 연금

5,000만 건이나 된다고 하는 기초연금번호에 통합되
어 있지 않은 기록을 말한다. 전 경제지 기자로서의

---

1 2008년에 프로로 전향, 2009년 일본 프로골프 최연소 상금왕, 2012
년까지 일본 투어에서 10승. PGA 투어에도 참가하고 있지만 2012
년까지 우승 없음.

능력을 발휘하여 연금 문제를 철저히 추적하고 있던 '미스터 연금' 나가쓰마 아키라[長妻昭] 의원이 국회에서 질문하여 크게 클로즈업되었다.

そんなの関係ねぇ
그런 거 상관없어

선뮤직기획[サンミュージック(sunmusic)企画]에 소속된 예능 탤런트인 고지마 요시오[小島よしお]의 개그이다. 수영 팬츠만을 몸에 두르고, 경쾌한 리듬에 맞추어 자신을 분발시키듯이 "그러나 그런 거 상관없어!"라고 연호했다.

どんだけぇ～
얼마나 ～인가, 그렇게 대단한 것은 아닐 것이다

'얼마나 ～인가, 그렇게 대단한 것은 아닐 것이다'의 의미이다. 반어적으로 사용되어, 빈정거림, 비난 등이 포함되는 경우가 많다. 이에 되갚는 말로 '얼마쯤[いかほど] ～'이 유행하는 중이다.

鈍感力
둔감력

와타나베 준이치[渡辺淳一]의 동명 저서에 의해서 유행어가 되었다. 사소한 일에 안달하지 않고 느긋하게 사는 편이 마지막까지 살아남을 수 있는 방법이라는 의미로, 보통 사회에서 배제되기 일쑤인 '둔감'에 적극적인 의의를 부여하였다.

食品偽装
식품 위장

식품가공 도매회사 미트 호프[ミートホープ, Meat Hope]의 위장 민스(mince, 잘게 썰거나 저민 고기) 출하 문제를 비롯하여, '히나이도리[比内鶏]'2, '나고야 고친[名古屋コーチン]'3, '하얀 연인[白い恋人]'4, '아카후쿠 떡[赤福餅]'5 등, 일반인에게 널리 알려진 식재 관련 기업도 연달아 비리가 발각되었다.

ネットカフェ難民
넷카페 난민

일은 하고 있지만 사정에 의해 넷카페(인터넷 카페)에서 숙식하는 사람들이 넷카페 난민으로 보도되었다. 일본복합카페협회에서는 '난민'이라는 말의 사용을 삼가 달라는 내용을 긴급 발표하였다.

大食い
대식

용기 면, 푸딩, 아이스크림, 햄버거 등 고칼로리의 '메가' 사이즈 식품이 잇따라 출시되었다. '메타볼릭 신드롬 대책 등 건강 붐에 대한 반발', '때로는 배부르게 먹고 싶다', '경기회복의 증거'라는 목소리도 들렸다.

猛暑日
혹시일,
몹시 더운 날

하루의 최고 기온이 35도 이상 되는 날을 사리킨나. 최근 10년간에 35℃ 이상 되는 날이 대폭 늘어나 열중증(熱中症)6 등, 더위에 동반되는 건강 피해도 두드러지

---

2 아키타 현[秋田県] 북부의 요네시로 강[米代川] 유역을 중심으로 예로부터 사육되어온 닭.
3 아이치 현[愛知県] 특산인 닭의 육용 품종. 후에 '나고야종[名古屋種]'으로 개명되었지만, 현재도 옛날 이름으로 유통되고 있다.
4 홋카이도[北海道] 삿포로 시[札幌市]의 과자 메이커 이시야제과[石屋製菓]의 과자 이름.
5 미에 현[三重県] 이세 시[伊勢市]의 화과자가게 아카후쿠[赤福]의 상품명.
6 고열로 인해 더위를 먹는 병.

게 되어, 기상청이 새로운 용어로서 도입하였다.

쇼(show)를 하라

2007년 대한민국 방송광고 페스티벌에서 3개 부문을 수상한, 제일기획이 제작한 KTF CF에서 나온 말로, 2007년 최고의 유행어가 되었다. 이동통신업계 2위 기업이라는 이미지를 드러내지 않기 위하여 KTF라는 회사 이름을 전혀 언급하지 않음으로써 큰 성공을 거두었다. 이 말은 원래는 과장된 행동을 하는 상대를 놀릴 때 주로 쓰는 표현인데, CF에서는 자신의 '끼'를 숨기지 말고 적극적으로 나서서 보여줄 것을 요구하고 있다.

아무 이유 없어

○○계의 쉬레기

MBC TV 〈개그야〉의 〈최국의 별을 쏘다〉 코너에서, 카리스마 넘치는 배우 최민수의 캐릭터를 소화하는 죄민수 역의 조원석이 한 말이다. 논리 대신 어거지로만 일관하는 상황에 대한 가장 적절한 표현으로, 폭넓게 패러디되었다.[7]

---

7 조선, 2007.12.25, A8면 〈[송년기획 2007 말말말…] 문화·스포츠〉 최승현 기자.

~ 아니죠, ~ 맞습니다	개그맨 변기수가 엉뚱한 선생님으로 나오는 KBS 2TV 〈개그콘서트〉의 〈까다로운 변 선생〉 코너에서 나온 유행어이다.
오~ 케이	MBC TV 시트콤 〈거침없이 하이킥〉에서 박해미가 거침없이 외치고 다님으로써, 누구나가 알고 있는 말을 유행어로 만든 경우이다. 말이 갖는 긍정적인 이미지가 작용, 모든 일이 순조롭게 잘되기를 바라는 희망도 포함된 표현이라고 생각한다.
88만 원 세대	『88만 원 세대』는 경제학자 우석훈과 기자 출신의 블로거이자 사회운동가인 박권일이 함께 쓴 책이다. 2007년 8월에 진보 인터넷 신문 「레디앙」에서 출간된 '세대 간 불균형'에 관한 경제 비평서로 출판되었으며, "한국경제 대안 시리즈" 중 첫 번째 책이다. '절망의 시대에 쓰는 희망의 경제학'이라는 부제가 붙는다. 이 책의 영향으로, 기성세대에게 저임금노동으로 착취당하며, 대부분 비정규직 노동자라 직업시장을 떠돌아다녀야 하는 20대~30대의 현실을 '88만 원[8] 세대'로 통칭하기도 한다.[9]

8 우리나라 비정규직의 평균 임금인 119만 원에 20대의 평균소득비율 74%를 곱해서 산출한 금액(김기란·최기호, 2009, 『대중문화 사전 −300개의 키워드로 읽는 한국 대중문화 20년』 현실문화연구, p.161).

| ~ 해도 돼, 경제만 살리면 되잖아 | 경제라는 당위가치 때문에 비리 등과 같은 공직자의 청렴성과 관련된 분야에 눈을 감은 사람들에 대한 실망과 신자유주의를 외치며 극단적인 불도저식 공약이 등장하는 이명박 정부의 모습에 긴장을 느낀 사람들 사이에서 퍼진 인터넷 유행어이다. |

킹왕짱 2007년 인터넷 유행어의 2위(디시인사이드 설문 조사)를 차지한 말이다. 영어에서 임금을 뜻하는 '킹(King)'에 한자로 임금을 뜻하는 '왕(王)'을 합성하고 더하여 학교에서 싸움을 가장 잘하는 학생을 뜻하는 '짱'까지 추가한 3중 복합어로, 최고 중의 최고, 더 이상 좋을 수 없을 정도로 좋다는 것을 나타내는 표현이다.

9 "88만 원 세대." 위키백과, . 10 3 2013, 23:25 UTC. 30 3 2013, 02:57 〈http://ko.wikipedia.org/w/index.php?title=88%EB%A7%8C_%EC%9B%90_%EC%84%B8%EB%8C%80&oldid=10362262〉.

9. 2008년

アラフォー
40세 전후세대

2008년 유행어 연간대상 두 개 중의 하나이다. 아마미 유키[天海祐希] 주연의 금요 드라마 『Around 40』[1]에서 널리 알려진 말로, 40세 전후의 사람, 특히 여성을 가리킨다. CD 업계 등에서 40세 전후 세대로 대상을 좁힌 각종 상품이 히트하고 있는 것도 바로 요즈음의 시대를 반영하고 있다고 할 수 있다.

グ~!
구~!

2008년 유행어 연간대상작으로, 여배우, 컴퓨터 인스트럭터, 매너 강사 능 이색적인 경력을 가진 신인 예능인 에도 하루미[エド・はるみ]의 개그이다. 포멀한 복장으로 양손의 엄지손가락을 치켜세우며 돌연 "구~!"하고 목소리를 높인다.

**上野の
413球**
우에노의 413구

베이징 올림픽 여자 소프트볼에서 에이스 우에노 유

---

1 일본어 읽기로는 '<u>アラ</u>ウンド <u>フォ</u>ーティー'가 되는데, 밑줄 친 부분을 따서 만든 말이다.

키코[上野由岐子] 투수가 준결승인 미국전·3위 결정전·결승전의 이틀간에 걸쳐 혼자서 끝까지 던진 투구 수이다. 일본 소프트볼계로서는 염원의 금메달을 따는 원동력이 되었다.

**居酒屋
タクシー**
선술집 택시

심야에 귀가하는 가스미가세키[霞が関]의 관료가, 이용하는 택시 기사로부터 맥주와 안주에 더하여 현금이나 상품권까지 받았다는 신종 공무원 불상사가 발생하였다. 민주당의 나가쓰마 아키라[長妻昭] 의원의 조사로 17성청(省庁)의 약 1,400명이 받고 있었음이 판명되었다.

**名ばかり
管理職**
이름만 관리직

일본 맥도날드의 현역 점장이 미지급 초과근무 수당과 위자료를 청구하여 소송을 제기한 사건을 시작으로, 권한도, 보수도 없는 채로 사원을 관리직의 지위에 올려놓고, 초과근무 수당이나 휴일 출근 수당 등을 지급하지 않는 회사나 체인점의 실태가 밝혀졌다.

埋蔵金
매장금

'매장금' 논쟁의 계기는 '자민당재정개혁연구회'가 2007년에 종합한 보고서에 있다. 특별회계 적립금을 매장금에 비유하여, 특별회계를 재평가하면 수십조 엔 단위로 돈을 염출할 수 있다는 논의이다.

蟹工船
게 공모선

고바야시 다키지[小林多喜二]에 의한 프롤레타리아문학의 대표작(1929년 발표) 타이틀이다. 오호츠크해상의 게 공모선(工母船)에서 혹사당하는 가난한 노동자들의 군상이, 격차·워킹 푸어(working poor) 등의 현대 일본 사회 문제와 중첩되어, 발표로부터 약 80년 후인 2008년에 붐이 일었다.

ゲリラ豪雨
게릴라 호우

갑자기 국지적으로 발생하는 집중호우를 말하는데, 예측이 어렵다는 이유로 이렇게 불린다. 정식 기상 용어는 아니지만 1970년대에는 이미 신문 등에서 사용되고 있었으며, 근년의 호우 다발에 의해 매스컴에서는 완전히 정착되었다.

後期高齢者
후기 고령자

신(新)의료제도 시행에 따라, 국가가 75세 이상의 고령자를 가리켜 붙인 명칭이다. 연금에시의 보힘료 공제 등 여러 면에서의 부담 증가와 명칭에 대한 반발이 강하여, '장수(長壽)'라고 바꾸어 불렸지만 새 명칭은 좀처럼 보급되지 않고 있다.

**あなたとは
違うんです**
당신과는 달라요

전년의 아베[安倍] 수상에 이어 갑자기 사임극을 일으킨 후쿠다 야스오[福田康夫] 수상은, "국민들에게는 남의 일처럼 보이는데?"라는 질문에 대하여 "나는 나 자신을 객관적으로 볼 수 있어요. 당신과는 달라요."라고 성난

기색으로 대답하여 화제를 불러일으켰다.

되고 송(song)
~하면 되고

2008년 최고 인기 CF송이자 상반기 최고 유행어로, 배우 장동건, 가수 김건모 등이 SK텔레콤의 〈생각대로 T〉 광고에서 흥얼거리던 '생각대로 하면 되고'에서 나온 말이다. 어떤 곤경에 처하더라도 마음먹기 나름이라는 긍정적, 희망적, 낙관적인 메시지를 담은 것으로, '결혼 말 나오면 웃으면 되고, 잔주름 늘면 작게 웃으면 되고'와 같이 무궁무진하게 확장될 수 있다. 노처녀 되고송,2 샐러리맨 되고송 등의 변종 되고송으로 크게 유행하였다.

(난)~ 뿐이고
난 좌절했을
뿐이고

KBS 2TV의 〈개그콘서트〉의 〈봉숭아학당〉 코너에서 방송기자 역의 개그맨 안상태가 황당한 상황에 처했을 때 하는 말로, 하반기 최고 유행어라고 할 수 있다. 예를 들면, 안 기자가 은행 강도 사건현장을 중계하다가 갑자기 침울한 표정을 지으며 '난'이라는 말을 탄식

---

2 '시집 얘기 나오면 간다 하면 되고, 친척들 오면 친구 만나면 되고, 노처녀 친구 점점 줄어들면, 화려한 싱글 하면 되고'(동아, 2008.1 2.16, A20면 〈유행어로 본 2008년〉 금동근 기자).

조로 내뱉은 후, '돈 찾으러 왔을 뿐이고, 그들에게 인질로 잡혀 있을 뿐이고' 식으로 이어지는 형식이다. 뜻하지 않게 위기에 놓인 처지를 한탄하며, 더 나아가 그런 위기를 스스로 타개할 수 없는 무력감과 이로 인한 허탈감까지 표현한 것으로, 위의 '되고 송'에 담긴 긍정적인 생각과는 정반대이다.[3]

누구~? KBS 2TV의 〈개그콘서트〉의 〈봉숭아학당〉 코너에서 독설가 왕비호[4]로 나오는 윤형빈이 아이돌 스타나 톱스타 등의 유명 연예인에 대하여, 옆의 출연자(이수근)가 "그 유명한 ○○○를 모르느냐?"라고 할 때에 자기는 모른다는 듯이 되묻는 질문이다. 그 후에 다시 설명을 듣고서 이제야 알았다는 듯이 "아아~○○○"한 후에, "어이~○○○!"으로 시작하는 왕비호의 독설은 어느 누구도 피해갈 수 없었다. 어느 때부터인가 유명 연예인에 대한 비판이 금기시되었는데, 상대방의 약점을 꼬집고, 기성의 권위나 인기를 조롱, 야유하는 왕비호의 도발은 많은 시청자들의 속을 후련하게 만들어 큰 박수를 받았다.

신상녀 '신상품만 고집하는 여자'를 의미한다. 2008년 〈원 모

---

3 동아, 2008.12.16, A20면 〈유행어로 본 2008년〉 금동근 기자.
4 '왕(王)비호감'의 준말.

어 타임〉이라는 노래와 MBC TV 예능 프로그램 〈일요일 일요일밤에〉의 〈우리 결혼했어요〉 코너의 연기를 통하여 차세대 아이콘으로 부상한 그룹 주얼리의 서인영에게 주로 따라붙는 말로, 패션에 민감한 젊은 여성들을 지칭하는 말이 되었다.[5]

똥!떵!어리! MBC TV 드라마 〈베토벤 바이러스〉에서 카리스마 넘치는 지휘자 강마에(김명민 분)가 실력이 없는데도 노력하지 않는 나이 지긋한 첼리스트 정희연(송옥숙 분)을 가리키며 날린 독설이다. '방금 들은 연주는 쓰레기', '천민이면 천민답게 엎드리란 말이야'와 같이 보통 사람들은 평소에 하지 못하는 말을 거침없이 내뱉음으로써 일반인들에게 대리 만족을 주는 강마에의 표현 중 하나임과 동시에, 준비도 되지 않은 채 자신이 원하는 것만을 취하려는 이 시대의 모든 이기적인 사람들에게 경종을 울리는 말이기도 하다.

달인
안 해봤으면 말을 말아! 달인은 KBS 2TV 〈개그콘서트〉의 〈달인〉 코너에서 "~~해봤어요? 안 해봤으면 말을 마세요."라고 외치는 김병만의 별명이다. 부단한 노력으로 어려운 시도를 끊임없이 펼쳐내는 김병만에 대한 존경과 선망, 안쓰러움이

5 소년조선일보, 2008.12.31, 3면 〈올 최고의 유행어는 '똥·떵·어·리' 2008년을 사로잡은 '말·말·말'〉 김시원 기자.

담긴 말이기도 하다. 일상생활에서도 '－의 달인'과 같이 많이 사용되고 있다.

또한 그가 외친 "안 해봤으면 말을 말아!"도 같이 유행하였다.

고소영, 강부자, S라인

이명박 정부의 출범과 함께 임명된 청와대 비서진과 내각 인사에 대한 비판적인 표현인데, '고소영'은 '고려대 출신·소망교회 신도·영남 출신'을, '강부자'는 '강남 땅 부자'를, 'S라인'은 '(이 대통령이 서울시장 재직 시 함께 일한) 서울시청 출신'을 가리킨다.

아륀지

이명박 정부 출범을 앞두고 대통령직 인수위원장인 이경숙 숙명여대 총장이 새 정부가 추진하려던 영어 몰입교육을 강조하는 한 예로서 "미국 가서 오렌지 달라고 했더니 아무도 못 알아들어 '아륀지' 달라고 했더니 알아듣더라."라고 한 것이 오히려 강렬한 여론의 역풍을 맞게 되었고, 결국 실현되지 못하는 결과를 낳았다.

프렌들리

이명박 대통령이 대통령직 인수위 시절에 대기업 총수를 만나 '비지니스 프렌들리(기업 친화적)' 정부가 되겠다고 약속한 이후 '프렌들리'가 유행어가 되었다.[6]

6 조선, 2008.12.26, A8면 〈송년기획 2008 말말말〉 홍영림 기자.

엄친아	인터넷에서 출발한 축약형 유행어이다. '엄마 친구의 아들'의 준말로, 완벽한 존재를 뜻하는데, 어머니들이 자녀를 다른 아이와 비교할 때 늘 "엄마 친구 아들은 공부도 잘하지, 운동도 잘하지…"라고 말한 데서 비롯됐다. 비슷한 말로 '엄친딸(엄마 친구 딸)'이 있다.[7]

---

7 소년조선일보, 2008.12.31, 3면 〈올 최고의 유행어는 '똥·떵·어·리' 2008년을 사로잡은 '말·말·말'〉 김시원 기자.

10. 2009년

政権交代
정권 교체

2009년 유행어 연간대상을 받은 말이다. 8월 30일의 제45회 중의원 총선거에서 자민당은 300석에서 119석으로 의석이 격감되는 참패를 당하는 한편, 민주당은 115석에서 308석으로 의석을 크게 늘리는 압승을 거두었다. 투표율은 69.3%였는데, 총선거 결과에 입각하여 9월 16일, 하토야마 유키오[鳩山由紀夫]를 수상으로 하는 민주당 내각이 발족되었다. 선거에 의한 정권 교체가 실현된 것은 처음 있는 일이었다.

こども店長
어린이 점장

2009년 4월부터 시작된 토요타자동차의 CM시리즈에서 어린이 역의 가토 세이시로[加藤淸史郎](2001년 8월 4일 가나가와 현[神奈川県] 출생)가 자동차 판매점의 점장 역할을 하였는데, 붉은 재킷이 트레이드마크로, 에코 카(eco car, 저공해차) 감세를 어린이다운 귀여운 비유로 PR한다.

事業仕分け
사업 분류

국가나 지방자치단체가 행하는 개별 사업에 대하여,

공개 석상에서 필요성이나 효율적인 실시 방법을 논의하는 방법을 말하는데, 각 사업을 '불요', '민간에 위탁', '국가가 아니라 도도부 현[都道府県]이 행할 것' 등으로 분류한다. '분류자'로 불리는 것은 공무원 OB 등의 민간인으로, 민주당 신정권하에서 행정쇄신회의는 이 방법을 사용하여 개산[概算] 요구에 담겨있는 사업의 필요성 등을 판정하여 간다.

新型 インフルエンザ
신종 플루,
신종 인플루엔자

2009년 4월, 멕시코에서 신종 플루(HIV)가 발생하여, 전 세계적으로 감염이 확산되자 WHO는 6월에 21세기 첫 판데믹(pandemic)[1]을 선언하였다. 정부는 검역 체제의 강화, 발열외래[2] 설치, 백신 확보 등의 대응에 쫓겼다.

草食男子
초식 남자

칼럼니스트인 후카사와 마키[深澤真紀]가 2006년에 '육식 여자'와 함께 명명한 말로, 협조성이 높고, 가정적이며 상냥하지만, 연애나 섹스에는 적극적이 아닌, 주로 40세 전후까지의 젊은 세대의 남성을 가리킨다. 자동차 구입 등 현시적[顯示的] 소비에도 흥미를 보이지 않는데, 버블 붕괴 후의 경제 정체가 그 정신 구조에 영향을 주었다는 지적도 있다.

---

1 전염병이 전 세계에 대유행하는 현상. WHO의 전염병 경보 단계 중 가장 높은 6등급.
2 발열 호소자를 다른 환자로부터 격리된 장소에서 진찰하는 시스템. fever clinic.

脱官僚
탈관료

전 행정개혁담당장관으로 '모두의 당[みんなの党, Your Party]' 대표인 와타나베 요시미[渡辺喜美] 등이 제창한 '낙하산 폐지, 정치·국민주도'의 이념이다. 민주당 정권도 당초에는 '탈(脫)관료'를 내세웠지만, 우정(郵政) 인사를 비롯하여 잇따른 전 관료의 기용에 형세가 불온해져 있다.

派遣切り
파견 중지

리먼 쇼크(Lehman Shock) 이후의 급격한 고용 조정에 있어서, 비정규 노동자가 가장 먼저 고용 조정의 대상이 되었다. 우선 감축의 대상이 된 것은 파견 노동자로, 특히 생산의 하락이 심했던 자동차나 전기 등의 제조업 파견 노동자가 가장 먼저 감축되었다. 일뿐만 아니라 주거도 잃은 파견 노동자에게 음식 등을 제공하는 '파견촌'도 주목을 받았다. 마찬가지로 취직의 내정을 취소당한 것이 '내정 중지'이다.

ファストファッション
퍼스트 패션

백화점의 곤경이 계속되는 가운데서도, 매상을 늘리고 있는 '싸고 간편한 패션'을 말한다. 일본 브랜드인 유니클로[ユニクロ]나 시마무라[しまむら], g.u.가 건투하고 있었는데, 해외로부터 H&M, ZARA, 포에버[Forever]21 등이 들어옴으로써 커다란 사회현상이 되었다.

ぼやき
투덜거림

프로 야구 도호쿠 라쿠텐[東北楽天]의 노무라 가쓰야[野村克也] 감독은 시합 후의 인터뷰에서 '투덜거림'으로 유

명하다. 전년에는 스스로 '투덜쟁이[mumble man]는 이제 그만두고 싶다'고 발언하였다. 이를 계기로 2009년판 『현대용어의 기초지식[現代用語の基礎知識]』에는 '투덜쟁이[マンブーマン]'가 게재되기도 하였다.

歷女(レキジョ)
역사(歷史)녀

시대소설을 읽고, 사적지를 방문하는 등, 본격적으로 '역사통(通)'이 되는 젊은 여성이 늘고 있으며, 그 계기가 된 것은 전국시대 등을 테마로 한 영화나 게임, 또 미남 배우가 출연한 대하드라마 〈천지인[天地人]〉 등이다.

한국

1등만
기억하는
더러운 세상!

KBS 2TV 〈개그콘서트〉의 〈나를 슬푸게 하는 세상〉 코너에서 박성광이 한 말이다. 교육(성적), 경제(재벌기업), 스포츠(금메달), 사회 등 모든 분야에 해당되는데 한국인의 특성을 잘 나타내는 표현으로, 2010년까지 유행어의 인기가 지속되었다.

빵꾸똥꾸

MBC TV 시트콤 〈지붕뚫고 하이킥〉에서 버릇없는 악동 정해리 역의 진지희가 시도 때도 없이 내뱉는 말로, 2009년 최고의 유행어라고 할 수 있다. 극중에서 평소 방귀를 잘 뀌는 이순재가 어린 해리 앞에서도 방귀를 꿔자, 말을 막 배우던 해리가 할아버지 이순재에게 '빵꾸똥꾸'라고 부르기 시작하면서 등장했고, 이후에는 자신의 뜻대로 되지 않을 때나 가슴이 답답하고 짜증 나는 일이 있을 때 등에, 상대가 누구이든 상관없이 불만을 표출하며 "이 빵꾸똥꾸야"라고 내뱉었다. 여기에서 '빵꾸'는 방귀를 의미하고, '똥꾸'는 항문을 나타낸다.

영광인 줄 알아, 이것들아!

KBS 2TV 〈개그콘서트〉의 〈분장실의 강선생님〉 코너에서 안영미가 후배들에게 한 말로, 선후배 간의 위계질서를 적나라하게 풍자한 말이다.

니들이 고생이 많다

KBS 2TV 〈개그콘서트〉의 〈분장실의 강선생님〉 코너에서 강유미가 후배들에게 시시때때로 던지는 말로, 역시 선후배 간의 위계질서를 적나라하게 풍사한 말이나.

참 쉽죠잉~

KBS 2TV 〈개그콘서트〉의 〈봉숭아학당〉 코너에서 박지선이 한 말로, 2009년의 최고의 개그 유행어가 되었다.

엣지 있게

'엣지(edge)'는 사전적 의미로 '모서리, 날, 날카로움, 경계' 등을 뜻하는 말이지만 광고 및 패션업계에서는 '최첨단의, 독특한, 세련된, 멋진' 등의 의미로 사용된다. '엣지 있게'는 SBS TV 드라마 〈스타일〉에서 콧대 높은 편집팀장 박기자 차장 역으로 분한 김혜수가 입에 달고 살다시피 했던 말인데,3 트렌드세터라는 그녀의 명성답게 드라마가 끝난 후에도 광고와 개그 프로그램 패러디로 널리 사용되었다.

루저

'패배자, 실패자, 손실자'라는 뜻을 가진 영어 단어(loser)이지만, 2009년 한국에서는 조금 더 구체적인 의미로 사용되었다. KBS 2TV 예능 프로그램 〈미녀들의 수다〉에 출연한 한 여대생이 '키 180센티미터 이하 남자는 루저'4라는 발언을 해, 한국의 180 이하 남성들을 분노하게 만들어 사회적으로 그녀에 대한 비난이 폭주하였고, 결국 프로그램 폐지로 이어지게 되었다.

품절남, 품절녀

이미 결혼한 남자 또는 여자를 가리키는 말인데, 좀 더 구체적으로는 결혼을 해서 더 이상 마음에 품을 수 없는 이상적인 남자 또는 여자를 말한다. 이 말은 2008년 7월 유재석이 결혼했을 때 최초로 생겼으며, 그 후 연예인이나 스포츠 스타들이 결혼할 때마다 단골로 등장하고 있다.

---

3 후배 이서정(이지아 분)에게 "커피 심부름부터 엣지 있게" "섭외, 취재, 원고 전부 엣지 있게 해" 등의 대사를 연발하고 있다(조선닷컴, 2009.8.3 입력 〈'스타일' 김혜수, '엣지녀' 열풍〉).
4 "키 작은 남자는 싫어요. 요즘 키가 경쟁력인 시대에 키 작은 남자는 '루저(loser)'라고 생각합니다. 남자 키는 180은 돼야 된다고 생각해요."

올레~ (Olleh)! KT의 TV CF의 애니메이션 편에서 나온 유행어로, 감탄사 '와우(wow)'보다 더욱 강한 최고의 순간에 외치는 감탄의 의미가 담긴 말이다. KT에 의하면, 영어 인사말 'Hello'의 스펠링을 거꾸로 읽은 것으로, '미래가 온다'는 '올來'도 함의되어 있다고 한다. 또 같은 발음의 'Ole'도 연상시킨다고 하는데, 이 'Ole'[5]는 벨기에 축구클럽의 응원가에서 나온 말이다. 이 응원가는 프랑스, 이탈리아 등 유럽에 널리 퍼졌고, 후에는 월드컵 축구경기 등에서 들을 수 있게 되었다.

꿀벅지 '꿀'과 '허벅지'의 복합어인 신조어로, '꿀을 발라놓은 듯 탄력있는 허벅지', '꿀처럼 달콤한 허벅지'라는 뜻이다. 2009년 연예계를 뜨겁게 달군 유행어로, 성희롱, 외설 논란까지 불러일으켰다. 여성 댄스그룹 '애프터스쿨'의 멤버 유이의 매력적인 허벅시에서 나온 표현으로, 유이는 수영선수 출신의 튼실한 허벅지로 남성 팬들에게 크게 인기를 끌게 되었다. 이제까지의 날씬한 허벅지에서 탄탄하고 건강미 넘치는 허벅지로, 사람들의 관점의 변화를 나타내는 말이기도 하다.

스펙 취업난이 심해지자 취업을 위한 자격조건, 이른바 '스

---

5 스페인어 응원 구호인데, 투우사가 화려하게 소를 처리했을 때에 관객이 보내는 격려구로 유명.

펙(specification의 준말)'을 쌓기에 열중하게 되었는데, 이 스펙은 학력·학점·토익 점수 따위를 합한 것으로, 취업뿐만 아니라 더 좋은 직장으로 옮기거나, 더 좋은 대우를 받기 위해서도 필수 요소로 인식되었다.

**그건~
니 생각이고** KBS 2TV 〈개그콘서트〉의 〈봉숭아학당〉 코너에서 후배 개그맨이 연신 '있는데'를 외쳐대면서 변명을 늘어놓을 때, 박 교수 역의 박영진이 말허리를 뚝 자르며 하는 말이다.

**집 나가면
개고생** KT가 기존의 메가패스(초고속인터넷), 메가TV(인터넷 TV)란 브랜드를 포기하고, '쿡 인터넷', '쿡 TV와 같이 새롭게 내놓은 유선통합브랜드 '쿡(QOOK)'을 광고하는 문구이다. 삽시간에 전 국민의 유행어가 되었다.[6]

---

6 조선, 2009.4.17, B2면 〈Idea&change 임직원 집에 '쿡' 현수막 내걸어 파격 광고로 브랜드 알리기 성공〉 호경업 기자.

11. 분 석

마찬가지로 2000년부터 2009년까지 10년간의 양국 유행어를 정치, 경제, 사회·생활, 문화, IT·과학, 스포츠의 6개 분야로 나누어 보면 다음과 같다.

일본

일본의 경우, 이 기간의 유행어로 2000년 12개, 2001년 19개, 2002년 11개, 2003년 10개, 2004년 10개, 2005년 10개, 2006년 10개, 2007년 10개, 2008년 10개, 2009년 10개의 총 112개를 취급하였다.

정치와 관련된 말은 2000년 1개(「官」対「民」), 2001년 8개(米百俵/聖域なき改革/恐れず怯まず捉われず/骨太の方針/ワイドショー内閣/改革の「痛み」/ショー・ザ・フラッグ/抵抗勢力), 2002년 2개(ハネオハウス/拉致), 2003년 2개(毒まんじゅう/マニフェスト), 2004년 2개(サプライズ/中二階), 2005년 2개(小泉劇場/刺客), 2006년 0개, 2007년 1개((宮崎を)どげんかせんといかん), 2008년 3개(居酒屋タクシー/埋蔵金/あなたとは違うんです), 2009년 3개(政権交代/事業仕分け/脱官僚)로, 총 24개이다.

이 중에서 수상과 관련된 유행어는 13개로, 고이즈미 12개(米百俵/聖域なき改革/恐れず怯まず捉われず/骨太の方針/ワイ

ドショー内閣/改革の「痛み」/抵抗勢力/毒まんじゅう/サプライズ/中二階/小泉劇場/刺客), 후쿠다 1개(あなたとは違うんです)이다. 정치 분야 유행어의 절반 이상(25개 중 13개)이 수상과 관련된 것이고, 그것도 1개의 예를 제외하고는 고이즈미 수상과 관련된 말임을 알 수 있다.[1] 말 그대로 '유행어 탄생의 아버지', '유행어 제조기'라는 평가를 받을 만하다.

경제와 관련된 말은 2000년 1개(失われた10年), 2001년 0개, 2002년 1개(貸し剥がし), 2003년 1개(年収300万円), 2004년 0개, 2005년 1개(想定内(外)), 2006년 0개, 2007년 0개, 2008년 0개, 2009년 1개(派遣切り)로, 총 5개이다.

경제 분야를 보면 숫자가 아주 적은데, 1990년대 불황기의 일본을 나타내는 표현이면서 현재까지도 끊임없이 사용되고 있는 '失われた10年'이 포함되어 있음을 알 수 있다. 최근에는 이 말의 범위가 더욱 확장되어, 2000년대까지를 포함한 '失われた20年'이라는 표현이 들리기도 한다.

사회・생활과 관련된 말은 2000년 3개(ジコチュー(ジコ虫)/一七歳/ミレニアム), 2001년 4개(狂牛病/生物兵器(BC兵器)/ドメスティック・バイオレンス(DV)/「人間て、なかなか死なないもんだ」), 2002년 2개(タマちゃん/内部告発), 2003년 2개(コメ泥棒/SARS), 2004년 1개(自己責任), 2005년 2개(クールビズ/富裕層), 2006년 3개(格差

---

1 IT・과학 부문으로 분류한 'e－ポリティックス'까지 넣으면 그 수는 더 증가한다.

社会/脳トレ/メタボリックシンドローム(メタボ)), 2007년 4개((消えた)年金/食品偽装/大食い/猛暑日), 2008년 3개(名ばかり管理職/ゲリラ豪雨/後期高齢者), 2009년 3개(新型インフルエンザ/草食男子/ファストファッション)로, 총 27개이다.

사회 · 생활 분야를 보면, 2000년대 들어 전염병의 세계적인 유행을 나타내는 말(狂牛病/SARS/新型インフルエンザ)이 있다.

일본 · 일본인에 대한 일반적인 상식으로는 상상하기 어려운 사건, 즉 흉작으로 쌀값이 오르자 발생했다는 'コメ泥棒'와 같은 말이 있고, 일본인의 호들갑스러움과 단체성을 나타낸다고 볼 수 있는, 북극 바다표범과 관련된 말인 'タマちゃん', 그리고 그렇지 않아도 남자답지 못하다는 비평을 받는 일본의 젊은 세대 남성이 버블 붕괴 후에 더욱 위축된 행동을 한다는 표현인 '草食男子', 공산주의 국가보다 더 소득이 평준화되어 모두가 중류라는 일본도 드디어 양극화되었다는 표현인 '格差社会'와 같은 말이 나타났으며, 국가책임의 반대 개념에서 생긴 '自己責任'도 보인다.

문화 · 연예와 관련된 말은 2000년 3개(「おっはー」/パラパラ/「ワタシ(私)的には…」), 2001년 3개(「明日があるさ」/「ヤだねったら, ヤだね」/Kポップ), 2002년 2개(声に出して読みたい日本語/真珠夫人), 2003년 4개(なんでだろう /バカの壁/ビフォーアフター/へぇ~), 2004년 4개(セカチュー/って言うじゃない…, ○○斬り！, …残念！/負け犬/冬ソナ), 2005

년 3개(ちょいモテオヤジ/フォー─！/萌え~), 2006년 3개(品格/エロカッコイイ(エロカワイイ)/たらこ・たらこ・たらこ), 2007년 4개(そんなの関係ねぇ/どんだけ~/鈍感力/ネットカフェ難民), 2008년 3개(アラフォー/グ~！/蟹工船), 2009년 2개(こども店長/歴女(レキジョ))로, 총 31개이다.

문화·연예 분야를 보면 CM, 방송, 도서 등, 다양한 장르에서 유행어가 생겼다. 그중에는 노래 가사와 관련된 말「明日があるさ」/「ヤだねったら, ヤだね」)이 있고, 일본인의 자국어 사랑을 나타내는 '声に出して読みたい日本語', 언어 표현 면에서 직접적인 명쾌한 표현보다 간접적인 애매모호한 표현을 즐겨 하는 일본인의 특징을 잘 보여주는 '「ワタシ(私)的には…」'라는 말도 나타나고 있다.

또 한국 문화의 일본 전파를 나타내는 'Kポップ'(2001)가 이 시기에 보인다.

IT·과학과 관련된 말은 2000년 1개(IT 革命), 2001년 3개(e－ポリティックス/塩爺/ブロードバンド), 2002년 1개(ダブル受賞), 2003년 0개, 2004년 0개, 2005년 1개(ブログ), 2006년 1개(ミクシィ), 2007년 0개, 2008년 0개, 2009년 0개로, 총 7개인데, 한국의 입장에서는 너무나도 부러운, 일본인 노벨상 수상자가 과학 분야(물리학, 화학)에서 같은 해에 2명이나 나왔다는 'ダブル受賞'이라는 말이 나타나고 있다.

스포츠와 관련된 말은 2000년 3개(「最高で金 最低でも

金」/Qちゃん/「めっちゃ悔し~い」), 2001년 1개(「ファンの皆さま本当に日本一, おめでとうございます」), 2002년 3개(W杯/ベッカム様/Godzilla), 2003년 1개(勝ちたいんや！), 2004년 3개(チョー気持ちいいV気合だー！/新規参入), 2005년 1개(ボビーマジック), 2006년 3개(イナバウアー/シンジラレナ~イ/ハンカチ王子), 2007년 1개(ハニカミ王子), 2008년 1개(上野の413球)로, 2009년 1개(ぼやき)로, 총 18개이다.

스포츠 관련 유행어 18개를 종목별로 구분하면, 야구가 8개(「ファンの皆さま本当に日本一, おめでとうございます」/Godzilla/勝ちたいんや！/新規参入/ボビーマジック/シンジラレナ~イ/ハンカチ王子/ぼやき)로, 1990년대에 비해서는 떨어지지만, 역시 다른 종목에 비하여 압도적이다. 야구의 인기가 2000년대에 들어서도 변하지 않음을 나타내는 것이라고 생각한다.

그 외에 축구 2개(W杯/ベッカム様), 수영 2개(「めっちゃ悔し~い」/チョー気持ちいい), 마라톤 1개(「Qちゃん」), 유도 1개(「最高で金最低でも金」), 레슬링 1개(気合だー！), 피겨스케이팅 1개(イナバウアー), 골프 1개(ハニカミ王子), 소프트볼 1개(上野の413球)인데, 축구에 속하는 말은 둘 다 2002년의 한일 월드컵 때에 나온 말이다. 야구, 축구 외에도 수영, 마라톤, 유도, 레슬링, 피겨스케이팅, 골프, 소프트볼과 같이 다양한 종목에서 유행어가 나오는 것은 그만큼 일본이 다양한 종목에서 세계적인 실력을 갖추었다는 점과, 일본인이이 여러 스포츠 종목에 관심을 가지고 있다는 점을 나타내는 것이라고 생각한다.

한국의 경우, 이 기간의 유행어로 2000년 10개, 2001년 9개, 2002년 16개, 2003년 11개, 2004년 10개, 2005년 9개, 2006년 10개, 2007년 8개, 2008년 11개, 2009년 13개의 총 107개를 취급하였다.

정치와 관련된 말은 2000년 0개, 2001년 1개(○○○게이트, 게이트 공화국), 2002년 4개(몽준스럽다/인제 됐다. 몽준 됐다/무사는 곁불을 쬐지 않는다/홍삼트리오), 2003년 5개(검사스럽다/이쯤되면 막 가자는 거지요?/대통령직 못해먹겠다/맞습니다, 맞고요~/코드), 2004년 1개(- 풍(탄핵 풍, 헌풍, 역풍, 박풍, 노풍)), 2005년 1개(경포대), 2006년 0개, 2007년 0개, 2008년 3개(고소영, 강부자, S라인/아륀지/프렌들리), 2009년 0개로, 총 15개이다.

이 중에서 대통령과 관련된 유행어는 6개로, 김대중 1개(홍삼트리오), 노무현 5개(검사스럽다/이쯤되면 막 가자는 거지요?/대통령직 못해먹겠다/맞습니다, 맞고요~/코드)이다. 이 중 당사자가 직접 발언한 말은 노무현 대통령의 '이쯤되면 막가자는 거지요?/대통령직 못 해먹겠다/맞습니다, 맞고요~'가 해당된다.

또한 정치 분야의 말은 주로 대선의 해이거나 대통령 취임 연도에 집중적으로(2002년 4개, 2003년 5개, 2008년 3개) 나타나고 있다.

경제와 관련된 말은 2000년 1개(대박 신드롬), 2001년 0개, 2002년 0개, 2003년 1개(이태백, 삼팔선, 사오정, 오륙도, 육이오), 2004년 0개, 2005년 0개, 2006년 0개, 2007년 1개(88만 원 세대)[2], 2008년 0개, 2009년 1개(스펙)의 총 4개로, 극히 적은 수치이다. 또한 어원은 모두 경제 침체, 불황 현상과 관련 있는 표현이다. 즉, 불황으로 살기가 힘들어지자 꿈이라도 '대박'을 꾸게 되고, 취업난과 관련된 말(이태백, 삼팔선, 사오정, 오륙도, 육이오)이 나타나고, 소득이 적더라도 취직하기 위해 떠돌아다니는 '88만 원 세대'가 등장하고, 취직을 위해서는 각종 '스펙'을 쌓을 수밖에 없기 때문이다.

사회·생활과 관련된 말은 2000년 0개, 2001년 0개, 2002년 0개, 2003년 1개(얼짱 신드롬 : 인터넷 얼짱, 학교 얼짱, 동네 얼짱), 2004년 1개(몸짱, 쌈짱, 엉짱, 겜짱), 2005년 0개, 2006년 1개(된장녀), 2007년 0개, 2008년 1개(신상녀), 2009년 2개(품절남, 품절녀/꿀벅지)의 총 6개로, 역시 적다. 외모, 특히 여성의 외모나 특별한 행동 패턴을 나타내는 말이 대부분이다.

---

2 분류 시 가능한 한 발생의 근원을 중심으로 하였는데, 이 말은 저서에서 비롯된 말이지만, 그 후로도 현재까지 경제적인 측면에서 사용되고 있어 여기에 넣었다

문화·연예와 관련된 말은 2000년 9개(삼행시 시리즈/엽기 신드롬 : 엽기~(토끼, 메일, 커플……), 엽기적이다/내 꿈꿔 시리즈 : 잘 자, 내 꿈꿔/안티 신드롬 : 안티~(포스코, 메디컬, 스쿨, 수능인플레이션, 몰카, 미스코리아, 청와대, 조선, 코리아……)/아버지, 난 누구예요?/사랑은 움직이는 거야/개인기/반갑습네다/바꿔), **2001년 8개**(저희 옌벤에서는 말임다/뭬야~?/내가 니 시다바리가/고마해라, 마이 묵었다 아이가/작업에 들어가다/나 완전히 새 됐어/너 딱 걸렸어/꽃미남), **2002년 7개**(부~자 되세요/당신의 능력을 보여 주세요/열심히 일한 당신, 떠나라/니들이 게 맛을 알아? → 니들이 ~(개 맛, ……)을 알아?/종로는 긴또깡이 접수한다 → ○○지역은 내가 접수한다/담배 맛있습니까? 그거 독약입니다/내 알(아를) 낳아도(내 아이를 낳아줘), **2003년 4개**(다모 페인/아프냐? 나도 아프다/통하였느냐?/거시기(하다)), **2004년 7개**(이 안에 너 있다/애기야 가자/그런거야?/그때그때 달라요/아자아자 파이팅!/아빠 힘내세요 우리가 있잖아요/사랑은 돌아오는 거야), **2005년 7개**(너나 잘하세요/그까~이 꺼 뭐 대~충/초원이 다리는? 백만불짜리 다리/살아도 사는 게 아니다/됐거든! 너도 똑 같거든!/아버지는 말하셨지 인생을 즐겨라~/이거 웬 황당한 시추에이션), **2006년 9개**(꼭짓점 댄스/김기사, 운전해, 어서~/~안 되겠니?/남자가 남자다워야 남자지, 뉴스가 뉴스다워야 뉴스지/이건 아니잖아~ 이건 아니잖아/꼬라지하고는/이런 한심한 놈/돌리고 돌리고/나 이대 나온 여자야), **2007년 5개**(쇼를 하라/아무 이유 없어/○○계의 쉬레기/~ 아니죠, ~ 맞습니다/오~케이), **2008년 6개**(되고 송 : ~하면 되고/(난)~뿐이고 : 난 좌절했을 뿐이고/누구~?/뚱떙!에리/달인/안 해 봤으면 말을 말아),

2009년 10개(1등만 기억하는 더러운 세상!/빵꾸똥꾸/영광인 줄 알아, 이것들애/니들이 고생이 많다/참 쉽죠잉~/엣지 있게/루저/올레~!/그건~ 니 생각이고/집 나가면 개고생)로, 총 72개이다.

2000년부터 시작된, 연예계를 중심으로 한 유행어 생산은 그 후로도 계속 이어져, 문화·연예 분야 유행어가 전체에서 차지하는 비율이 약 67%(107개 중 72개)로, 엄청나게 높음을 알 수 있다. 앞으로도 이 경향은 변하지 않을 것으로 보인다.

남북 교류의 활성화로 인하여 북한의 인사가 유행어가 된 경우인 '반갑습네다'(2000)도 하나 포함되어 있음을 알 수 있다.

IT·과학과 관련된 말은 2000년 0개, 2001년 0개, 2002년 0개, 2003년 0개, 2004년 1개(오타쿠), 2005년 1개(간지 (난다)), 2006년 0개, 2007년 2개(~해도 돼, 경제만 살리면 되잖아/킹왕짱), 2008년 1개(엄친아), 2009년 0개로, 총 5개인데, 과학과 직접 관련된 말은 없고, 모두가 인터넷상에서 비롯된 표현이라는 의미만 가진다. 인터넷상인 만큼, '오타쿠/간지 (난다)'와 같은 일본어가 별 저항 없이 그대로 사용되고 있는 것으로 보인다.

스포츠와 관련된 말은 2000년 0개, 2001년 0개, 2002년 5개(오노 같은 놈, 오노스럽다, 오노 액션, 할리우드 액션/대~한민국/오~ 필승 코리아/꿈★은 이루어진다/나는 아직도 배가 고프나), 2003년 0개, 2004년 0개, 2005년 0개, 2006년 0개,

2007년 0개, 2008년 0개, 2009년 0개로, 총 5개이다. 종목별로는 쇼트트랙 1개(오노 같은 놈, 오노스럽다, 오노 액션, 할리우드 액션), 축구 4개(대~한민국/오~필승 코리아/꿈★은 이루어진다/나는 아직도 배가 고프다)이며, 쇼트트랙은 솔트레이크시티 동계올림픽에서, 축구는 월드컵에서 나온 말이다.

이 중 쇼트트랙에서 나온 유행어는 직접적으로는 미국 선수와 관련된 것이므로 한국 관련 유행어는 축구의 4개밖에 없는 셈이다.

또 5개의 유행어가 모두 월드컵과 동계올림픽이 있던 2002년 한 해에 등장한 말로, 나머지 9년간에는 하나도 없다는 점, 그리고 지난 1990년대의 경우와 마찬가지로 야구 관련 분야에서는 한 개의 유행어도 없다는 점이 역시 신기할 뿐이다.

이것을 표로 만들어 정리하면 다음과 같다.

〈표6 : 일본의 연도별·분야별 유행어 수〉

분야＼연도	2000	2001	2002	2003	2004	2005	2006	2007	2008	2009	계
정치	1	8	2	2	2	2	0	1	3	3	24
경제	1	0	1	1	0	1	0	0	0	1	5
사회·생활	3	4	2	2	1	2	3	4	3	3	27
문화·연예	3	3	2	4	4	3	3	4	3	2	31
IT·과학	1	3	1	0	0	1	1	0	0	0	7
스포츠	3	1	3	1	3	1	3	1	1	1	18
계	12	19	11	10	10	10	10	10	10	10	112

<표7 : 한국의 연도별·분야별 유행어 수>

연도 / 분야	2000	2001	2002	2003	2004	2005	2006	2007	2008	2009	계
정치	0	1	4	5	1	1	0	0	3	0	15
경제	1	0	0	1	0	0	0	1	0	1	4
사회·생활	0	0	0	1	1	0	1	0	1	2	6
문화·연예	9	8	7	4	7	7	9	5	6	10	72
IT·과학	0	0	0	0	1	1	0	2	1	0	5
스포츠	0	0	5	0	0	0	0	0	0	0	5
계	10	9	16	11	10	9	10	8	11	13	107

양국 비교

먼저 먼저 양국 유행어의 부문별 경향을 보기로 한다. 표로 만들면 다음과 같다.

<표8 : 2000~2009년의 양국의 분야별 유행어 수>

부문 / 국가	정치	경제	사회·생활	문화·연예	IT·과학	스포츠	계
일본	24(21.4)	5(4.5)	27(24.1)	31(27.7)	7(6.2)	18(16.1)	112(100)
한국	15(14.0)	4(3.7)	6(5.6)	72(67.3)	5(4.7)	5(4.7)	107(100)

양국 모두 이 기간 중에 경제 부문의 유행어가 적음을 알 수 있다. 그만큼 경제 면에서의 이슈가 적었기 때문이라고 생각한다.

표에서 가장 차이가 나타나는 것은 사회·생활 분야의 경우 일본에 비하여 한국의 유행어가 아주 낮은 비율을 나타내는 반면에, 문화·연예 분야에서는 한국의 경우가 대단히 높은 비율을 차지하고 있음을 알 수 있다. 그 이유로 생각할 수 있는 것이 먼저 유행어 선정 면에 있어서, 일본의 경우는 「現代用語の基礎知識」 독자 심사원의 앙케트와 전문적인 심사위원회에 의한 선정 절차를 거침으로써 상당히 객관성이 입증된 각 분야의 '自由国民社' 자료를 위주로 선택한데 반하여, 한국의 경우는 이러한 시스템으로 선정된 자료가 없어서 신문 자료를 중심으로 선택하게 되었다. 각 신문사 내의 기준에 의하여 선정된 유행어이다 보니, 일본의 경우에 비하여 상대적으로 객관성이 떨어지고, 신문의 대중적인 성격상, 연예·예능, 드라마, 영화, CF 등에서 나온 말이 많이 선정되었기 때문이라고 생각한다. 한편으로는 그만큼 한국에 있어서는, 유행어의 산실인 〈개그콘서트〉나 인기 드라마 시청률[3]이 보여주는 바와 같이 연예·예능인들이 대중에게 어필하는 면이 일본에 비하여 큼을 나타낸다고 볼 수 있다.

또한 문화·연예 분야에서 1980년대, 1990년대와 마찬가지로 일본의 경우는 도서명 전체 또는 일부가 유행어가 된 경우가 상당히 있는데, '声に出して読みたい日本語(2002), バカの壁(2003), セカチュー(2004), 負け犬(2004), 品格(2006), 鈍感力(2007), 蟹工船(2008)'가 이에 해당한다.

---

3 이 기간 중의 한국 드라마 TOP 10의 평균 시청률은 1위인 46.3%의 〈대장금〉을 비롯하여, 40% 이상이 3개이고, 10위 〈천국의 계단〉도 33.9%인 반면에, 일본의 경우는 1위인 〈HERO〉가 34.3%이고, 10위인 〈エンジン〉은 22.4%를 기록하고 있다.

한국의 경우는 1990년대와 같이 '88만 원 세대'(2007) 한 개뿐이다.

스포츠 분야도 여전히 일본이 한국보다 3배 이상 많음을 알 수 있다. 〈표 6, 7〉에서 보는 바와 같이, 한국의 경우는 5개의 유행어가 모두 2002년의 것으로, 종목도 축구, 쇼트 트랙의 2개 종목임에 비하여, 일본의 경우는 10년간에 걸쳐 유행어가 나타나는 데다 종목도 야구, 축구, 수영, 마라톤, 유도, 레슬링, 피겨스케이팅, 골프, 소프트볼의 9개 종목에서 나타나고 있다.

유행어 형태 면에서 한국의 경우는 1990년대에 이어 '~시리즈'(삼행시 시리즈, 내 꿈꿔 시리즈)나 '~신드롬'(엽기 신드롬, 안티 신드롬, ─스럽다 신드롬)과 같이 여러 번 응용이 가능한 시리즈물이 나타나는 데 비하여, 일본에는 그러한 예가 없다.

언어 표현 면에 있어서는 일본의 경우, 1990년대에 이어 'チョー気持ちいい'(2004)와 같이 최고를 뜻하는 접두어 'チョー[超]'를 붙이는 표현과, 인기를 의미하는 '萌え~'(2005, 萌え銘柄)가 붙는 말이 등장하였다.

또 1990년대의 '謝長悔長'(1992)와 비슷한 맥락의 'ジグ虫'(2000)가 나타나고 있는데, 이는 같은 발음인 '自己中'에서 나온 말이다.

한국의 경우는 최고를 나타내는 '왕-'이라는 접두어를 결합한 표현이 지난 1990년대에 나타났는데, 이

번 10년간의 경우에는 그 말에 더하여 최고를 나타내는 영어의 '킹'과 접미어 '-짱'이 결합하여 독립어가 된 '킹왕짱'이라는 말이 나타났다. 또한 접미어 '-짱'은 '몸짱, 쌈짱, 엉짱, 겜짱'(2004)과 같은 유행어를 만들기도 하였다.

또 이 시기에 나타난 유행어 접미사로 '-스럽다'를 들 수 있는데, '오노스럽다, 몽준스럽다'(2002), '검사스럽다'(2003)가 이에 해당한다. 주로 마이너스 이미지 표현으로 사용되며, '검사스럽다' 이후 사람의 이름이나 직업을 나타내는 명사에 '-스럽다'를 붙이는 신드롬이 나타나기도 하였다.

이 '-스럽다' 표현과 같은 맥락의 '-됐다'(인제 됐다. 몽준 됐다)(2002)라는 표현은 일본의 '요코이한다[橫井する]'(1982)라는 말과 같은 성격을 띤다.

개별적인 유행어를 보면, 일본의 정치 분야 유행어 '拉致'(2002)는 북한과 관련된 말이고, '毒まんじゅう'(2003)는 한국에서도 현재 사용되고 있는 말이다.[4]

경제 분야의 '失われた10年'(2000)은 장기간의 불황이나 불경기, 활동이 없음을 나타내는 경우에 한국에

---

4 최근에 정동영 민주당 최고위원이 미국과의 FTA협정 국회 비준과정에서 "ISD는 <u>독만두</u>와 같다."라고 한 데 대하여, 일각에서 정부가 FTA를 해서 국민에게 '<u>독이 든 만두</u>'를 먹이려고 한다는 말을 두고 한덕수 주미 대사는 "한·미 FTA는 '앙꼬(팥소)가 든 찐빵'이라고 되받아쳤다."라고 한다(매일경제, 2011.11.21, 1면 참조).

서도 자주 사용되고 있는 표현이다.

일본의 사회·생활 분야 유행어인 'ミレニアム'(2000)
은 한국의 1999년 '밀레니엄, 밀레니엄 베이비'와 같은
맥락의 유행어이다.

또한 같은 분야의 '狂牛病'(2001)은, 한국에서는 2008
년에 광우병 촛불시위와 같은 사건이 있었음에도 불
구하고 선정되지 않았고, 전 세계적으로 유행한 'SARS'
(2003), '新型インフルエンザ'(2009) 역시 마찬가지인데, 그
이유는 위에서 언급한 선정의 차이에서 온 것이라고
생각한다.

같은 분야의 'ゲリラ豪雨'(2008)는 『표준국어대사전』
에는 올라있지 않지만, 한국에서 실제로 사용되고 있
는 말이다.

일본의 문화·연예 분야 유행어인 'Kポップ'(2001)는
한국의 대중가요가 일본에 소개되고 있음을 반영하는
데, 이는 새로운 밀레니엄 원년인 2000년에 SM엔터테
인먼트의 보아가 일본에 상륙한 지 1년 만의 일이고,
'Jポップ'(1994)이라는 말이 일본에서 일반화된 지 7년 만
의 일이다.

또한 같은 분야의 '冬ソナ'(2004)는 한국의 드라마가
일본에서 본격적으로 인기를 끌었음을 나타내는 말이
다. 따라서 'Kポップ'과 '冬ソナ'는 대중가요와 드라마를
통해 한국 문화가 일본으로 건너간 현상을 나타내는

것으로, 'Kポップ→冬'ソナ→한류(최근)'의 문화 전파 루트를 생각할 수 있다.

역시 같은 분야의 '負け犬'(2004)는, 일본에서는 '30대, 미혼, 무자식'을 여자 '패배자'로 정의한 데 반하여, 이에 해당하는 한국의 '루저'(2009)는 '키 180cm 이하의 남자'를 의미한다.

일본의 스포츠 분야 유행어인 'W杯'(월드컵, 2002)은 한국과 일본이 공동개최한 월드컵이다.

한국의 경우, 문화·연예 분야 유행어인 '내가 니 시다바리가'(2001)에서 '시다바리'는 일본어 '시타[下]'에 속어 접미어 '-바리'가 결합한 표현이고, '종로는 긴또깡이 접수한다'(2002)에서 '긴또깡'은 '김두한'의 일본식 발음이며, IT·과학 분야의 '오타쿠'(2004)는 일본의 1989년 유행어 'おたく族'의 'おたく'가 그대로 들어온 말이다.

같은 분야의 유행어 '간지'(2005) 역시 2005년 인터넷 유행어 1위를 차지한 말로, 일본어 '感じ'에서 온 말이다.

또 축구 응원가에 나오는 'Ole'를 연상시키는 '올레~!'(2009)는 일본에서는 일본축구협회공인 1993 일본 대표 공식 응원가5의 원곡인 〈오레, 오레, 오레[オレ, オレ, オレ](Ole, Ole, Ole)(The Name of the Game)〉를 통하여 알려졌다. 이 응원가는 1993년에 개막한 일본 프로축구 J리그에

---

5 We Are the Champ~The Name of the Game.

서 후지TV의 중계 영상으로 채용되어 J리그의 흐름을 타고 크게 히트하였다. 따라서 이 표현은, 유럽에서 널리 사용된 표현이 일본에서는 1993년에 축구를 통하여, 한국에서는 2009년에 이동통신회사의 CF를 통하여 일반 대중에게 널리 알려지게 되었음을 나타내고 있다.

위에서 알 수 있는 바와 같이, 'K팝', '겨울연가'와 같은 한국에서 일본으로의 문화의 흐름이 있는 반면에, 유행어에 있어서 '시다(바리)', '긴또깡', '오타쿠', '간지'와 같이 발음까지 그대로 들어오거나, '독만두', '게릴라 호우'와 같이 한국식 발음으로 들어온 일본어가 드물지 않게 있음을 알 수 있는데, 이 경우는 조어나 생활·문화 현상이, 일본에서 한국으로 흘렀음을 나타낸다고 볼 수 있다.

▌참고문헌 ▌

`한국어`

강준만 · 전상민(2007)『광고, 욕망의 연금술』인물과 사상사

김기란 · 최기호(2009)『대중문화사전 -300개의 키워드로 읽는 한국 대중문화 20년』
　　　　　현실문화연구

김다은(2006)『발칙한 신조어와 문화 현상』작가

김웅래 · 오진근(1996)『한국을 웃긴 250가지 이야기 -유행어 반세기 · 1945~1995』
　　　　　삶과함께

金貞姬(2003)「헤이세이 1년부터 헤이세이 11년까지의 신어와 유행어를 통해 본 시
　　　　　대의 양상」단국대 교육대학원 석사학위논문

金泫采(2011)「新語 · 流行語를 통해 보는 現代 日本의 時代相 - 首相과 관련된
　　　　　新語 · 流行語 · 大賞語를 중심으로-」부경대 대학원 석사학위논문

고시야마 미야코(2005)『이치고의 세대공감 유행어』BCM미디어

국립국어원(2007)『사전에 없는 말 신조어』태학사

盧皇希(2001)「新世代 言語의 社會言語學的 硏究 - 現代社會의 流行語를 中心
　　　　　으로-」중앙대 교육대학원 석사 학위논문

朴在權(2012-1)「1991~2000년의 일본과 한국의 유행어 분석」『한일군사문화연구』
　　　　　제13집, 한일군사문화학회, pp.279-314.

＿＿＿(2012-2)「일본과 한국의 유행어 분석 -2001~2010년을 중심으로-」『일
　　　　　어일문학연구』제83집1권, 한국일어일문학회, pp.221-243.

＿＿＿(2013)「1981~1990년의 일본과 한국의 유행어 분석」『한일군사문화연구』
　　　　　제15집, 한일군사문화학회, pp.323-345.

박현옥(2005)「유행어를 통한 한국 사회·문화 교육 연구」연세대 교육대학원 석사학
　　　　　위논문

白同善(2006)「新語·流行語를 통한 日本의 時代相 分析」『일어일문학연구』59-1
　　　　　[일본어학 · 일본어교육학편], 한국일어일문학회 pp.235-252.

_____(2011)「新語·流行語로서의 日本語「族屬語」에 대한 一考察」『일본학보』86,
한국일본학회 pp.53-66.
서정범(1993)『익살별곡』한나라
_____(1994)『너덜별곡』한나라
吳銀河(1999)「流行語의 國語敎育的 硏究」숙명여자대 교육대학원 석사학위논문
장보은(2003)「유행어와 유머의 시대적 변천 연구」건국대 교육대학원 석사학위논문
주창윤(2009)「해방 공간, 유행어로 표출된 정서의 담론」『한국언론
학보』53-5, 한국언론학회 pp.360-383.

일본어

大塚明子(2003)『新語死語流行語』集英社
稲垣吉彦·吉沢典男 監修(1985)『昭和ことば史60年』講談社
_____(1999)『平成·新語×流行語 小辞典』講談社現代新書 1449
學燈社(1997)『國文學 －解釈と教材の研究－』12月號
小林信彦(1997)『現代〈死語〉ノート』岩波新書 484
_____(2000)『現代〈死語〉ノート Ⅱ －1977~1999－』岩波新書 651
小矢野哲夫(2002)「流行語に見る今の世相」『日本語学』11月號 明治書院
榊原昭二(1983)『'80年代 世相語ガイド』上 朝日新聞社
_____(1986)『昭和語 60年世相史』朝日新聞社
自由国民社(1984~2009)『現代用語の基礎知識』選〈ユーキャン 新語·流行語大賞〉
(http://singo.jiyu.co.jp/)
FUKUSHI(2011.4.26)〈20世紀の流行語〉*2011.7.4 검색 (http://www001.upp.so-net.
ne.jp/fukushi/year/words.html)

▌색인 ▌

저자 **박재권** 朴在權

· 육군사관학교 졸업

· 한국외국어대학교 일본어과 졸업

· 한국외국어대학교 대학원 일본어과 졸업(문학석사)

· 일본 주오(中央)대학 일본문학연구과 문학박사

· 육군사관학교 일본어 교수

· 미국 버클리대학 연구교수

· 전 한국일어일문학회 회장

· 한일군사문화학회 회장

한국과 일본의 유행어 분석

1980년대에서 2000년대까지

초판인쇄　2013년　7월　21일
초판발행　2013년　7월　31일

저　　자　박재권
발 행 처　제이앤씨
발 행 인　윤석현
등　　록　제7-220호
전　　화　(02) 992-3253 (대)
전　　송　(02) 991-1285
주　　소　서울시 도봉구 창동 624-1 북한산현대홈시티 102-1106

편 집 자　주수련
책임편집　김선은·최인노
전자우편　jncbook@daum.net
홈페이지　http://www.jncbms.co.kr

ISBN 978-89-5668-974-6 93730　　　　　　　정가 21,000원